百年中国记忆·实业巨子

刘未鸣　詹红旗　主编

刘鸿生：逆势成王

中国文史出版社

百年中国记忆·实业巨子

主　编：　刘未鸣　詹红旗

编　辑：　（按姓氏笔画排序）

　　　　　牛梦岳　刘　夏（统筹）　赵姣娇

　　　　　胡福星　梁玉梅　程　凤

1944年旅居重庆时的
刘鸿生

刘鸿生与友人

刘鸿生（前排左三）与工商界的朋友

刘鸿生就读的圣约翰大学

抗日时期，上海轮船招商局副总经理沈仲毅给刘鸿生的亲笔信札

开滦煤矿

1944年，大中华火柴股份有限公司股票

大中华火柴火花

第四章　黄金时代：缔造中国的托拉斯

3

第七章   理念：以华制夷，创新为王

第 一 章

序曲：上帝的叛徒

上帝的叛徒

刘念智

上帝不能要你这样的叛徒！你立即离开这里，你没有权利再在这里读书。

我的父亲刘鸿生，原籍浙江舟山群岛定海县，1888年出生于上海。我的祖父刘克安，是行驶上海、温州间一艘客轮上的总账房，每月薪水100两银子，还可以带点私货，一家生活，足够温饱。不幸祖父于36岁时突然病故。留下一家十多口人，生活开始变得困难。

当时我父亲七岁，读书很聪敏，因家道中落，势将辍学。祖母很宠他，想尽一切方法供父亲读书。我父亲13岁进了圣约翰中学，17岁进了圣约翰大学。圣约翰是美国基督教圣公会办的学校，是美帝国主义在中国进行文化侵略的一个据点。校内课程，特别重视英文。老师讲课用英文，学生交谈用英文。每个学生都有一个英文名字，我父亲叫O. S. Lieu。这个学校培养出来的学生，主要是为帝国主义的需要服务的。

我父亲勤奋好学，是大学里的一名荣誉生，非但功课成绩名列前茅，田径比赛的名次也是数一数二。他得到大学的奖学金，可以免费读书；而且校里还给他每月10元的生活补助。他舍不得花钱，总是把这点补助带回家，交给祖母维持家用。艰苦的家境，使他养成了节约的习惯。圣约翰大学的校长是美国人，名叫Dr. S. L. Hawks Pott，中文名叫卜舫济，别人称他卜舫济博士。当时我父亲在这位博士的眼里是一个品学兼优的学生，因而得到了学校的种种优待。

一年的大学生活愉快地过去后，我父亲升入大学二年级。有一天，父亲被叫进校长办公室，卜校长亲切地对他说："O. S.，你是我们校里的优秀生，我和克来夫主教（Bishop Graves）都注意你，喜欢你，认为你是一个有培养前途的好学生。现在我们决定把你培养成为一位牧师，明年就送你去美国留学，四年后回来做牧师兼英语讲师。将来你可以得到很优厚的报酬：除月薪150元外，还供给你一幢花园洋房，一切待遇都按外籍讲师办理。这是上帝的恩赐，愿上帝永远祝福你！"

卜校长这一席话，好像一股电流袭来，我父亲感到既激动，又震惊。他心里觉得有点慌张，但很快镇静下来，随即弯下身去，向卜校长行了一个深深的鞠躬礼，然后挺起腰来说："感谢校长栽培，感谢上帝恩赐！让我回家去和我母亲谈一谈，再来答复校长。"

当时我父亲的心情的确是很复杂的。想到自己有出国留学的机会，回国以后可以过舒适的生活，他感到满足。同时，他自己明白，虽然许多年来在教会学堂读书，经常做祷告，做礼拜，听牧师讲道，但这个"道"并没在他心里生根。想到将来要终生过牧师的生活，他又觉得心里别扭。他怀着这种复杂的心情匆匆地赶回家里。

家里已经等着他吃晚饭了。他坐下来，一边吃，一边心里盘算，终于开口了："妈！有件事和您商量。"

"什么事？你说。"

"今天卜校长告诉我，要我到美国去读书，读完四年后，回来当牧师，可以让我住花园洋房。您说，好不？"

"当牧师？！"父亲话音未落，叔叔姑姑们都起哄了。

"我们相信菩萨，不相信上帝。"这是祖母的回答。

"当牧师，可不好！"大姑开口了，"前几年，北方闹义和拳，就是外国牧师和教民引起来的乱子。现在，我们老家定海还经常发生教民冲突。说不定哪一天，南方也闹起义和拳，我们可受不了！"

"阿拉宁波人会做生意，做生意会发财。哥哥，将来你大学毕业后，出来做个买卖，保你发财！"这是一位叔叔的声音。

这样你一言，我一语，说得父亲哑口无言。

第二天，父亲带着有点混乱的心情回到学校，他鼓足勇气走进校长办公室，嗫嚅地对卜校长说："我妈不同意！"

卜校长十分惊讶地听着这个简单的答复，顿时露出一副狰狞的面目，大声地斥责我父亲："O. S.，你违背了上帝的旨意，你是上帝的叛徒。上帝不能要你这样的叛徒！你立即离开这里，你没有权利再在这里读书。去！去！"

父亲颓丧地从校长办公室里退出来。他知道这位校长大人的脾气——言出法随，没有什么可挽回的。他只好卷起铺盖，含着眼泪和同学们告别。同学们都非常气愤，有的说："还夸什么美利坚合众国的民主制度！连个信教自由、职业自由都不许！"

当父亲拖着沉重的步伐，背着铺盖卷回到家里的时候，一家人都惊呆了。父亲丧失了读书的机会，丧失了生活的来源，也影响了一家人的生活。谁能想到，昨夜家中一席话，竟招来了天大的灾难！

为了维持生活，父亲到处求情找工作，可是到处碰壁。

事有凑巧，有一位朋友知道英租界巡捕房要招翻译，就介绍父亲去见巡捕房的总翻译谢培德。父亲的轩昂身材和一口流利的英语，得到了谢的赏识。经过上级警官的考试，他被录取了。月薪80元，这对家里是一个不小的帮助。消息传来，全家破涕为笑。

　　巡捕房是英租界的一个警务机关，专门审理华人盗窃案件。警官和主审官员都是英国人，所以审案时需要翻译。父亲担任翻译后，开始和谢培德交上了朋友，后来还有许多业务上的关系，这是后话。父亲在巡捕房工作十分卖力，得到英国警官的赞赏，六个月后，他的薪水增加到100元。但是他对这个工作感到十分乏味。他目睹英国警官对待中国犯人的横暴和虐待，心里十分难受。他经常说："陪强盗打官司，这口饭难吃！"

　　上海是各地商帮集中的地方，商帮组织严，同乡情谊浓。在上海各商帮中，宁波帮的势力最大；在上海居民中，宁波人的人数最多。当时宁波帮中有一位商场老前辈名叫周仰山，是宁波同乡会的会长，是我祖父生前的好友。有一天，因为念旧，周老先生来到我们家里。他看见我父亲，感到很高兴，对我祖母说："克安有这样的好后代，地下有知，可以瞑目了！"接着他又对我父亲说："鸿生，巡捕房这碗饭是无啥吃头的！大不了做个总翻译，没啥子出息。现在开平矿务公司上海办事处要录用一位跑街，月薪100元，另外还有佣金。跑街经手卖出一吨煤，可以拿八钱四分银子的佣金。佣金拿多拿少，就要看跑街自己的本领了！这份差事，我看比当翻译有出息。那边的经理是英国人，名叫考尔德（Mr. Calder），他能讲一口流利的上海话，还带点苏州口音。我同他很熟。你如果有意思，我明天就亲自陪你去见他。"父亲听完后，急忙跪下来给仰老叩头，连声说："我愿意。"仰老把我父亲一把拉起，接着说："考尔德先生有一头金黄色的头发，绰号叫'黄毛'。他的嗜好是'酒色'。可是这人脾气很大，你只能处处顺着他。"父亲说："这我明白。"

　　第二天，仰老果然带着我父亲去见黄毛了。黄毛和我父亲一见如故，谈得很投机。临别时，黄毛眯着一只眼对我父亲说："O.S.，阿拉喜欢侬！侬明天就来上工好啦。"从此，父亲跨进了煤炭事业的大门，成为英商开平矿务公司的一名跑街。

　　　　　　　　（原载中国文史出版社《回忆我的父亲刘鸿生》，有删节）

第 二 章

起步：煤业掘得第一桶金

登上煤炭大王的宝座

刘念智

　　刘鸿生很有把握地说："长线放远鹞，收获在后头，这一点钱不会白花的。"

　　开平矿务公司的矿区，坐落在河北省滦县西南的开平镇，分唐山、西山、林西三坑，与滦县矿区犬牙交错，矿藏丰富，煤质优良。这个矿区原属开平矿务局所有，是1877年（清光绪三年）直隶总督李鸿章创办的。1900年八国联军侵占天津时，英国人以保护为名，把全矿区的产业据为己有，把开平矿务局改组为英商开平矿务有限公司，改在伦敦注册，开帝国主义掠夺我国矿产的先例。前面提到的"黄毛"，就是代表英商派驻上海办理煤炭推销业务的经理人，是骑在中国人民头上的一位老爷。

　　我父亲上工以后，牢牢记住了仰老的嘱咐，把黄毛当作老爷看待，想尽一切方法，博取黄毛的欢心。他白天跑街，兜揽生意，晚上陪同黄毛白相①四马路会乐里，在妓女窝里寻欢作乐。这样混了一年以后，黄毛就把我父亲

---

　　① 白相：吴语，游玩。

看成是随从亲信，有事总要找他商量。这位经理大人对经理业务实在一窍不通，他不得不把我父亲当成左右手了。

当时在上海畅销的煤炭，有山东的淄博煤、博山煤，东北的抚顺煤，华东的贾汪煤、淮南煤和各地的小窑煤，此外还有河南的焦作白煤和海防的鸿基白煤，唯独没有开平煤的市场。我父亲精心策划，勤跑勤销，没过多久，就替开平煤打开了销路。他有一套资本主义的推销办法，自认为是成功的经验。为了传授经验，他向儿女们谈过多次：

第一，保住老户头，开辟新户头。我父亲说，做生意必须保住老户头，切忌不可做一笔头生意。要想保住老户头，就得勤跑勤访，和老户头保持密切的联系。他说，要千方百计和烧炉师傅们交上朋友，逢年过节送点礼，拉拉关系。他又说，用煤之权实际上操在烧炉师傅的手里，师傅说好就是好，师傅说坏就是坏，千万不可得罪烧炉师傅。他又说，烧炉师傅都有烧炉朋友，通过他们可以找到新户头，开辟新销路。

第二，按质论价，保质保量，坚守信用，决不让用户受骗吃亏。开平卖煤向来不分等级，好坏搭配，都是一个价，不受用户欢迎。我父亲当跑街后，就向公司建议，把统煤分成块煤和屑子等几个级别，分级出售，按质论价，保质保量，决不用次煤充好煤欺骗用户。他说，只要你欺骗一次，生意就不会再回头；要保住生意回头，就得做到"童叟无欺"。

第三，保证按时供应，满足用户需要。我父亲把各个用户的需要摸得一清二楚。他总是想方设法把煤炭按时送到用户手里，保证用户的需要。为了保证供应，他总是事前做好煤炭调运计划，要公司按计划把煤炭运来，不让煤炭脱销。他说，用户是你的衣食父母，做生意总得处处为用户着想。

"处处为用户着想"，这是我父亲在经营上的一句名言。他运用他的经验，使开平煤炭很快畅销整个上海。随着销路的扩大，他的薪金和佣金收益，也跟着增长了。

1909年，我父亲21岁。有一天，他接到开平总公司大班拍来的电报，邀他马上去天津会晤。寄人篱下，身不由己，他抱着疑惧的心情，踏上了旅途。车到天津后，一位公司里的同事来接车，我父亲劈头就问："大班找我来有什么事？"那人不直接答复，却笑着问道："你知道一言定终身的故事吗？"我父亲满腹狐疑地跟着那位同事到公司里去见大班。只见大班司诺脱（Mr. Sinnott）和几位英国助手都在那里闲谈。他们一见我父亲到来，就起身笑脸相迎，和我父亲热情握手，齐声说："O. S.，欢迎你！祝贺你在事业上的巨大成功。"随即招呼他坐下来，商谈今后的煤炭推销问题。

他们希望他把开平煤的销路扩展到长江下游。他们打算把上海、苏州、无锡、宜兴、常州、镇江、南通、江阴至浦口一带地区，除外商企业用煤外，都划为我父亲的独家经销范围。他们计划在上海成立开平公司售品处作为推销机构。经销佣金仍按每吨八钱四分银子计算，每年结一次账，扣除售品处的各种开支费用外，全部盈余由我父亲和开平公司上海办事处各半分享。最后，司诺脱以恩赐的口吻对我父亲说："O. S.，你要发大财了！我们准备和你签订30年的独家经销合同。我们请你来，就是为了商订合约条文。"这是一件没有想到的意外机遇。我父亲满怀欢欣地向司诺脱连声道谢。从此，他就当上了英商开平矿务公司在上海的第一号买办。

我父亲兴致勃勃地回到了上海，就积极成立开平公司煤炭售品处，设立了办事机构，接着又在上海浦东招商局华栈东面替开平公司购进了沿江地皮一处，建成了开平码头，并设置了煤炭堆栈，保证了煤炭的供应，稳定了煤炭的价格，既便利了用户，也巩固了销路。

在售品处的办事机构里，有两个特殊的科室：

（1）煤炭化验室，专门负责煤炭的化验工作。各批进栈煤炭经过化验，将发热量、灰分、挥发量、含硫量、固定炭等，以及块子、屑子和煤矸石等成分比例做成化验报告单，供用户参考，便于用户按需要订货。

（2）锅炉技术室，这个技术室负责替用户检查锅炉设备情况，提供改进方案和节约用煤方法。

化验室的负责人，是圣约翰大学化学系的荣誉毕业生娄恩后；锅炉技术室的负责人是在英国毕业的锅炉专家金芝轩。这两位专家都是我父亲用高薪聘请来的。他们的服务受到了用户的欢迎，反过来，也就为煤炭的销路提供了稳固的基础。

在上海安排就绪以后，我父亲就和我的叔叔刘吉生向京沪路沿线急剧发展业务。他们除运用以往的成功经验外，还采取了一些别的推销办法。这一带城市的用户有大的，也有中小的。他们采取小大不遗、一律对待的原则。用户资金有困难的，他们就采取赊销办法。在竞争激烈的地区，采用薄利多销、贴补佣金以至跌价竞销的办法。他们凭借经济优势，把一些小型煤矿的出品逐渐挤出了市场。

为了垄断市场，扩大销路，除委托各地煤号以优厚佣金经销开平煤外，我父亲还在上海伙设元泰煤号，在南通、江阴、南京、芜湖伙设生泰恒煤号，在苏州伙设同和义煤号；另外，又利用投资、合并方式，控制一些外埠煤号，作为推销开平煤的据点。与此同时，他还在重要据点设立码头堆栈，如南京码头、镇江码头、江阴码头等，从而完成了广泛的供应网点。

百尺竿头，更进一步，为了使煤炭销路深入广大农村，我父亲跑遍长江三角洲一带，亲自做调查研究工作。

有一次，我父亲和叔叔去宜兴推销煤炭。宜兴是江南著名的陶乡，到处都是陶窑和石灰窑。烧窑用木柴做燃料，已经是几百年的老习惯。由于长时间的大量消耗，宜兴附近早已变成童山濯濯。以采柴为生的柴民，就得进入深山采伐。但入山越深，耗费越大，成本越高，柴价也越贵。有时连旬大雪，山路不通，柴源不继，影响供应，柴价就一时暴涨。这些都给当地窑户增加了额外的负担。

我父亲经过调查，认为改用煤炭代替木柴，不仅可以解决燃料来源问题，还可以降低成本，提高产品质量。但他也想到此举事关柴民生计问题，不敢鲁莽从事。他们通过当地豪强势力，以提付佣金作为报酬等办法，与一部分窑户取得协议，准备选定少数灰窑改用煤炭进行试烧。不料这消息传出以后，立即引起了柴民的骚动，向他们寄住的旅馆扑来。群情激愤，要求他们立即离开宜兴，否则就用乱棒打死。愤怒的吼声，吓得他们二人连夜搭小船逃出宜兴。

他们回到上海以后，我的叔叔有点泄气了，但我父亲毫不灰心。他分析了失败的原因，重订了进取的计划。他认为，首先必须解决柴民的生计问题，不仅要使柴民不失生计，而且要使柴民的生活过得更好一点。其次，必须让窑户亲眼看到改用煤炭烧窑的好处。父亲说："只要我们能够做到这两点，柴民就不会反对我们，窑户也会坚持下去，我们就成功了。"

根据父亲的计划，锅炉技术室设计了一种用煤炭做燃料的新式窑。按照新的设计，我父亲立即派人去宜兴替窑户免费建成了新窑十几座，又以比较优厚的工资雇用了一批柴民当烧窑工。试烧结果，窑户满意了，柴民也不反对了。我父亲的推销计划完全成功了。十几座新窑的建筑费，大约花了几万块钱。我父亲很有把握地说："长线放远鹞，收获在后头，这一点钱不会白花的。"不出父亲所料，开平煤炭从此在宜兴地区生根了。

自从我父亲担任买办以后，不到三年时间，所有长江下游、京沪沿线广大地区，都成为开平煤炭的重要销区，为帝国主义经济侵略的进一步深入铺平了道路。得陇望蜀，贪得无厌，开平英商又于1912年夺取了滦州矿务局的全部矿权，把两矿合并改组为开滦矿务公司，仍挂英国国旗，归英商经营。从此以后，我父亲变成开滦矿务总公司的买办，业务范围更大了。

1914年，第一次世界大战爆发后，开滦公司的英籍职员多被征召回国，他们不得不把所有的外商用煤都划归我父亲供应。这样，又进一步扩大了他的供应范围。大战期间，国内工业积极发展，煤炭销路急剧增加，销路最多的一年达到250万吨左右。当时我父亲的收益每年平均在20万元以上。到了大战结束，年龄不满三十的鸿生老板，已经是百万富翁了。至于帝国主义英商通过我父亲之手掠夺去的巨额利润，更是无从计数了。当时，他不会想到这一点。在老年时，他回想起早年为帝国主义服务的经历，曾经对我们表示过心情的沉痛。

在旧社会，有钱就有地位，我父亲很快成为上海工商界中的一个"闻人"。他从此踏进了上海的"上等社会"，过着糜烂逸乐的生活。就在第一次世界大战结束的1918年，他在上海法租界霞飞路（今淮海路）营建了一座占地约30亩的大花园洋房，包括网球场、健身房、大客厅、跳舞厅等，一应俱全。洋楼建成以后，几乎每晚都有宴会，招待上海各方面的大亨：从黄金荣、张啸林、杜月笙等地方势力，到富商大贾、名门淑女；从太古、怡和、汇丰、麦加利等洋行、银行的经理、买办，到英法捕房的警官头子，三教九流，应有尽有。那时我才九岁，但见家里夜夜灯红酒绿，处处莺歌燕舞，轻歌曼舞，笑语盈盈，不到夜阑不散场。正是"朱门酒肉臭，路有冻死骨"！现在回忆，仍有憾意。

因为手上有钱，名誉地位接着上门，他当上了上海宁波同乡会的会长，这是上海最有势力的一个同乡会。考尔德又介绍他加入了上海"洋人俱乐部"（也称乡下俱乐部，Country Club），这是上海高级洋人和少数华人的高等俱乐部。我父亲饮水思源，从来不忘记仰老当初推荐他当跑街的恩德，按月给仰老致送财礼，尊重备至。

我父亲有了钱，就做一些教育事业，他在老家定海独资创办了两所学校，叫作定海中学（一所女的，一所男的），给学生以免费求学的机会。他也做一些时兴的慈善事业，每年给一些医院捐钱。

在20世纪的20年代，上海住户烧的煤球，都是用手工制作的。劳力强，产量低，质量差。用阳光干燥，需要很大的场地和较长的时间，从经济效益看，是很不合算的。我父亲想利用当时低价的白煤屑，改用机器成型和烘干的办法制造煤球。1926年，他邀集了几家煤号老板共同投资，创办了中华煤球厂，从日本进口机器，开始生产。这是上海第一家用机器生产煤球的工厂。当时因机器陈旧，性能不好，生产效率低，以及其他种种原因，这家煤球厂是赔钱的，但用机器生产的方向还是正确的。他为煤球的生产闯出了一条新路子。

从1922年开始，除大量推销开滦煤外，我父亲扩大了煤种的经营范围。他有一套完整的经营管理制度、必要的设备和措施。他在上海和京沪沿线，到处都有煤栈和煤号，并配备了熟悉业务的管理人员。他自己精通业务，熟悉全国各矿区的生产情况和各城市的消费情况，还熟悉国际市场情况和煤价涨落趋势。他拿起一块煤，就可以说出它的名称、产地、品种和成分。在煤炭经营上，谁也欺骗不了他，他也决不欺骗消费者，这是他取得成功的诀窍。他以自己的智慧和才能，以坚韧不拔的毅力，逐步登上了"煤炭大王"的宝座。在当时上海的煤业中，已经找不到他的竞争对手了。

（原载中国文史出版社《回忆我的父亲刘鸿生》，有删节）

中华煤球厂的兴起

丁辛叔

煤球能改进市民的日常燃料，是一件大好事，属于国内首创。

在1926年以前，上海市的一般市民烧饭煮菜都是用柴爿行灶。一幢石库门房子住了六七家人家，是极普通的现象。行灶的占地又比较大，柴爿还要劈开，烧饭时候更是烟雾弥漫，大家都感觉到既不卫生，又不方便，但是一时还想不出经济实惠的代替品。刘鸿生对于这种日常用品，向来就很关心，他知道北方早已有手工煤球，这种手工煤球质量不好，同时亦因原料关系，只能适合于大煤灶使用，而对于住户的小煤炉，就不甚相宜，所以鸿生先生不主张采用。

1925年，刘鸿生到日本游历，见到日本一般居民都在用机器制造的煤球，日本人称为"豆炭"，并且还见到各式各样的煤球炉子，有取暖用的，有取暖、煮菜两用的，花式相当多，这就给了鸿生很大的启发，也增加了他试办机器制造煤球的信心。

当时上海由法商德威洋行经销安南的西贡鸿基白煤，它的块煤早已被国人取暖及酒菜业等所乐用，但是鸿基煤屑那时还没有销路，在煤栈里堆积如山。德威洋行慕名请鸿生设法解决。那时鸿生是开滦煤的总经销、码头公司经理，又是几家大煤炭字号的股东，在上海的煤炭行业中举足轻重，很多人称刘鸿生是中国的"煤炭大王"。鸿生就接受了德威洋行的请求，经销鸿基白煤屑。但是他想，这种白煤屑要大量找出路，工业方面那时用处不大，非要在日用必需品方面动脑筋不可，因此他又想到机器制造煤球上面去了。

鸿基白煤屑，根据化验成分，它的灰分在8%左右，质量相当好。鸿生将此项白煤屑先在上海水泥厂试用，因为烧水泥的大窑，煤屑需经过磨成粉末，直接喷入大窑内，与水泥混合浆水燃烧烘干，要求较高。煤屑灰分必须少，否则就影响到水泥质量。试验结果，认为满意。但当时水泥厂出品亦不很多，每月白煤屑的消耗量只有500吨，与推销额有距离，这益使鸿生有提前制造机器煤球的意思。煤球的要求，固然不必要像水泥那样高，但是用优质煤屑制造煤球，岂不是更好么？而每吨鸿基煤屑上海码头价格为八两多银子，折合银圆约在12元，鸿生制造煤球，就决定采用鸿基白煤屑。

1926年初春，鸿生遇到黄锡恩，就谈起创办机器煤球的事情，黄颇钦佩鸿生思想先进，而鸿生就委托黄主办煤球设厂事宜。黄以为能改善市民日用燃料，是一件大大的好事，同时在国内事属首创，所以就欣然接受了这项邀请。不几天，黄锡恩与杨润生一同到日本，向大阪市高岛铁工株式会社定制了一套每小时3吨半的煤球机器。高岛厂煤球机的木模，绝大部分是现成的，交货因此很迅速。另一方面，鸿生已选定浦东南码头义泰兴南栈的东南角为厂址，同时着手开工。鸿生与锡恩言明，事属创举，系试办性质，故一切从简，所以只选了一幢木架铁皮瓦顶的厂房，隔一部分作为库房，及一幢三上三下很小的宿舍、饭厅房屋。那时浦东电力公司尚不能供电，在动力方面自备了"导驰牌"柴油引擎两部（德国制），一部是40匹马力卧式的，拖动制造煤球机；一部是6匹马力立式的，用于专拖烘燥炉。同年夏季，日本定造的煤球机陆续运到，经黄锡恩等努力，安装机器与试车，尚称顺利，至秋末冬初正式出品国产第一家的机制煤球，厂名定为"中华煤球第一制造厂"。这个厂自建厂筹备起，至出品煤球，只有七个月时间，在当时算起来是很快的。这个时候鸿生早已看到，煤球试办成功之后，这个厂的产量是不够供应的，必须要有第二、第三厂的出现，这些预想后来均实现了。我很佩服鸿生这种大实业家的远见。

中华煤球的创制，在燃料史上小小地起了一点革命作用。鸿生自筹备煤球厂起，所有需用的款项，如订购机器、建造厂房、煤屑进料等，及临时活动资金，一切均由鸿生一人垫款，直到煤球正式出品之后，大家认识了这个新燃料，方才集会认股。所以他的招募股本方式，显然与普通集股不同，这也就说明了鸿生对于试办煤球厂的事情，倘失败宁可一个人吃亏，倘成功再行募股。这种精神、这种魄力，真令人佩服。据黄锡恩说，当时鸿生垫款将近有20万元。

1926年，天冷得特别早，寒流很早已抵长江流域，上海一地在一日之内曾数易衣服尚不觉暖，即在当晚冻死了好多人，冻碎了很多的汽车水箱。中华煤球厂正式出品不久，那天大小两部引擎忘记放水，所以汽缸头均被冻裂，生产因此暂时停顿，旋又修复生产。煤球在当时还是一种新燃料，市民一经试用后，多表示欢迎，但对于煤气有毒、不宜关闭窗户取暖等情形，尚不熟悉，致中煤毒死亡者亦大有人在。不过这年因天气特别寒冷的关系，不必大登广告宣传，煤球的推销，竟十分顺利。

中华煤球第一厂生产的是"黄泥煤球"，当时制造原料是：（1）鸿基白煤屑；（2）苏州黄泥；（3）佘山黄泥。佘山黄泥黏性很高，可惜含有部分砂质，且含水分颇多，所以只能捣成泥浆加入煤屑中使用，以增加煤球黏结性。鸿生与锡恩对于煤球的质量要求很严格，规定了三项标准：

（1）煤球烧完之后，总的灰分不能超过20%。

（2）煤球必须完全烧透，不准留有未烧尽的黑芯。

（3）坚硬程度的试验方法：手取一个煤球，拿至胸口高处，放手落地，以不破碎为准。黄泥是烧不掉的，加进多少，重量就有多少，还要加上煤屑的灰分8%左右，所以掺入黄泥与泥浆，总数不能超过11%。但是黄泥少加了，煤球黏性减少，容易破碎；假使黄泥加多了，煤球不易烧透，甚至燃烧不好，同时灰分亦要超过规定的20%。鸿生时常提醒我们，对于质量须特别注意。

当时中华煤球有分篓装与散装两种：所谓篓球是竹篓内垫稻草后再装煤球；散球就是不装篓的（与现在的煤球相同）。篓球1吨计34篓，每篓装煤球计天平秤约50斤。那时栈单价格，篓球每吨约21元，散球每吨17元7角左右。散球客户需自备大竹篓来厂装（每吨装8篓）。

中华煤球第一厂，地处浦东义泰兴码头内，厂外就是堆煤栈，因此由西贡运来的煤屑堆存进厂等，非常方便而损耗少，确是有利条件。但成品煤球的输出，受到黄浦一江之隔，非要先用驳船驳过江，然后才能车运，煤球就多上下搬运次数，增加破碎机会。驳船的装载量，小者10吨，大者有四五十吨（普通木驳船）。那时厂内一般产品，尚不够装一只驳船，虽日夜两班生产，还是供不应求，所以驳船亦要排队挂号，往往等候一个多星期还出不到货，纠纷迭起，尤其引起一些小客户的不满，这就为将来浦西小煤球厂林立种下了商业竞争失败的根苗。

中华煤球问世年余后，因质量好而用户均表示欢迎，销路激增。这时第一厂全月日夜班产量只有2000吨左右，那时冬季需要量估计要六七千吨方可应付，单单依靠中华煤球第一厂的生产数量，远不能满足市场需要。因此在1929年后，有远东煤球厂、国华煤球厂、中国煤球厂、南洋煤球厂等相继建立，其中除远东煤球厂设在浦东外，其余各厂都在浦西。厂设在浦西的优点，就是煤球出货方便，卡车、榻车、老虎车均可去装，而数量方面亦不拘多少，很得一般煤炭字号的拥护（这些厂的股东就是煤炭号居多）；虽然煤球的质量不及中华煤球厂，但好多煤炭号有切身利益关系，出货又方便，便乐于推销小厂煤球。当时就分出中华老牌煤球与一般新牌煤球，用户指定要中华煤球，但是供应不够，这也是竞争失败的一大原因。

鸿生并不是不知道不够供应的情形，那么他为什么有这样好的销路而不扩大生产呢？他不是唯利是图的人，是有远见的实业家，始终认为黄泥煤球不是一种进步之燃料，虽然目前的营业有蒸蒸日上的趋势，他也有前进不息的思想，不会因营业好而阻碍他的前进。他总是想用其他的原料代替黄泥，可以使得煤球灰分减少，质量更有提高。这种想法时常在他的脑海中盘旋，因此以后有其他几种煤球的产生，虽然前后均没有推销出去，我认为一部分是成功的。

1927年，鸿生有机会到欧洲去游历；他先到安南西贡，并参观了鸿基煤矿，见该矿用一部分白煤屑掺入沥青及烟煤屑制造大型的沥青煤球，用以代替烟煤块，产生很大兴趣。后来他到英国，见英国很多住户用铁灶烧沥青煤球；又去参观了英国人制造沥青煤球，见制造方法并不比黄泥煤球复杂，还可省却一道烘燥手续。这种沥青煤球，还可替代优质烟煤块，更引起他在国内设厂的兴趣。他回国之后，将他的计划与黄锡恩商讨，并在第一厂稍为改动一些设备试制（不妨碍正常生产），认为有成绩之后，再决定设厂制造。

1928年，中华煤球第二厂成立，厂址设在周家渡中华码头内，就在章华毛绒纺织厂的旁边。以前第一厂系试办性质，故建筑物等一切简陋。这一次第二厂的厂房、办公室、宿舍、饭厅等很有规模，自码头运入原材料，有自备的小铁路，与第一厂相比，不可同日而语。煤球机器是英国定制的，它的产量为每小时15吨。那时浦东电力公司尚不能供应电力，所以自备立式四汽缸"苏而寿"牌柴油机一部，计150匹马力，专供制造煤球机用，另有30匹马力柴油发电机一部，专供照明及修理车间之用，于同年冬季开始生产沥青煤球。

沥青煤球（俗称柏油煤球）的制造方法，比黄泥煤球简单：它的制造原料，系鸿基白煤屑、抚顺烟煤屑及沥青，经混和粉碎后用水蒸气在直立调和机中加热再拌和，就可送至型轮机轧制煤球，不需要烘燥炉烘干，因沥青经风吹冷却后自然凝结。它的坚硬程度，比之黄泥煤球要强得多，人可以立在煤球上而不碎。这种煤球还有一种优点，它不怕风雨，可以露天堆放。至于它使用的优点，很多：（1）比烟煤块热度高；（2）比烟煤块耐烧，可节省燃料；（3）灰分少，煤渣少；（4）大小均匀，拣火次数减少，节省劳力。经两路局、津浦局、纶昌印染厂等试用，质量均认为满意。它的唯一缺点，是售价因成本关系而嫌稍高（当时与中兴块煤每吨相差约23元），因此销路不畅。

鸿生见到沥青煤球在工业运输业方面，销路有问题，他又将目标转移到家用燃料方面。黄泥煤球，他向来就希望有机会要改革的，于是他利用第二厂的设备制造"面粉煤球"。这种煤球的制造方法与沥青煤球相同，也不需要烘燥炉烘干。它的原料是鸿基白煤屑、加拿大四号面粉（俗称脚粉），再掺入少许石灰，亦同样粉碎混和后，用蒸汽加热，送入型轮机轧成球形，冷却后也会自然凝结，硬度亦相当好。它的优点：（1）火力比黄泥煤球强；（2）灰分比黄泥煤球少；（3）它能自然卸灰，不会结成灰块，制造成本方面比黄泥煤球稍高。而唯一的缺点是，在煤球开始燃烧时，会发出一种极难闻的气味。倘使炉子没有烟囱，的确不好忍受。但煤球发红烧透之后，气味也就闻不出了。居民一般的煤球炉都没有烟囱，因为初生炉子时气味难闻，不受市民欢迎，归于失败。

1929年，刘鸿生又叫第二厂试制一种糖浆煤球，这种糖浆是南洋爪哇（现印度尼西亚）出品，用这种糖浆来代替黄泥做黏料，不过用糖浆做煤球，仍旧须经过烘炉烘燥，试制后分析它的优缺点。优点是：（1）火力比黄泥煤球强；（2）灰分少不结块；（3）没有异味，只觉得有些糖香，并不难闻。缺点是：糖浆价格太贵，制造成本提高（那时1吨糖浆的价格要高出1吨黄泥的100倍），因此又行不通。尚有几次零星试制，现在已记不清了。

1930年，有一位广东人（忘却了他的姓名）在唐山路、大连湾路转角自己的住宅旁边开设一个小型煤球厂，因经营不善停办，想要全部出售。鸿生就请黄锡恩去看看，值不值得收买下来。经黄等去察看之后，认为不必大改动，就可以出品煤球，建议鸿生把这个厂买下来。这样就成立了中华煤球第三厂，从第一、第二两厂各抽调部分人员，筹备改装机器，不久即投入生产。第三厂因地处浦西，客户出货方便，凡客户购买中华煤球，都喜欢向第三厂出货，故而中华煤球三个厂，以第三厂的营业最好，其次是第一厂，第二厂最差，出货不便是主要原因。

1931年左右，外汇逐渐上涨，鸿基白煤屑进价亦随之上升，每吨汇率折合银子达十三四两，折合银圆要19元多，甚至已经超过每吨煤球售价。其他各煤球厂早已改用价格低廉的国产白煤屑，制造成本低很多。中华煤球开始还维持老牌煤球的质量，镶用一部分江西源华白煤屑，质量已不及以前，但在煤球业中质量还是第一，而在售价方面已难与各厂竞争。以后因成本关系，不得不全部采用国产白煤屑。

中华煤球第二厂开始时制造沥青煤球，销路不行；后制造面粉煤球，销路更不行；没有办法，又逼上走黄泥煤球的老路，增添了两座烘燥炉。约在1931年春季，亦出品黄泥煤球，一个日班的产量有120吨，当时在上海算是产量最高的厂了。但是煤球厂的好景已成过去。煤球厂成立太多，产量过剩，每年4月至9月称为淡季，虽只开日班一班，往往因仓库堆满而不能开工者，一个月内总有好几次。这个时候，第三厂盈余最多，第一厂稍有盈余，但是两个厂贴不够第二厂的亏本。以后的营业仍日趋下降，至1934年2月我离开第一厂的时候，还没有起色。据闻中华煤球三个厂于1935年底宣告歇业，后来又将第一厂的机器迁到浦西南码头护军营，改为合众煤球厂，那我就不知道了。

（原载上海古籍出版社《上海文史资料存稿汇编》，有删节）

煤炭大王的进阶之路

曹雨塘[*]

从20世纪20年代初开始，刘鸿生一方面为开滦矿务局开拓煤炭销路，另一方面利用买办的身份从事自己的投资和经营。他还利用自己掌握的销售网络、码头堆栈，成立中华码头公司，成为不折不扣的煤炭大王。

1909年间，刘鸿生经上海某德商洋行买办黄可方和工部局翻译周良卿的介绍，进入英商上海开平矿务局当职员。当时，开平矿务局由于所产煤炭质量欠佳，销路不畅，亟欲利用中国人代为推销，因而刘鸿生开始了对开平煤的推销活动。

当时刘鸿生推销煤炭的对象，主要是上海市区的老虎灶和上海邻近各县烧制石灰和砖瓦的窑户。刘鸿生的销煤工作做得很有成绩，使当时上海的开平矿务局经理巴汉十分满意。1911年，当刘鸿生24岁的时候，遂被提升为买办。

刘鸿生担任上海开平矿务局买办后，除按月领取薪金外，还有销煤的佣

---

* 曹雨塘：原刘鸿记账房秘书。

金收入。佣金每三个月结算一次。这时，刘鸿生在上海开平矿务局内设置了买办间，买办间的工作人员最初除刘鸿生及其弟刘吉生外，还有中文秘书、会计和出纳各一人。买办间的开支由刘鸿生负担。

与义泰兴煤号，合作又竞争

刘鸿生担任上海开滦矿务局买办后，增加了一项销煤的佣金收入。但是，他对增加的这项佣金收入并不满足，又在煤号生意上打主意。

义泰兴煤号是当时上海最大的一家煤号，经销各种煤炭，推销能力很强。刘鸿生就同义泰兴煤号经理杜家坤合作，以义泰兴煤号的名义与开滦矿务局接洽，经销开滦煤。通常其中七成归义泰兴煤号经销，三成归刘鸿生经销。

刘鸿生在义泰兴煤号没有分文投资，而义泰兴之所以肯同刘鸿生合作，是为利用刘鸿生的关系，便于同开滦矿务局订立销煤合同。他们每年同开滦矿务局订立合同一次，规定销煤的吨数和价格，并规定：如果煤价上涨，合同价格不涨；如果煤价下跌，则可按照市场价格照跌。销售额超过合同数量时，也可照增。在同业竞争中，如所订价格对竞争不利，也可要求开滦矿务局减价。所以，当时他们经销开滦煤是稳赚钱的，每吨煤按照合同规定，通常可得5—7钱银子的利润，其中除去暗贴火夫煤火钱约1—2钱银子外，每吨煤可得纯利4—5钱银子。这样，刘鸿生在同义泰兴合作中，又可得一项很大的销煤利润收入。

刘鸿生在上海方面的销煤点，起初是义泰兴煤号。至1920年，刘鸿生与人合伙开设了福泰煤号。1925年间，刘鸿生又与人合伙设立了元泰煤号。福泰、元泰主要经销开滦煤，但也兼销其他煤炭，如山西煤、日本煤等，不过数量不大。

刘鸿生在外埠的销煤点，起初是他和刘吉生在苏州、无锡、常州等地与人合伙设立的开滦煤分销机构。这些分销机构，开滦矿务局并没有分文投资。由于它们专门推销开滦煤，不推销其他煤炭，因此挂上了苏州开滦矿务局、无锡开滦矿务局、常州开滦矿务局的牌子。

　　刘鸿生在外埠的销煤点，除开滦分销机构外，以后，又在南通、南京、芜湖和江阴等地设立了生泰恒煤号。这些生泰恒煤号也是刘鸿生与当地煤商合资组成的，它们大多成立于1921年之前，江阴生泰恒煤号则成立于1927年。其中有的专门经销开滦煤，也有的在经销开滦煤的同时，还兼销其他煤炭，不过数量不大。

　　刘鸿生对各煤号进行投资，就是要利用它们尽力推销开滦煤，各煤号欢迎刘鸿生来投资，则是希望在经销开滦煤中得到刘鸿生的支持。例如南京和镇江的安丰、镇江的和兴、芜湖的兴仁等煤号，都由于经销开滦煤而与刘鸿生发生合伙关系。1928年间，这三家煤号曾在镇江合组大华煤业公司，目的是避免彼此竞销。

　　刘鸿生与义泰兴煤号合作煤炭生意，逐渐被开滦矿务局知道了。开滦矿务局想要干预，又势所难能。因为刘鸿生对推销开滦煤已有广泛的基础，他自己拥有许多煤栈，开滦矿务局不利用刘鸿生是不行的。这样，天津开滦矿务总局即指示上海成立售品处，将中国籍用户的营业包括义泰兴煤号在内，全归售品处办理。投资由开滦与刘鸿生各半，利润平分。而在刘鸿生名下的投资额中，义泰兴煤号又占其一半，利润也由双方平分。开滦矿务局的这一打算，是为了进一步控制对中国籍用户销煤的利润，同时也限制了刘鸿生的利润收入。

　　开滦售品处成立后，刘鸿生的买办间即告撤销。同时，刘鸿生在苏州、无锡、常州等地与人合伙设立的开滦煤分销机构，也都改称为开滦分销处。

　　开滦售品处按合同规定资本为40万元，刘鸿生和义泰兴煤号应各出资10

万元，但在实际上不需要垫支资本，而是稳赚的生意。

开滦售品处第一期的经营结果，获得了不少利润。刘鸿生在分给义泰兴应得的利润时，他曾借口在售品处成立前，刘鸿记账房在同义泰兴煤号伙营煤炭中有坏账，从中扣去了一部分归为己有，而杜家坤又摸不到底细。因此，刘鸿生与义泰兴煤号之间，虽然互相利用，但双方的矛盾也是很大的。义泰兴煤号也曾估计它在开滦售品处有被排挤的可能，所以在推销开滦煤的同时又积极地推销其他各种煤炭，并在江阴刘鸿生的江阴码头附近建造了义泰兴码头，推销日本崎藤煤。

代销东京煤矿

刘鸿生与东京煤矿建立直接代销关系，据我了解，是首先由东京煤矿方面提出建议的。因为当时东京煤矿对德威在上海等地的经销工作不很满意，德威对应付东京煤矿的煤款经常有拖欠。东京煤矿的这一建议，刘鸿生当然是愿意接受的，于是双方进行协商。就在这个时候，法商宝多洋行突然也插进来。宝多的插入，是由于它已听到了东京煤矿对德威不满的消息，通过其巴黎总行向东京煤矿的巴黎董事会进行协商的结果。德威看到东京煤矿要取消自己的经销权利，也向东京煤矿的巴黎董事会提出意见，要求继续给予其经销权利，结果如愿以偿。所以，1930年在上海等地与东京煤矿建立直接经销关系的是：刘鸿生、宝多洋行和德威三家。在这之前，只有德威一家。

1930年底，刘鸿生与东京煤矿经理顾发利进行会谈，决定依照开滦售品处的组织和经营方式，自1931年开始，在上海及长江下游一带独家经销鸿基煤，但后来并未签订正式合同。因为要取消宝多、德威的经销权利，并非东京煤矿经理一人所能决定，而是取决于东京煤矿的巴黎董事会。所以，之后在上海等地经销鸿基煤的仍然是刘鸿生、宝多洋行和德威这三家。

刘鸿生在经销开滦煤、鸿基煤的同时，也利用投资的煤号，做其他煤炭生意，如日本煤、山西煤、中兴煤、博山煤等。刘鸿生所利用的煤号，在上海多半是元泰煤号，外埠则有生泰恒煤号等。

委托洋经理

义泰兴董家渡码头是委托英商壳件洋行来经理的，其原因很多，主要是由于壳件洋行可以开出"洋栈单"。壳件洋行在码头上的工作，主要是做账、出栈单、收支、联络外国客户等。当时上海市场上的崇洋心理很重，一般都认为洋人开的栈单可靠，即保证有货，不会作假。所以，"洋栈单"在当时市场上可以抵押。栈单能够在市场上抵押，可以提高码头的信誉。这样，客户才乐于来堆货。

兴建江阴码头

开滦煤除由产地运到上海销售之外，有的还得由上海转口到沪宁路沿线去销售。可是当时京沪铁路不仅不能提供足够的运输车辆，而且运费很高。刘鸿生为了发展京沪路沿线的煤炭销售业务，特别是为了供应无锡和常州的需要起见，决定投资兴建江阴码头。江阴码头建成后，开滦煤就可以由水路运到江阴卸货，再由江阴经水路运往无锡、常州一带。

1925年，刘鸿生向宁绍轮船公司租进了镇江码头，同时，他又将这一码头转租给镇江和兴煤号。因为刘鸿生租进镇江码头并不是为了自己使用，真正要使用的是镇江和兴煤号。但是和兴煤号在宁绍公司心目中信誉不够，因此就请刘鸿生出面来与宁绍公司洽商租借码头。刘鸿生由于自己与和兴煤号有业务关系，帮助和兴煤号开展业务，对自己也有好处，所以才从中做了一番租进租出的手续。

倒卖日晖港

日晖港地产的买进与卖出，是一种盗卖国土的行为。卖方是当时的著名官僚、后来变成大汉奸的傅筱庵，他以日商三井洋行名义卖出（傅筱庵在买进这一地产时，也是以三井洋行名义，即由三井洋行出面，通过军阀孙传芳的军需科长之手，向孙传芳买进的）。买方是刘鸿生，他为在浦西增辟码头，由葛尔德出面购进。刘鸿生和傅筱庵早就相识，并且过从甚密。刘鸿生的买价是银35万两。这笔"买卖"是秘密进行的，并且在几天之内就成交了。

日晖港地处浦西，有泊位，可停靠万吨海轮，是个很好的深水码头地段。开滦矿务局鉴于上海的自有码头不够，所以才向刘鸿生商买沿浦基地，以备自建新码头。1927年刘鸿生赴国外考察时，曾带去周家渡和日晖港两处的地产图样，任凭英国伦敦开滦矿务局董事会挑选。结果开滦董事会选中了日晖港地产，以银90万两成交。在成交时，刘鸿生曾向开滦矿务局提出附带条件，即要求开滦矿务局同意将合组开滦售品处的合同，延长十年。此外，地上的厂房（原属日晖织呢厂）、机器设备及工房等仍归刘鸿生所有。随后，刘鸿生就将织呢厂的机器设备搬到周家渡，办起章华毛绒纺织厂。这样，刘鸿生于转手间，赚得巨额的利润。

因地置柳江煤矿

柳江煤矿铁路公司是刘鸿生早期的主要投资企业之一。投资的年代大约是在第一次世界大战之末、刘鸿生已经由经营开滦煤致富的时候，刘为该公司的大股东，投资约有十余万元，并担任过较长时期的董事、常务董事。

柳江煤矿与开滦煤矿都以秦皇岛为运输口岸。但柳江生产的为无烟煤，而开滦生产的为烟煤，两矿在营业上没有什么矛盾。柳江在产品外运方面，需要使用开滦的铁路①、车辆和秦皇岛码头，而向开滦缴纳各项费用；在生产方面，也有些地方要借助于开滦，这与刘鸿生投资柳江煤矿并担任该矿董事不无关系。

刘鸿生由于担任上海开滦矿务局的买办，对经营煤炭业颇有经验，同时对柳江煤矿投资较多，在该公司董事中居中坚地位。因此，他起初对柳江煤矿的经营颇为积极。当时柳江煤矿的一些外籍工程技术人员，就是经他介绍进去的。

（原载上海人民出版社《刘鸿生企业史料》，有删节）

---

① 据刘鸿记账房所存柳江煤矿公司资料，刘鸿生于1918年初已代该公司委托开滦矿务局英籍职员麦康纳盖调查并改进该矿的铁路运输问题。当时该公司经理为上海义泰兴煤号经理杜家坤，刘鸿生系公司董事之一。刘鸿生对柳江煤矿的投资为121250元（1926年8月）。

鸿生邀我入煤业

黄锡恩[*]

中华煤球的创制，在中国燃料史上产生了革命性的作用。

我是帮同刘鸿生最初创办中华煤球厂的。刘鸿生经销的安南鸿基白煤，是法国人运来的统货、块屑混杂在一起。煤块有销场，而积存的煤屑则很少有出路。当时上海各厂家习惯于用白煤，但居民还是用大灶烧煤、柴爿、稻草等来煮饭烧菜。因此，刘鸿生除把一部分煤屑作为华商上海水泥厂的燃料之外，就动脑筋，联合几个朋友办煤球厂，仿照北方居民手制煤球创造机制煤球。初筹资本10万元，设立中华煤球公司，刘鸿生占的股份最多。厂设义泰兴码头董家渡南栈，随后称为中华煤球第一厂。我和刘鸿生是圣约翰大学的同学，我曾在汉冶萍公司汉阳钢铁厂当工程师。1926年，他邀我到上海帮他筹办煤球厂，由我到日本接洽关于参观研究制造煤球及购置各项机器的一切事宜。

在去日本购置机器之前，先用煤屑和黏土试做煤球成功；但能否用机器

---

* 黄锡恩：原中华煤球公司厂经理。

大量生产，还是一个问题。当时中华火柴公司董事长陈源来在日本经商，刘鸿生就要我带了煤屑、黏土，到日本找陈源来。经陈源来介绍认识日本燃料专家内藤博士，内藤经过研究，认为煤屑和黏土做原料，照样可以大批生产机制煤球，而且做出来不会碎。当时就由内藤介绍至高岛铁工所，设法把运去的煤屑和黏土在附近的煤球厂里实地试制成功，质量适宜。于是就向高岛铁工所定做生产这种煤球的机器，限期运交上海。高岛铁工所还派技师高桥到上海来负责安装试车。每天出煤球50吨，很受用户欢迎。

1928年，刘鸿生从国外考察回来不久，在中华煤球公司一次股东会上提出了增资添机另建新厂的计划。实际上，他在英国时，早已向也登煤球机器厂订制了机器，订制的新机器每小时能出煤球15吨，而厂里的旧机器只能出煤球5吨。当时公司里的一些主要股东，如张嘉甫、陈孚卿等，都觉得煤球厂的发展应该逐步地来，现在购买每小时出产15吨煤球的机器，产量比原来突增好多倍，是否能有销路，而相应的各种开支又将增加很多，是否合适，不无迟疑。但是，他们又认为刘鸿生办企业是有一手的，他所提的扩充计划可能是正确的，何况他又是公司里的大股东，也就同意了增资添机、新建第二厂的计划。第二厂设在中华码头公司周家渡西栈，其投资额和规模都比董家渡南栈第一厂大。

中华煤球公司所属的第二厂，起初是专制柏油煤球和特号煤球的。柏油煤球中又分蒸汽煤球及火炉煤球两种，前者由烟煤屑和柏油膏加工制成，代替烟煤，供工厂做燃料；后者由白煤屑和柏油膏加工制成，代替白煤，供大楼、旅馆做燃料。特号煤球则由白煤屑和面粉加工制成，也可代替白煤，供大楼、旅馆做燃料。柏油煤球和特号煤球经过试销，火力很好。但因成本高、售价贵，销路又狭，不适于居民用户，结果反遭失败。因此，第二厂规模虽大，由于入不敷出，不易维持。所以在1930年3月间，公司召开的一次董监会议就议决，第二厂兼制老牌煤球（即家用煤球，由白煤屑和黄泥加工制成），要我去日本订购烘炉所用各项机件。后来，我虽未亲身去日本，但仍写信给日本高岛铁工所购来了烘炉的炉排，其他机件则根据日本工厂寄来的图样在上海制造。从此，中华煤球第二厂便可以兼制老牌煤球了。

（原载上海人民出版社《刘鸿生企业史料》，有删节）

联合组建新企业

刘鸿生 等

1926年刘鸿记与义泰兴、涌记、升记、镇江和兴四家煤号签订的合组东京煤公司合同，立合同依据：

义泰兴号、涌记号、升记号、镇江和兴号、刘鸿记共同组织东京煤公司。公推刘鸿生君代表各股东向上海德威洋行购办各项煤斤，与该洋行订有合同，业经各股东查阅允洽。其所订购煤斤之吨数及名目、价格与刘代表之应负责任，悉照该洋行合同履行。当经议定资本每股元5000两。义泰兴号得三股，计资本元1500两；涌记号得二股半，计资本元12500两；升记号得二股半，计资本元12500两；刘鸿记得二股半，计资本元12500两；镇江和兴号得一股半，计资本元7500两。共12股，计资本元60000两正，业经划交刘鸿记。年终揭账亏按12股摊派；盈作14股均分，股东得12股，义泰兴、涌记、升记经售得1股，刘鸿记管账及经售吴淞栈煤得一股，借酬劳绩。唯经售除分红外，不另取费。……

条议列后：

一、德威洋行定购煤斤，虽由刘鸿生君代表订立合同，单独签字，倘遇意外事情致生纠葛及危险，由各股东照股负责。至出货，悉照该洋行合同之所订手续办理。经售，归义泰兴、涌记、升记、刘鸿记四家担任。……

二、因煤屑申地销路甚稀，为推销起见，业与华商（上海）水泥公司订定在前，将合同内所定之细粉转售与该公司12000吨，每吨照原本须除价元一两。唯其他水泥公司及各厂不得援例。

三、镇江和兴号担任镇江、南京、南通三处每年认销块煤2000吨、纳子4000吨、平粉10000吨、细粉15000吨。照原本不加价，不垫款。至年终揭账其盈余须照15%划交本公司，亏则不计。

（原载上海人民出版社《刘鸿生企业史料》，有删节）

中华煤球设新厂

刘鸿生

中华煤球厂出品，声誉远在各家之上，营业已有相当基础，正宜乘机力图发展。

1928年3月11日中华煤球公司总经理刘鸿生致第二届股东会报告书

丁卯（1927年）上期，虽因时间、时局及售价关系，营业仍未十分起色，而下期营业则缘出品精良，他家望尘莫及，销路大为畅旺（是年营业状况及结算结果，已经报告在案），迄今为止仍得保持优越地位，其根源即在于此。故鄙人犹认为有扩充之必要，亦由于鉴往知来，不能不为更进一步之准备耳。请述其理由如下：

（一）燃料为家常日用品中消费数量最巨之一种，煤球在经济及清洁上有种种之利益，故采用之人，上海方面已日见其盛。将来外埠需要，相继而起，销路之旺，较之今日，必有天壤之别，不卜可知（观在外埠分销成立者，已有杭州、绍兴、宁波三处）。我公司为适应此种形势起见，似非扩充出品不可。……

（二）现在厂中每日夜出货90吨，尚苦供不应求。同行中来打栈单，因无货而回绝者，日辄六七起。即舍外埠之未来销路而言，此时亦非速购新机不可。……

（三）凡百事业在开创时，含有试办性质者，自以紧守范围为是。今本厂出品，声誉远在各家之上，营业已有相当基础，正宜乘此时机力图发展，庶于公司营业及社会经济两有裨益。……

（四）在沪营煤球业者，近已大小林立，不胜指数。前途竞争，势所难免（现在采用最新式机器者，已有上海第一煤球公司一家，不久必有继此而起者）。苟我公司，只求保守，不图进展，非独前途胜利难操左券，恐团有成绩，亦多可虑。……

……至其具体办法，似尚有不容不预先声明者，请再略述于下：

（一）旧股已有利益，应有相当之尊重：查此次扩充资本，系属发展性质，迥非寻常亏累可比。新股一经加入，即可享受公司牌号利益，且以过去之成绩推测，未来之营业，利益之优，已可预断，故新股对于旧股似不能不有相当之区别，以示公允。鄙意颇主张原有旧股，至少应值百加二十（即每一千元旧股，应加发股票二百元）。是否有当，诸希公决。

（二）认股办法：此次增加资本之额，拟定为洋18万元（合原有资本10万元，加股2万元，共30万元），一次缴足。开始招募时，应由旧股东中凡与东京煤公司有关系之各号（义泰兴、涌记、升和）及郑钟汉先生各先认万元后，方归其他旧股东分认。如不足额，则再登报招募外股，详章另定。

（三）增加资本之用途：拟以11万元为购置新机及另建厂屋之用。7万元为购备原料及各种应用材料之用，并以其中一部分，充营业时之流动资本。

（四）新机之效用：旧机之应受淘汰，其最大原因，系出品不能坚实及燃烧后灰分太多，颇称缺点。鄙人此次游历欧洲，目观新机器所出煤球，不但凝结较坚，且火力猛而耐时久，燃烧后灰质亦少。此种出品，必更为用户所欢迎，自可断言。将来本外埠销路同时并进，营业之发达，亦不待著卜矣。唯欧洲出品内搀柏油膏，燃时因烟臭颇重，必须用烟囱，颇不合我国现时习俗。故此种制品，我厂万不宜用。现经研究有得，届时定可改用别种物料，不失原有之优点。本文不便明言，尚希鉴原。

（五）新厂之厂址：本厂原有厂屋设于义泰兴南栈，因上货下货不能自由处置，事实上久感困难。此次购置新机，一切装设，当有不同，自应乘此机会另觅适宜地点。此项地点，以已有码头，并能划出一部分供本公司专用者，方为合宜。盖预料将来营业发达，决非现状可比，故不能不于此点加以万分之注意也。

（原载上海人民出版社《刘鸿生企业史料》，有删节）

第 三 章

起跑：火柴大王诞生记

目标：火柴托拉斯

刘念智

你等着瞧，总有一天，我要办起一家火柴厂，把他老头的燮昌厂打倒！

一、苏州鸿生火柴厂的兴起

在第一次世界大战期间，西方帝国主义暂时放松了对中国民族经济的压迫，中国民族工业得到了发展的机会。特别是一些生产过程简单、工艺技术要求不高、投资规模不大的日用品工业，发展更快。火柴工业就是这样的一种工业。

1919年苏北大水后，灾民流离失所，我父亲以宁波同乡会会长的身份办理救灾事务，他自己捐了五万块钱。当时同乡会的副会长俞佐廷给他出了一个据说可以"名利双收"的主意。他说："灾民多，花费大，单纯靠救济，势难持久，不如搞点生产，让灾民生产自救。再说，老兄现在发了大财，在旁人看来，你总是靠买办起家的，不如搞个工厂，收纳一批难民做工，既有救灾之名，又得实业家之利。一举两得，名利双收，岂不美哉！"这个"妙计"打动了我父亲的心。

事有凑巧，我的外祖父叶世恭是办燮昌火柴厂起家的。这个厂制造的黄磷火柴，有毒性，又容易自燃，使用不安全，在国外早被淘汰，可是生产过程简单，成本低廉，适合当时农村需要，所以我外祖父靠它发了财。外祖父有个女儿叫叶素贞，有人介绍给我父亲做朋友，他们俩一见钟情，私议成婚。可是当时我父亲不过是一个煤炭跑街，家境穷，社会地位低，有钱的外祖父瞧不起他，不同意这门亲事，拖延很久，后来只是由于亲友的一再劝说和女儿的坚持，才勉强办成了婚事。我父亲年轻气盛，想到这一切，总不免耿耿于怀。他曾经对我母亲说："你等着瞧，总有一天，我要办起一家火柴厂，把他老头的燮昌厂打倒！"

现在我父亲真的要办工厂了。办什么？"办一家鸿生火柴厂"，这就是他的决定。

从当时的条件看，火柴工业设备简单，不需要太多的投资，可以容纳较多的劳动力，适合救灾的需要。但是我父亲有一个特性，在未作最后决定以前，总得先做调查研究工作，"谋定而后动"，绝不掉以轻心。

首先，他要摸清火柴工业的产销情况，分析设厂的有利条件和不利条件。经过研究分析，他认为当时中小工厂中，凡是制造黄磷火柴的，迟早要被淘汰；至于生产安全火柴的，大都设备落后，技术工艺差，不是他的竞争对手。此外，在华中畅销两种外货火柴，一种是瑞典制造的凤凰牌，远道运来，费用高昂，不足为患；只有日货猴子牌火柴，在我国设厂制造，质量好，销路畅，是一个劲敌。他认为，只要鸿生火柴的质量能够赶上或超过猴子牌，就不难打开销路。

其次，既然决定要办火柴厂，他就下苦功研究火柴生产的全部过程，钻研生产技术，阅读技术资料，特别注意研究一些生产上的关键性问题。他研读了许多有关火柴生产的化学书籍，研究化学配方，背诵各种化学公式，经常学习到深夜。在鸿生火柴厂未着手建厂以前，他已掌握了一切有关安全火柴生产的基本知识。

最后，他还特别注意国外先进技术和先进设备的引进问题。为了战胜猴子牌火柴，他亲自去日本磷寸株式会社的火柴厂参观学习，以高价购进全套生产设备，并以高薪聘请日本技师来我国传授技术，培训工人。同时，他又以每月200元的高薪聘请我国留美化学博士林天骥担任总工程师职务。

1920年1月，苏州鸿生火柴公司成立，股本12万元，独资经营。他亲自选定了一处水陆交通便利的地点，开始动工建厂。因为事前做好各种准备工作，建厂时间只花了一年零几个月，就投产了。

在火柴生产上有两个关键性问题：一个是火柴头上的氯酸钾，是一种容易受潮的氧化剂，受潮以后容易脱落；另一个是火柴盒两旁的赤磷片容易因磨损而脱落。要提高火柴质量，就得设法克服这两种缺点。

我父亲对这个问题的解决做了两手准备：一方面他盼望日本技师会解决这个问题，会把秘方交出来；另一方面他又怕日本技师保密，不一定肯交出来，因而把这个任务交给林天骥去研究解决。

事情的发展，果然不出我父亲的预料。狡猾的日本技师，只交出了一般的化学配方，绝口不谈火柴生产上的关键性问题。林天骥却不负所托，如期完成了研究任务。根据林博士的建议，办了一个牛皮胶厂，以科学方法制造有高度黏力的胶黏剂，解决了火柴头的受潮脱落和赤磷片的磨损问题。

鸿生火柴厂采用了计件工资制。它利用附近地区的家庭劳动力制作火柴盒，按件计值，工资是低得可怜的。对工人的剥削更为严重。厂里雇用了四五百童工，在头六个月里，只供给制服、内衣、鞋袜等各一套，不给工资。六个月后，经过考核，定工资为6—10元。我父亲在生产上注意精打细算，想尽一切办法，降低成本。比如，他利用火柴盒给上海华成烟草公司的美丽牌香烟刊登宣传广告，每年可以收入几千元的广告费，就是一个例子。

由于产品质量好，销售价格略低于凤凰牌和猴子牌，鸿生厂的火柴迅速扩大了销路。1924年，燮昌火柴公司停业，我父亲收购了这个公司的苏州分厂，扩大了生产。1925年，上海发生"五卅"惨案，全国掀起了抵制日货运动，日货猴子牌火柴开始销声匿迹，凤凰牌的销路也大大缩小，国产火柴因而获得了发展的机会。

二、建立以大中华火柴公司为核心的同业合并

外商竞争减弱以后，国人经营的中小火柴厂蓬勃兴起。这些小厂设备简单，大都制造黄磷火柴，成本较低，走私漏税，可以贬价出售。这对生产安全火柴的大厂，是一股冲击的力量。当初我父亲认为小厂不是竞争对手的想法，完全不切实际。

与此同时，瑞典火柴公司收买了日资的燧生火柴厂，在上海制造凤凰牌火柴，就地生产，就地销售，加强了竞争力量。瑞典火柴公司又在东北收买了一批华资火柴厂，制造廉价的副牌火柴，运到华南一带大量倾销，逐渐深入内地。在外货倾销、国产贬价、同业竞争日益激烈的情况下，我父亲提出了同业合并、减少竞争、厚积资金、协力图存的倡议。

这个倡议在原则上是无可非议的，但恰恰犯了"大鱼吃小鱼"之忌，为同业特别是中小同业所反对。我父亲这时发挥了他的组织才能。他采取了先大后小、先易后难的方针，施展纵横捭阖的手法，说服荧昌、中华两个大厂首先与鸿生合并，于1930年7月组成了大中华火柴公司，资本总额191万元，我父亲担任了总经理。三个大厂合并以后，资力雄厚，销路扩大，许多中小工厂再没有挣扎余地，不是被挤垮，就是被收买进来。1931年大中华火柴公司先后合并了九江裕生火柴厂，并收购了汉口燮昌、芜湖大昌、扬州耀

华和其他一些小厂。当时杭州有一家规模较大的光华火柴公司，不愿意被大中华一口吞掉，拒绝合并。但因受不住大中华的竞争优势和强大压力，最终于1934年接受了合并条件。合并以后，大中华火柴公司共有七个火柴制造厂（苏州鸿生厂、周浦中华厂、上海荧昌厂、镇江荧昌厂、九江裕生厂、汉口炎昌厂、杭州光华厂）和一个梗片制造厂（东沟梗片厂），资本增至365万元，年产火柴15万箱左右，约占华中地区火柴总产量的一半，成为当时全国规模最大的一家火柴公司。

在合并的过程中，我父亲掌握了大家认为公平合理的原则，对中小工厂的人事安排，除作必要的调整外，一律保留原职原薪；原有工厂的资产一律按账面价值计算，不予削减。这样就减少了合并中的阻力。

合并以后的大中华火柴公司建立起一套对生产、销售和财务的集中管理制度，并设立了有关提高技术、改进业务的专门研究机构。各厂先后增添机器，改进设备，提高技术和产品质量，划一产品规格标准，并停止制造黄磷火柴。我父亲特别重视成本核算，聘请留美会计专家林兆棠担任会计主任，建立了一整套成本会计制度。他说："成本会计可以告诉你哪一部分是厂里的薄弱环节，需要想法子改进；哪一部分有浪费，需要想法子克服。"他是注重运用制度来管理工厂的企业家。

三、建立起全国火柴产销联营

1931年九一八事变爆发，日军侵占东北以后，侵略势力很快进入华北。日资火柴工业在东北、华北积极发展。日制火柴公开走私，大量倾销到华北、华南，并深入华中。同时，国民政府横征暴敛，成倍地增加火柴统税。税率越高，走私越凶。国产火柴，一方面受统税压榨，成本增高；另一方面受走私影响，价格暴跌，销路呆滞，亏损严重。为谋制止同业倾轧、规定销额、限制生产和稳定价格起见，经我父亲奔走倡议，于1935年7月邀集华中华资火柴同业成立了联合办事处。接着，由联合办事处与外资美光公司集团达成协议，成立了华中地区火柴产销管理委员会，实行限制同业产销。限制区域包括苏、浙、闽、皖、赣、豫、鄂、湘八省。

在华中地区产销管理委员会成立以后，我父亲以中华全国火柴同业联合会首席代表名义，与以植田贤次郎为首席代表的在华日资磷寸同业联合会达成协议，经呈请国民政府批准，于1936年3月在上海成立了中华全国火柴产销联营总社。

产销联营总社的成立，控制了全国火柴产销数量，阻止了走私漏税，在一定程度上把日资火柴势力限制在华北和鲁豫地区，以维持国产火柴的销售市场。由于竞争减弱，销路稳定，售价上升，大中华火柴公司开始获得大量的盈余。

按照火柴联营章程规定，中、日两方应各派代表驻联营社，监督产销协议的执行。华方以我父亲为代表，担任联营社总经理职务。日方以植田贤次郎为代表，担任联营社副总经理职务，美光集团未参加联营社，只订立产销协议，共同遵守。自植田进驻以后，我父亲增加了与日商三井、三菱洋行的往来，而且曾参加上海商会访日友好代表团，两次访问日本。这些往来，都是在植田的策划下进行的。直到1937年"八一三"日军侵占上海以后，植田才暴露了真实身份，原来他是日本军部的一个特务头子。

在20世纪20年代以前，瑞典和日本的火柴工业曾经垄断着大部分中国火柴市场。"凤凰"和"猴子"曾经是广大农村亿万农家的座上客。我父亲从20年代开始，仅仅以12万元的资金从事火柴工业的创建。到了30年代中期，他终于用产销联营的办法，缚住了凤凰的翅膀，捆住了猴子的手脚，推进了国产火柴的销路，限制了外资火柴的市场，登上了"火柴大王"的宝座。

在组织产销联营的过程中，他善于运用优势力量克敌制胜。具体做法是：

第一，鸿生火柴厂以同业翘楚，先与荧昌、中华两大厂达成了三厂合并协议，在同业中建立了优势地位。

第二，凭借优势地位吞并了许多大小同业，在火柴业中形成了更大的优势。

第三，在此基础上，联合所有华中地区华资同业成立了华中华资火柴业联合办事处，厚积力量，一致对外。

第四，在华商团结一致的基础上，与外资美光公司协商产销范围，美光就不得不俯首就范，从而成立了华中地区火柴产销管理委员会，实施了产销管理计划。

第五，在华商与美商联合实行产销管理以后，日资火柴业就感到势孤力单，不得不降格以就，其结果是包括日资火柴业在内的全国火柴产销的联营。

逐步地取得优势，逐步地限制外资力量，其中有"联华制夷"的过程，也有"联夷制夷"的手法。在殖民地半殖民地时代，在日本军国主义侵吞东北、进一步侵略华北的严重时刻，民族资本火柴工业与外商划分火柴销区，实行产销联营，自是一种不得已的措施。

（原载中国文史出版社《回忆我的父亲刘鸿生》，有删节）

华丽转身：从鸿生到大中华

> 鸿生火柴厂筹建期间，河南省遭受水灾，大批灾民亟待救济。慈善机关希望刘鸿生接收灾民在厂工作，他欣然接收。

刘鸿生由于做买办积累了不少钱，很想办一点工业。他觉得投资纱厂或面粉厂需要的资金多，风险大，获利的把握也不大。而投资火柴工业，不仅所需的资金少，风险小，而且火柴工业机器设备简单，大部分系用手工劳动，筹设比较容易。再则，火柴是日用必需品，单价小，稍稍加价，小钱就可变成大钱。

鸿生火柴厂的机器设备，如排板车、拆板车等大部分来自日本，部分系采用国内仿造的机器。原料中如硫黄自日本输入，氯酸钾则自德国输入，赤磷、黄磷等大多来自德国或瑞典，洋蜡系购自英、美等国。材料方面，如安全火柴之梗木和盒片，一部分向上海华昌梗片厂购入，一部分购自日本；黄磷火柴所用之梗木和盒片，系采自浙江国产本松。

* 王守义：原大中华火柴公司苏州鸿生厂厂长。

创办时主要设备有：

排板车　12部

齐梗车　4部

拆板车　10部

调药机　1部

调胶机　1部

25匹立式柴油引擎　1部

附设梗片厂，系供本厂部分梗木之需，其主要设备有：

切梗车　4部

卷刨车　4部

60匹卧式蒸汽引擎　1部

创办时的产品，计有黄磷火柴和安全火柴两种（后来黄磷火柴被禁止生产），每日产量在40箱左右，其后业务发展，产量续有增加。关于产品商标，安全火柴计有五蝠、狮牌、江苏、宝塔等。

在鸿生火柴厂筹建期间，除了建造厂房以外，同时招募工人。时值河南省遭受水灾，大批灾民亟待救济。当时上海慈善救济机关和刘鸿生商量，希望安插一部分灾民到他的厂里来工作，刘鸿生当然乐于接受，即先后派人至上海运来灾童150余人。这样，不仅解决了鸿生厂部分的工人来源问题，更重要的是取得了大量的廉价劳动力。

瑞典火柴托拉斯企图收买鸿生火柴厂一事，系在上海同刘鸿生秘密进行的。苏州厂内的人们起初一无所知，直到刘鸿生的秘书曹雨塘伴同瑞中洋行的经理欧伦来厂参观估价，才真相大白。后来谈判并未成功，据我的推测，主要是瑞商收买价格没有能够满足刘鸿生的要求。那时瑞典火柴托拉斯也想收买上海中华火柴厂，结果也没有成功。

鸿生火柴厂在初创时期，由于产品滞销，资金周转发生了困难，刘鸿生不得不陆续垫款20余万元，借以维持。同时，为了同外国火柴争夺市场，改进本厂安全火柴品质，亦需增加资金。因此，鸿生厂就在1926年增加资本为50万元，过去的垫款则转作为资本，并由原来的股份无限公司改组为股份有限公司。

鸿生火柴厂曾经一度将火柴推销到西贡，但不久即告停止。其原因有三：（1）火柴外销，无大利可图。（2）出口火柴规格要求与内销不同，如火柴梗较内销为粗，必须特制；由于梗木较粗，在上油和上药等技术方面增加不少困难。（3）每小盒包装，规定为70根，不准多一根。多则进口税加倍计算，造成包装方面的种种困难。因此，一度试销之后，不再继续。

鸿生、荧昌、中华三火柴公司合并时，各公司的厂房、机器设备、原料以及商誉等曾进行了重新估价，结果升值。升值的原因是：某些资产的时价已超过购置时的原价，某些资产过去打了埋伏的，现在暴露了，商誉从无价变为了有价。各公司的资产升值结果，对股东、对高级职员都是有好处的，股东可以从新公司拿到比原公司金额多的股票，职员则以分享红利的方式得到新公司的股票。这对当时加速大中华火柴公司的组成及随后的扩大合并，起了推动作用。

大中华火柴公司成立时，参加合并的各公司资本家推举刘鸿生任新公司总经理，原因在于：刘鸿生当时在社会上已有相当地位，大家认为他在各方面有办法，如在资金融通方面，不仅刘本人有能力、拿得出钱，而且他同四明银行等有关系，也能得到借款的便利。另外，这次三公司合并的建议原是刘鸿生提出的，现在合并成为事实，大家也很自然地认为他是新公司的当然负责人。

（原载上海人民出版社《刘鸿生企业史料》，有删节）

联华制夷兴"中华"

王性尧[*]

> 1930年，鸿生火柴厂与几家火柴厂合并成立大中华火柴公司，挽救了当时摇摇欲坠的火柴业。

我国火柴工业在1926—1927年已经发生困难，当时日本火柴对国产火柴的影响还不太大，而瑞典火柴则是国产火柴的劲敌。它的凤凰牌火柴在上海的销路很广，因为是用机器生产的，所以品质比较好，价格也比国产火柴高些。不过这个牌子的火柴当时主要销在沿海大城市，内地的中小城市还是国产火柴的势力范围。

这样瑞典火柴与国产火柴在销售上无形中划分了地区。当时中国的火柴工厂在南方比较大的是：上海和镇江的荧昌火柴厂、苏州的鸿生火柴厂和周浦的中华火柴厂等。其中：荧昌厂的产品销路比较广，销华中、华南一带；鸿生、中华两厂的销路不及荧昌；另外杭州的光华火柴厂在浙江一带也有固定的销路。到1928年、1929年，瑞典火柴来了一批新的副牌火柴，如饭碗

---

* 王性尧：大中华火柴公司总务科副主任。

牌、玫瑰树牌、炼条牌等，质量跟凤凰牌差不多，价格则比凤凰牌便宜，也比国产火柴便宜，对经销商的回佣更比国产火柴放得宽。其销售区域不仅在中国的大城市，而且深入中小城市，侵占了国产火柴的销售市场，因此国产火柴业彼此都想找新的销售地区，大家挤在一起，相互削价竞销，形成了国产火柴工业的严重危机。

刘鸿生在从南京请愿回上海时，觉得组织全国火柴同业联合会并不能解决当时国产火柴业的危机，只有实行同业合并，才是唯一的出路，于是他又积极进行鸿生、荧昌、中华三火柴公司的合并活动。

刘鸿生向荧昌、中华两火柴公司重新提出三公司合并的建议后，荧昌、中华两公司经过内外权衡，结果都同意合并。荧昌同意合并，原因在于它在三公司中是最大的一家，在当时的情况下，生产得多，亏得也多，如果说中华还可以拖三年的话，那么荧昌只能拖两年。另外，当时向银行借款是很不容易的，在鸿生方面，由于几乎是刘鸿生独资经营的，因此他会将自己取自开滦的收入来支持鸿生火柴公司；而在荧昌方面，融通资金则有困难，如果国产火柴工厂全都不能维持，荧昌也将先鸿生而倒闭。同时，荧昌亦看到鸿生还有一个比自己有利的因素，那就是鸿生厂的机器设备等都比较新。因此荧昌在当时已经认识到，如不合并，而要单独维持下去，那是不可能的。至于中华这次也同意合并，原因在于它看出公司亏本，并不是一年就可以终止，而是要一年又一年地亏下去。另外，它也看到，如果鸿生、荧昌两公司合并了，自己不参加，那肯定会被对方挤垮。所以，中华也觉得不参加合并是不行的。

鸿生、荧昌、中华三火柴公司合并时，各公司的资产曾进行了估价，结果各升值二成。这里所说的资产除机器、生财外，还包括商誉。决定将各公司资产升值二成，这一建议可能是荧昌提出的，因为它的资产在三个公司中最多，升值对它更有利。另外，荧昌在参加三公司合并的过程中，还把本公司的现金抽走一部分。刘鸿生对这一情况是完全了解的，但在当时他并不作任何计较，认为只要合并能成功就行。据说，在大中华火柴公司刚成立的时候，刘鸿生曾把他的霞飞路（现名淮海中路）住宅卖了二十几万元钱，用来垫补当时新公司现金的不足。

大中华火柴公司的总经理人选问题，是在合并协商过程中先有约定的。荧昌总经理朱子谦年老了，当然无意于此席。中华总经理陈伯藩很年轻，对火柴厂的实际工作一向并不亲自接触。当时的刘鸿生正值年富力强，又是上海著名的大资本家，办企业的勇气很足。在以上三人相互对比的情况下，总经理一职当然是由刘鸿生来担任了，朱子谦和陈伯藩则都担任了公司的董事。谁担任公司的总经理问题解决后，接下来的就是原任各公司的一些厂经理在新公司中又如何安排的问题。这是使刘鸿生很伤脑筋的。结果把黄敏伯、陈九如、陆兆麟三个人都安排在总公司里的营业部门担任负责人，按营业性质，分区负责，但后来又考虑到营业部门的负责人太多，所以就将陆兆麟调到厂务部门担任负责人。此外，刘鸿生又聘徐致一担任协理，负责管理公司的行政事务工作。聘化学博士林天骥负责技术方面的工作。聘留美的林兆棠负责担任成本会计工作。并为加强对工人的管理，特在总公司里设立了考工科。刘鸿生对总公司里的各部门负责人，都给以高工资待遇，但此事在原合并各公司的资本家中，除刘鸿生外，是没有一个赞成的。

刘鸿生为什么这样热衷于同业合并呢？一方面由于当时国产火柴工业外受瑞典火柴的侵略，内则相互竞争，因此岌岌可危。如果将同业各公司合而为一，不仅能增加对外力量，而且可避免同业竞争，这是国产火柴业最好的自救办法。另一方面，刘鸿生本人也有控制中国东南各省火柴市场的雄心。记得他的同业合并计划是这样的：把长江一带所有的火柴厂都拿下来，减少火柴生产，提高火柴售价，以获取厚利，进一步再向全国发展，并使自己居火柴工业的"王位"。当时参加梵皇渡俱乐部聚会的人看见刘鸿生在俱乐部出现时，都不约而同向他叫着："火柴大王来了！"因为大家也确实认为他将成为中国的"火柴大王"。

大中华火柴公司的成立，在中国整个火柴工业史上是个新纪元，这主要表现在以下两方面：

一、挽救了当时摇摇欲坠的国产火柴工业。刘鸿生进行的三公司合并，虽然有控制国产火柴业的企图，但毕竟对外国火柴的侵略抵挡了一阵，即以统一行动、划一价格来挡。在当时外货侵略和同业竞争的情况下，如果不实行合并，那就有被各个击破的危险，荧昌、鸿生、中华三家中，只要有一家倒了，其他两家再想合并抵抗外货侵略，其力量就弱得多了，甚至无法挽救。最后中国的火柴市场，不是成为瑞典火柴的天下，就是成为日本火柴的天下。

二、改进了国产火柴的生产技术和经营管理。大中华火柴公司对生产技术是非常重视的，如公司成立后不久，在总事务所里特别设立了一个技术科，专门研究火柴头如何不受潮等问题，使品质跟凤凰牌火柴一样。在经营管理方面，也比合并前的各公司进步了，建立了好多规章制度，雇佣职员比较重视其工作能力。至于在安全、卫生等方面，也有了一定的进步。

（原载上海人民出版社《刘鸿生企业史料》，有删节）

外商威逼，华商不稳

陈　源

1925年4月14日上海中华火柴公司董事长陈源来自日本神户致刘鸿生函

欧美人士组织之国际火柴公司，资本雄厚，势力广大，有归并全世界火柴工业之说，谅足下略悉端倪。目下欧美全部已能统一，次第而谋并远东各家（日本、印度、我国），该公司代表欧伦与安德伦特来弟处，磋商归并敝公司（中华火柴公司）事。弟以敝公司近来营业尚称发达，初不愿归并；唯细测将来，该公司资本雄厚，势力广大，难以竞争，不若先与合作，犹能享其优先条件，偶成踌躇，恐将来反受其苦害也。叨在素知，敢将个中内容及经过情形详以陈之，并介绍瑞典火柴公司代表欧伦君先来尊处接洽，磋商贵公司鸿生及裕生（刘鸿生当时并担任九江裕生火柴公司董事长）事，仰即与欧伦君讨论可也。兹请述其各节如下：

（一）该公司组织内容及势力

该公司乃系欧美巨商所组织，组织之后，不先归并火柴工厂，而先归并火柴用工业原料各厂。目下火柴原料一手操纵，同业中已大受影响。刻闻欧美各国大致全部统一，今乃着手归并东方各家。所谓归并者，并非其独资经营，原为合作之举，将资本总额分为四、六，彼取其六，我留其四，另立一新公司耳。

（二）日本方面之情形

该公司已将日本最有名望之日本磷寸株式会社合并；其余各家，初以条件不宜而中止。刻闻同业中仔细考虑，乃愿略为让步，继续谈判，谅不久可望一致合作云。

（三）敝公司经过之情形

中华公司初本不愿合作。至后再三考虑，以为原料又为其独家专卖，日本方面次第即须统一，若再犹豫，将来难免吃苦。刻正与西人在讨论中，一俟条件得宜，即拟订立草约。个中事双方极为秘密。叨在素知，敢以直陈，幸于亲信及同业之前，严守秘密为祷。其详细曲折，容日内由伯藩小儿来沪面陈，恕不琐赘。

（原载上海人民出版社《刘鸿生企业史料》，有删节）

风雨飘摇期，倡三厂合并

刘鸿生 等

> 设计之毒，侵略之狠，如瑞中公司者，实尤为我国货同业之最大隐患焉。

1928年8月告火柴同业书

窃思火柴一物，为家常日用之品。我华地大、民众，全国销路之广，岁以金钱计，当不下千万元之巨，其为重要实业，奚待繁言。顾国人自设之厂，虽有多家，然均规模简陋，不足以言发展。遂令眈眈外商得日事侵略，攫我巨利以去。然设计之毒，侵略之狠，如瑞中公司者，实尤为我国货同业之最大隐患焉。该公司为瑞典商人所组织，以垄断世界火柴营业为其唯一目的。设立以来，除法国火柴事业属诸国有外，其他各国之火柴厂，大半被其收买兼并。三年前，颇称著名之日本磷寸，尚在归并之列，此外可想而知。东三省及青岛各地，亦有数厂被其收买。目下该公司规模之大，获利之厚，以视我国货各厂，何异天壤之别，而其并吞野心则初未因此少戢。我苏省同业至今犹得幸存，在彼视之，不啻眼中之刺，时以拔除为快。幸我同业各厂，深明大义，迄未受其收买。故至今无从下手。然其处心积虑，未尝一日忘情于我国货各厂，固不待著卜而后知也。考该公司所出火柴，如凤凰牌、桥牌等，品质优良，确在国货之上。销行我国通商各口岸，为数之巨，而尤以长江上游为最盛，虽在穷乡僻壤，亦时有所见。外货侵略之锐厉可畏，于此可觇一斑。我国货同业处此情势之下，前途岌岌，极为可虑。

1928年8月刘鸿生告火柴同业书所列关于同业合并利益和办法

一、各厂合并后，可减少对内竞争，以免自相残杀之害。

二、各厂合并后，可调剂出产数量，以期供求之适合。

三、各厂合并后，各种经费均可通盘筹算，最合经济原则。

四、各厂合并后，直接订购大宗原料，可省洋行佣金，并可得廉价利益，每年为数不赀。

五、各厂合并后，新公司规模宏大，即可聘请专门技师，改良出品，以与外货相竞。

六、各厂合并后，新公司负担力较强，一切改良事宜，均可次第实行，前途光明，不可限量。

以上各端，均极浅显。凡我同业谅所深悉，当无俟鸿生之细述。至合并办法，亦有可预言者数端，自应并抒管见，以供参考：

一、愿合并各厂，应推举代表（每厂三人），合组讨论委员会。

二、由委员会公请局外公证人，将各厂一切财产（固定与流动一概在内）之价值，估计之或证实之。

三、由委员会公请会计师清查各厂最近三年之账目，借知所得净利之多寡，以定其营业声誉之价值。

四、委员会得公正人及会计师之报告，应将各厂资产实数及其营业声誉之价值，列一总表，送请各厂董事会，分别核准签名其上。将来新公司对于各厂即按本表所列数目，发给股票，其旧股票应由各厂自行收回，以资结束。

五、一切细则，应由委员会详细讨论，以免疏漏，其讨论结果，务须各厂均表同意，方得实行，并不采用多数表决之制，以昭公平。

上列五款，不过略述大概，是否得当，尚待高明教政，以资商榷。

1929年12月27日刘鸿生分致荧昌火柴公司董事长乐振葆、总经理朱子谦和中华火柴公司董事长兼总经理陈伯藩函

查火柴业合并问题，曾于去年九月间，经讨论委员会将合并大纲议决在案。嗣因各方报告未齐，无从讨论进行方法，深以为憾。鄙人鉴于近来瑞典火柴侵略之不遗余力，与夫同业之涣散情形，深自危惧，觉我火柴同业苟非自行团结，本互助合作之精神，组织大规模之公司，实不足以与瑞商相抗而图自存，前途至堪危险。用是不揣愚昧，重提旧案，以求高明之复核。倘蒙惠予赞同，召集贵公司董事会议，复加审核，继续进行，不胜盼祷之至。

1930年1月3日刘鸿生致神户合昌号陈源来函

弟自前年游历欧美回来，鉴于美国联合事业之发达，与夫吾国火柴业之不振，以为欲图发展，必须同业联合起来，作大规模之制造，方能有成功之望。是以于（民国）17年（1928年）秋间，提议合并，当经讨论委员会将合并大纲议决。嗣因各方意见未能尽同，遂致中止进行。近来瑞典火柴侵略益甚，吾国同业岌岌可危。新近全国同业曾在沪开联合大会，筹议抵制之策。弟因之益觉合并之不容或缓，曾于上月27日致书伯藩先生，重提旧案，请继续进行，先生或已得伯藩先生报告矣。弟自经商以来，邀天下之幸，所事尚觉顺利。火柴仅属经营各业中之一种，断无借此以便私图之心，亦无垄断火

柴业之欲望。所以欲提议合并者，亦从大处远处着想，为大局谋利益耳。故深愿先生将此问题细加考虑，惠予赞同，俾合并得以早日实现，树稳固之基础，以与瑞商相抗，则幸甚矣。

1930年1月25日陈源来自神户复刘鸿生函

捧读台函，只悉壹是。际此商战剧烈时期，资愈厚者力愈洪，凡百事业不有巨大之联合，即无以求进展而图存立。火柴为民生日用必需之品，而我国是项工业迄尚幼稚，实缘资本既薄，且又分立各不相谋，欲与外人颉颃，自无希望。可知伟见拟仿欧美联合事业办法，慨然发起火柴厂合并事业，已得荧昌等厂赞成，高谋胜算，为火柴同业计，且为利国福民计，光明正大，钦佩无既。弟对此举，当然极表同情，深愿我全国经营火柴同业，一德一心，力谋联合之方，共筹抵制之策。所有尊拟合作大纲，敬乞付众讨论，细密斟酌，务期妥协一致，使能于最短时间，促成实现，尤所欣幸。敝处拟派伯藩及陆兆麟兄二人代表，趋前候教，即请赐与接谈是荷。耑此布复。

1930年12月1日刘鸿生致九江裕生火柴厂厂长金浩如函

查吾国火柴业在瑞商竞争之下，风雨飘摇，有岌岌不可终日之势。自弟发起荧昌、中华、鸿生三厂合并为大中华之后，对内渐归一致，于是对外始有占优势之希望。数月以来，成绩尚属不坏。足见合并一事，为吾火柴业今日谋自立之要图，非此即无从对外而维持其生存也。裕生在浔，历年成绩颇好，此皆由于阁下擘划有方所致，曷胜钦佩。然弟默察大势，不免深抱杞忧。当此对外竞争剧烈之日，自应群策群力，团结一致，厚植我之势力，以与外商相抗，始能立于不败之地。纵裕生目前虽可稍获盈余，似无危险，然过此以往，若不急思改图，而沾沾自足，只恐将来终难幸免。弟因此拟邀裕生亦合并于大中华，以厚其势力，而谋将来之发展。所有股票本作价换给大中华股票。合并之后，势力将益见雄厚，营业进行将益觉便利，决不至于受损失也。不知阁下对此亦表同情否？如蒙赞成，即请将股本生财等项逐一详细作一精密之计算，迅予示知，以便着手进行。现汉口燮昌厂，弟已决意收买，将来该厂经营事务，当借重大才，独当一面，想定蒙俯允也。弟与阁下相知有素，彼此利害有关，敢不竭诚相告。愿阁下熟思而详察之，幸甚。

（原载上海人民出版社《刘鸿生企业史料》，有删节）

危局孕育联营

刘念义

为何成立全国火柴产销联营社的组织，其主要原因，可从当时国货同业和外货同业的情况来看。

在国货同业中，新厂增设、生产过剩，造成跌价竞销。但当时因统税负担沉重，约占出厂价格的50%左右，跌价过甚，等于自尽，于是小厂就暗地漏税；而大厂怕漏税被查出要受税吏的敲诈勒索，又有碍"名誉"，所以觉得偷漏终非上策，而表示反对。但不漏税的火柴，在市场上又敌不过私货，所以出现了当时所谓正货不如私货、大厂竞争不过小厂的现象，其间，大中华陷入连年亏累。这是成立联营社的主要因素之一。

另一方面，当时国内火柴市场还遭受日货的威胁，日本火柴在华北、华南大量走私，有威逼华中之趋势。为了和日商划分火柴市场，不使日本低价的红头火柴进入华中地区，以免在竞争已够剧烈的情况下，再增加劲敌。同时大厂也想和日商明确地划分势力范围，用协定产销的联营办法来牵制日商，把日商势力稳在华北一带。而华中则可以由大中华等大厂来控制。就在这种情况下，中华全国火柴产销联营社建立起来。

（原载上海人民出版社《刘鸿生企业史料》，有删节）

附

洋货倾销，国货倒闭

　　江苏火柴同业联合会因瑞典商侵略日甚，迭经开会讨论。各会员火柴厂佥以瑞典向抱侵略野心，该国火柴已在商标局审定者，有辘轮、如意、财神、饭碗、四马、福禄寿、大风、恭喜、民光、救主、网络、钟馗、警钟、飞虎、玫瑰树、渍水、庙宇、链条、三山、刘海、马蹄、山龙、红孩儿、耕犁、金凤、得宝、Sating品牌27种之多。今更实行跌价，并闻已在上海租有极大栈房，为囤积之所。预备大批进口，以运输于内地，意欲一网打尽，使中国火柴厂无立足余地。即此以往，转瞬间我中国火柴厂之覆亡，可以立见。

　　查火柴业各厂工友，全国不下数十百万人。此数十百万人，行将于转瞬间失其生活。又瑞典火柴托拉斯，每于收买各厂之后，予以停闭。……是其侵略，不仅为经济侵略，且直接影响于民众生存问题，其手段之毒辣可见。按外商侵略，往往以跌价为利器，利用一般贪图近利之心理，使不打而自倒。迨既打倒，即倍蓰居奇，坐收渔利。国人于此时憬悟，虽欲再用国货，而国货已灭绝无遗。彼卷烟业之殷鉴不远，亟应于祸机已见、尚未蔓延之时，急起直追，则将来覆亡，或可幸免。

（原载1929年6月27日《申报》）

　　瑞典火柴业，久蓄垄断世界火柴业之雄心，收买各国火柴厂，以遂其独霸世界火柴业之野心。去年本埠华商火柴业，曾受其压迫，发生巨大之恐慌。经全国火柴同业联合会四处呼吁，虽能勉强维持现状，然终无济于事实。……而上海方面，已成瑞典火柴特殊势力。近更冀图扩充，在上海周家桥地方，收买日商燧生火柴厂，仍假借日商名义，大加发展，全部用机器制造，意图侵略。曾经全国火柴同业联合会分呈工商部及上海市政府，设法制止，迄未得有切实办法。近闻该厂业将制梗部分机械装置完竣，并由外洋运到木材一万余根，已于本月15日开工制梗。至火柴厂部分，有定于10月1日开工之说。该会以火柴业近年来受外货侵略，已濒于危，一旦该厂实行开制，外货供给愈便，则侵略愈甚，其势必使国产火柴完全覆亡而后已。为实业前途计，为平民生活计，断不能坐视该厂开工而不予制止。现该会将上项情形，具呈市社会局，特请市府设法制止，并请令饬公用局，在该厂未经工商部彻查明白以前，暂缓接电，以免侵略，而维国货云。

（原载1930年9月29日《时事新报》）

日日社云：瑞典火柴商利用其本国原料之价廉，所出商品，实行与世界各国火柴业竞争贱卖，以图称霸于全球。近三年来，全世界已有五十余国之火柴归瑞商垄断，即英、美诸国亦勿能免，可见其势力之强。去秋，复计划在我国境内增加工厂及堆贮原料之栈房，与华商大事竞卖，势必使中国火柴业亏蚀闭歇，然后尽归瑞商所操纵。旋经我国火柴商电函政府及各界大声呼吁，历陈隐衷，全国舆论因以哗然。近数月来，又传瑞商向我国政府表示，愿出资1500万元，中国火柴业在50年内归其专卖。各地火柴商闻此消息，恐慌异常，纷电华商火柴业联合会查询实在，而联合会调查结果，则知瑞商于数月前，虽有是项侵略华商之愿望，我国政府……并未允许。……日来报载日代办重光葵已向我国外交部提出抗议，阻止瑞商之在华专卖权云云。故全国火柴业广东分会，昨已呈请工商部要求将瑞商阴谋，严加批驳，如政府业已拒绝瑞商之专卖，则请设法制止瑞商之造谣，以安华商火柴业及全国人士之心云。

（原载1930年10月5日《时事新报》）

第四章

黄金时代：缔造中国的托拉斯

转战水泥市场

刘念智

工厂投产后，刘鸿生每天起床的第一件事就是到楼顶向厂里瞭望一番。如果看到厂里烟囱冒的是黑烟，他就下楼抓起电话大喊："我是刘公馆，告诉你，厂里的黑龙在升天了！"然后才安心去吃早餐。

第一次世界大战结束以后，国内工业和国际贸易的发展，使上海成为东亚最大商埠之一。各行各业大兴土木，租界内外工厂林立，高楼大厦不断出现，水泥需求与日俱增。于是外国水泥源源涌来，进口数量逐年上升。但市场上仍然供不应求。从供求关系上看，我父亲觉得水泥工业着实有苗头。这是一。

接着他又考察了国内水泥生产情况。当时国内水泥工业发展缓慢。1919年国内水泥工厂只有五家，其中华资三家、日资两家。华资工厂年产约100万桶，日资年产量不过30万桶，二者共130万桶。当时国内需要量估计年约二百数十万桶，不足约100万桶，就得向国外进口。他认为，国内水泥消费还在继续增长，估计办一个年产几十万桶的工厂，是绝对没有问题的。这是二。

在国内生产不足的情况下，他又考虑到外货的竞争问题。他认为，水泥是笨重物资，外货远道运来，费用昂贵。国内就地生产，就地销售，成本较低，只要产品质量过关，就不怕同外货竞争。这是三。

除此以外，他还考虑到制造水泥的原料问题。在制造水泥的原料中，煤炭占很大比重。据计算，煤的比重约占水泥的一半。他手里有的是煤，不怕原料不继。这是四。

我父亲办工业，总是事先考虑到供、产、销和国际竞争等各方面情况，经过深思熟虑后，再行着手。以上这几点，虽然只是事前的估计，但他的估计是有根据的。他说："嗅觉要灵，估计要准。一有机会就要紧紧抓住，不可放过。"他说到做到，决心办一家水泥工厂。

当时国内最大的水泥制造商为华资启新洋灰公司。启新创设于1906年，工厂紧靠开平煤区，不仅燃料取给便利，其他原料如黏土、石灰石等，附近也有大量生产。条件好，成本低，质量佳，销路畅，启新洋灰独占了京、津等地市场。

为了取经，我父亲首先去唐山参观了启新洋灰厂的生产情况。接着，他又三次去日本参观了小野田的水泥工厂，意图与厂方协商购买整套水泥生产设备和生产技术。但三次协商都被拒绝，原因很简单：第一，小野田在日本生产的水泥，每年向我国大量输出；第二，小野田在我国大连设有分厂，生产龙牌水泥，畅销我国各地，特别是东北地区。因此，他们不愿我父亲成为竞争的对手。但日方的拒绝并没有动摇我父亲办厂的决心。他说："东方不亮西方亮。"他开始寻求同西方的联系。

当时，父亲有一位朋友刘宝馀与湖北华记水泥厂德籍工程师马立泰（Morilta）相识。经过马立泰设计，我父亲与德国Polysis水泥机械设备制造厂拉上了关系。这个厂同意出售制造水泥的全套设备。

1920年9月，我父亲与刘宝馀、李拔可、陶桂林等集资120万元创设上海水泥公司，他自占股份总额一半以上，自任总经理，由刘宝馀担任经理，厂址设在龙华。这里港湾水深，可停泊八千吨的货轮，水陆交通方便，便于装卸。

这个厂址，正对着我家的楼房。自从工厂投产以后，每天清早，我父亲必定登上四层楼顶向厂里瞭望一番，寒暑不停，风雨无阻。他要望一望厂里的高烟囱是否在冒烟？冒的是黑烟还是白烟？如果没冒烟，他就怀疑厂里出了什么事。如果冒的是黑烟，说明大窑里空气不足，煤炭没有烧好烧完，他就立刻下楼和厂里通电话。他总是抓起话筒大声喊道："喂！我是刘公馆。告诉你：厂里的黑龙在升天了！"通完电话后，他才上桌去吃早餐。当时，我和弟妹们都忍不住哧哧地笑。

为了订购机器设备，我父亲偕同母亲专程去西欧访问。他们在德国Polysis水泥厂足足待了一个月之久，每天按时进厂，细心观察和学习。我父亲特别注意研究如何提高水泥质量等关键问题。最后，他和厂方签订了购买整套生产设备的合同，也有意识地和厂里的工程师交上了朋友。从决定办厂之时起，我父亲就以顽强的毅力攻读有关水泥生产的技术资料，研究水泥煅制过程中的各项化学变化公式。他对于各种原料的化学成分以及搭配比例倒背如流。在考察期间，他和德国工程师进行了多次的商讨和研究，摸透了全部生产过程和生产中的一些关键性问题，因而在回国以后，他能够以他学到的书本知识和实践经验来指导生产和决定办厂的方针，避免了各种不必要的弯路和挫折。这是他办厂的一个特点和优点。

我父亲办厂的另一个特点是，他不惜用重金罗致第一流技术人才。他聘请马立泰担任上海水泥厂的总设计师兼厂长，月薪2000元，并供给他高级花园洋房做住宅，还同意他从每年厂里的盈余项下分得红利。可是这样优厚的待遇与马立泰的贡献并不相称。他任职不久，就因为酗酒过度，患病回国。后来还在他移交的账册上发现有涂改货单、营私舞弊等行为。

在当时科学技术落后的中国，我父亲总是坚持从国外不断引进先进技术的主张。在马立泰回国以后，他除聘请圣约翰大学的荣誉毕业生吴清泰代替马立泰担任厂长职务外，又请Polysis厂另派一位名叫里昂赫脱（Leonhart）的人来上海担任工程师职务。当时曾有人建议：厂里生产已上轨道，市场销路已经稳定，无须再花高价向国外聘请专家了。我父亲当时迷信洋人，不同意这个建议。

里昂赫脱到厂以后，对水泥生产有了新的改进。根据他的工作能力，我父亲同意把他的待遇从月薪2000元提高到2500元。但里昂赫脱终究是个帝国主义分子，他自恃有一手本领，看不起中国劳动人民，动辄拳打脚踢，辱殴职工。厂中民愤很大，几乎引起工潮。我父亲心里不安，只好解除他的职务，送回德国。

里昂赫脱解职以后，我父亲得到了一个教训，感到聘用洋人，只能是暂时的措施。从长远看，厂里生产上的问题，必须依靠中国人自己的力量来解决。于是他改变方针，聘请美国麻省理工学院毕业的机械和电气工程师彭开煦担任工务主任，后来又升为总工程师，负责全厂的技术工作。此外，还聘请从美国和德国留学回来的徐宗涑和陆宗贤为工程师。从1931年起，厂中一切工程技术方面的问题，完全由本国人自己解决，不再依靠洋人。当时，在上海水泥厂的转窑中，经常发生水泥熟料结成特大硬块的问题，德国技师没法解决，最后还是由中国工程师丁继光研究解决的。后来，我父亲又送他去德国留学深造。由本国工程师主持生产，这在当时民族资本水泥工业中还是一次大胆的创举。由于上海水泥厂试办成功，后来其他水泥工厂也都提高了信心，纷纷辞退洋人，改聘本国技师。

为了追求利润，发展事业，我父亲一生重视人才，爱惜有真才实学的人，注意从经济上满足他们的要求。他善于用人，人亦乐为之用。上海水泥公司在本国技术人员的管理下，产量和质量逐步提高，材料消耗和产品成本逐步降低了，公司年年获得盈利。

上海水泥厂出货以后，取得了上海公共租界工部局的检验合格证明，象牌水泥很快就在上海市场上取得了优势地位。但是启新的马牌和小野田的龙牌不甘示弱，继续向上海市场冲击。在国货与国货之间、国货与外货之间，就展开了激烈的竞争，形成了象、马、龙三者之间的混战。就地利来说，象牌就地生产，就地销售，稳操胜券。但就生产成本来说，马牌、龙牌都比象牌低。

水泥生产成本的高低，在很大程度上取决于原料取给的远近。马牌在唐山生产，全部原料采自工厂附近，取给便利，在三种水泥中，成本最低。龙牌在大连生产，煤炭由抚顺供给，黏土和石灰石都采自工厂附近，成本也不高。唯独象牌产地，既不产煤，也不产石灰石。它的煤炭来自唐山，路程很长；石灰石来自浙江，运输路程也不短，远道运来，影响成本。在马、龙、象三者中间，象牌的成本是最高的。由于成本高，在同业跌价竞销中就会处于不利地位。

当时京、津是马牌的市场，东北是龙牌的销区，而上海已成象牌的基地。三方鼎立，各有优势。象牌北上，固有困难；马、龙南下，也不容易。在如何划分销区，避免同业跌价竞销方面，我父亲采取了"联华制夷"的办法。他先和启新协商，于1925年6月达成了划分销区、稳定价格的协议。协议规定：象牌退出华北和华中，马牌也不再向江浙和华南推销。这个协议实现以后，本来还想和小野田协商产销协定。适值上海爆发"五卅"惨案，全国掀起了抵制日货运动，这条日本"黄龙"不得不暂时匿迹，造成了一马一象活跃在市场上的局面。

可是，形势总是不断发展和变化的。1928年，新成立的中国水泥公司收购了无锡、太湖两家水泥公司的机器，股本从100万元增加到200万元，日产量从500桶增加到2500桶。厂址设在南京附近的龙潭，水陆交通便利。原料除煤炭外，都取自厂址附近。成本低，竞争能力强，它的泰山牌水泥，异军突起，对象牌来说，大有泰山压顶之势。经过我父亲倡议，把原来的两家联营改为三家联营，避免了跌价竞销局面。当时三家产量约占全国水泥总产量的85%以上。联营以后，三家产销两旺，市场价格平稳。

　　1931年"九一八"事变爆发后，抵制日货运动再度高涨，民族水泥工业继续取得了优势地位。1937年抗战全面爆发，日军铁蹄踏遍了大半个中国，国产水泥工业全部被敌军掠夺。上海水泥厂虽然托庇德商禅臣洋行，挂上了纳粹国旗，但结果并没有能够幸免。"覆巢之下，岂有完卵"，想要托庇外国势力求得幸免的做法，显然是梦想。

（原载中国文史出版社《回忆我的父亲刘鸿生》，有删节）

创建中华码头

刘念智

> 为了扩大煤炭销路，需要建设刘氏自己的码头；为了打破洋商独占码头的优势，也需要建设中国人自己的码头。

码头、仓库是轮船航运业的必要设备，也是煤炭业的必要设备。从19世纪60年代开始，洋商轮船公司已在上海浦江两岸抢占河滩岸线，建筑轮船码头。到了19世纪末20世纪初，浦江两岸一些中心地段的岸线，已由洋商侵占分割殆尽。第一次世界大战中，德商势力暂时退出上海，洋商码头主要集中在英、日、美三国手里。当时洋商码头的长度占上海码头总长度的三分之二，在数量上和设备上都处于绝对优势地位。

中国方面，以招商局码头建立最早。它拥有五座码头。在浦西，有金利源、北栈、中栈三座；在浦东，有杨家渡、华栈两座。规模大，实力强，地点适中，但经营腐败，年年亏本。此外，在沪西十六铺一带，有大达、宁绍、三北等小码头21座，规模小，吃水浅，设备简陋，只能停靠内河小轮，在上海码头业中不居重要地位。

1909年，我父亲替开平矿务公司购进了开平码头，并修建煤栈，对于扩大煤炭销路起到了重要作用。后来因煤炭销路继续扩大,开平码头不敷应用。从20年代起,我父亲除经销开滦煤外,还经销其他煤炭。北至抚顺,南至海防,烟煤、白煤多至六七种。因此,为了扩大煤炭销路,需要建设刘氏自己的码头;为了打破洋商独占码头的优势,也需要建设中国人自己的码头。

第一次世界大战结束后,我父亲就积极着手码头仓库的建设。1918年,他购进了浦东董家渡沿江地皮100亩,成立了义泰兴码头公司,这就是后来的中华北栈码头。1921年,在北栈南面购进沿江地皮200亩,这就是后来的中华南栈码头。1926年,在周家渡沿岸购进了地皮250亩,这就是后来的中华周家渡码头。当时,在周家渡对岸的日晖港有一家毡呢厂,停工已久,厂址就在江边,是浦江西岸难得的一个深水码头。离码头不远,就是沪杭铁道。只要接上轻便铁轨,火车就可以直接开进码头,装卸货物。我父亲看中了这个地段,于1926年买进了厂房、地皮和全部织机设备。他当时的出发点并不是为了建厂,而是为了购置码头地产。一年以后,开滦洋商由于煤的销路扩大,原有的开平码头不敷应用,急于另建码头,扩大仓储。我父亲又把购进的毡呢厂厂址全部转售给开滦公司,建成开滦日晖港煤炭码头。

1927年,我父亲改组义泰兴,成立了中华码头公司,共有三座码头。以周家渡、北栈两处码头为煤码头,以南栈为杂货码头。码头吃水深,能停靠万吨洋轮。南栈码头建有三层钢骨水泥仓库1座和其他仓库11座,总面积达4万平方米。当时除招商局外,中华码头公司是华商码头中最大的一家。

我父亲是中华码头公司的董事长,聘谢培德为总经理,挂英商牌子,请英商壳件洋行(S. Hopkins & Dunns)为业务代理人,以该洋行合股人霍金斯(Capt Hopkins)为码头经理。除致送优厚的薪金和佣金外,还供给他一座花园洋房和两名"西崽",专门侍候这位洋大人。

为什么要挂洋商牌子,依靠洋人经营码头业务呢?我父亲在决定以前,有过许多考虑,他认为:

（1）经营码头、仓库业务，就得和海关港务局打交道，而这些机关的权力，当时都掌握在帝国主义分子手里。委托洋人出面，可以取得办事上的便利。

（2）当时航运业务被洋商轮船所垄断，委托洋人出面拉拢，容易招徕洋轮生意。

（3）当时海关规定，洋商仓库可以设置所谓"关栈"。存进"关栈"的货物，不必立即缴纳关税，可以等到货物脱售以后再行缴纳。这是海关给洋栈的一种特权，也是货主愿意把货物卸存洋栈的原因。要取得这种特权，就得挂洋商牌子。

（4）当时由洋栈签发的栈单称为"洋栈单"，信用好，可以凭栈单向银行做押款，周转方便，受到存栈货主的欢迎。要取得洋栈地位，就得挂洋商牌子。

（5）码头仓库容易遭到地方恶势力的骚扰，需要托庇洋大人保护。

（6）经营码头仓库是一项专门学问。上海自从帝国主义分子侵入以后，码头仓库业务一直操在洋商手里。懂得这一行业务的中国人当时并不多，就连国营招商局的码头经理也由洋大人充当。招请华人经理，事实上也有困难。

总之，在半殖民地半封建的年代，要突破帝国主义的势力范围，的确是困难重重。

霍金斯担任码头经理以后，利用他的多年经验和与各洋商码头的关系，从太古、怡和等码头上调来了一批熟练的管理员、理货员和堆装司务，负责码头上和仓库里的工作。他还带来了一个助手叫刘念祖，是我的堂兄，帮他管理码头业务。有了这样一批熟手，中华码头的业务很快走上了正轨。

当时行驶上海的洋商轮船大都有各自的码头，而且不止一处，如怡和公司在浦西有公和祥码头，在浦东有其昌一栈和二栈；太古公司在浦西设有太古码头，在浦东设有上海规模最大和设备最好的兰烟囱码头；三井和三菱的码头，位置在中华南栈和北栈的中间，它的规模也是够大的。特别是美国轮船公司设在浦东的大来码头，吃水深，设备新，仓库面积大，是码头业中的最大劲敌。除洋商以外，国营招商局设在浦西的金利源码头和设在浦东的杨家渡码头，都建有大批的仓库，都和中华公司有激烈的竞争。

在激烈竞争中，我父亲采取了一些必要的措施。

（1）当时除了有码头设备的洋商轮船公司外，还有一些驶向上海港口而没有自己码头设备的洋轮，我父亲就和这些洋轮，如J. C.、J. L.等签订长期租赁合同，把中华南栈租给他们使用。

（2）改善码头设备，提高服务质量，注意码头的维修和浚深，保证码头吃水在30英尺以上。码头上还有专人负责测量水位，以保证万吨洋轮的安全停泊。在轮船靠岸以后，做到及时装卸，使轮船能够及时开航，避免滞期损失。

（3）建立一套完整的管理制度和安全卫生设施，规定防火、防盗、防货物霉烂等具体措施，实行通风、翻堆、先进先出等办法，使货物储存保持良好状态。经常检查货物储存情况，及时修补破损包装，如发现有变质、变坏现象，及时通知货主处理。在货件存仓快到三个月时（过三个月要增加仓租收费率），及时通知货主出仓。一切以保护货主的利益为目的，提高对货主服务的质量。

（4）在严格管理制度的前提下，明确职责范围。提高工作效率。注意安全，防止塌堆；堆装整齐，防止仓位浪费；注意快装快卸，多装多卸，提高仓库的利用率和使用率；定期查仓盘底，防止盗窃损耗。职员平时有奖，年终分红，实行物质奖励，以提高工作效率。既保持较高的工资待遇，也要求较高的工作质量和知识水平。一般练习生都从定海中学毕业生中选拔，鼓励职员和练习生学文化、学外文、学会计。不懂外文的，不能当理货员。经过考核，提拔职员，以保证服务质量。

在洋商码头占压倒优势的年代，依靠以上各项措施，中华码头在激烈的竞争中立定脚跟，成为洋商码头的一个敌手。当然，这与我父亲经营煤炭业务也有重要关系。经营煤炭需要有完善的码头作为装卸和堆存的基地，而码头业务的维持也需要有煤炭货源的长期供应。相辅相成，相得益彰，这是一条经验。

但是中华码头在地段和规模上，都不及洋商码头优越。虽然竭力挣扎，盈利还是不多，仅够维持而已。

（原载中国文史出版社《回忆我的父亲刘鸿生》，有删节）

进军毛纺业

刘念智

"非我族类,其心必异",刘鸿生又一次上了日本人的当。

他下定决心,要依靠自己的力量来解决染整方面的技术问题。

继水泥工业之后,我父亲于1929年创办了章华毛纺织厂,于1930年创办了华丰搪瓷厂。在毛纺织厂投产以后,遭受了不小的挫折。

清光绪三十二年(1906年),上海龙华日晖港黄浦江边,出现了一所毛纺织厂,叫日晖港毡呢厂,是郑孝胥等集资创办的。开办不到五年,因经营不善,于宣统二年(1910年)停产。民国8年(1919年)起收归国有,长期尘封,无人理会。我父亲于1926年购进了这所工厂,迁出机器,把地皮售给开滦矿务公司作为煤炭码头。

1927年,我父亲和母亲在上海骨科名医牛惠生夫妇的伴同下,赴欧游历。途中,在英国里士(Leeds)参观了几家毛纺织厂。英国是世界上毛纺织工业的鼻祖,而里士又是英国毛纺织工业的集中地,技术先进,誉满全球。回顾我国情况,当时在北平有军政部制呢厂(即清河制呢厂)一家,天津有美商海京毛织厂一家,哈尔滨有日商满蒙毛品纺织公司一家,出品都不怎么好。据我父亲了解，当时进口呢绒、毛线等制品，价值每年约达3000万关两之多。国内生产的短缺，国外进口的巨大，他又有全套纺织机在手里，正好促成他创办毛纺织工业愿望的实现。

回国以后，他即集资设立章华毛纺织公司，资本80万元，独资经营，自任总经理。要办厂，总得先找办厂的人。他聘请从比利时毛纺织大学毕业回国的李耘荪担任经理职务，聘请刚从法国学毛纺织专业的乌家祯担任工务主任兼工程师。由邓着先担任厂长。此外，他从定海中学挑选了一批优秀毕业生，送日本学习毛纺织工业的生产管理和技术知识。又从我们老家定海招收了一千多名青年女工，进行技术培训，厂里供给她们生活，只给很少的工资，叫作"养成工"，实际上是一种变相的剥削制度。管理"养成工"的工头叫作"拿马温"，是经过挑选的定海女子中学毕业生。

章华毛纺织厂的厂址设在浦东周家渡中华码头的西栈。我父亲把日晖港毡呢厂的全部机器设备安装在厂里，就开始生产。

我父亲在开创一个新企业以前，一向要做好各种调查研究工作和各种准备工作，绝不草率从事。可是对于章华毛纺织厂的建立，他做得有点违反常规，既没有做好调查研究工作，也没有做好各种准备工作。最明显的错误是：

首先，生产设备落后。在第一次世界大战期间，由于战争的推动，各种科学技术突飞猛进。大战以后，生产上的发明，工艺上的改革和各种机器设备的更新，一日千里，日新月异。日晖港毡呢厂的全套生产设备，是第一次世界大战以前的出品，到我父亲买进的时候，已搁置了20多年。即使机器设备完好如新（这是绝对不可能的），在生产工艺上也已大大落后于当时世界的先进水平。引进国外先进技术和最新设备，是我父亲办厂的一贯主张，可是就在这个关键性问题上，他却走了相反的道路。

其次，缺乏熟练工人。当时中国的毛纺织工业十分落后，在上海这个大工业城市里，竟没有一家毛纺织工厂（当时只有几家绒线厂和驼绒厂），当然不可能找到熟练的毛纺织工人。章华毛纺织厂虽然从农村招收了一千多名青年女工，但这些女工只经过短期的技术培训，是一些技术并不熟练的"养成工"。依靠这批"养成工"来担负正常的生产任务，当然是一种不切实际的错误做法。

再次，没有真正懂得生产的技术人员。从定海中学招来的所谓"拿马温"，都是初出茅庐的外行。由外行来领导，生产当然搞得混乱。

最后，应该指出的一个关键性问题是，我父亲用高薪聘请来的所谓经理、厂长、工程师，都是刚从国外留学回来的高级知识分子，他们有丰富的书本知识，但缺乏实践经验。特别是那位经理，习惯坐在写字间里指手画脚，却从来不肯下到车间去指导生产。至于我父亲自己，当时已经是五六个企业的负责人，权力和业务都集于一身。虽然担任了章华毛纺织厂的总经理，也不可能深入厂里去解决生产上的实际问题。名义上多头领导，实际上没有领导。

落后的生产设备，加上落后的管理制度，其结果是可以预见到的。章华厂开工以后，机器设备经常发生故障；厂里负责修理的工匠，不懂得修理；操作工人，不懂得机器性能，不懂得合理的操作方法，技术没有指导，操作没有规程；管理不周密，要求不严格；没有建立起严格的责任制度，也没有建立起严格的检验制度。生产混乱的结果，影响了成品的质量。次品多，质量低，成本高，销路滞。尽管售价比日货低20%—30%，而且利用了"抵制日货"的机会，以提倡国货作为号召，还是打不开销路。开厂以后，累年亏损，经济周转发生困难。对我父亲来说，这是一个严重的挫折。但是我父亲并不泄气。为了挽回败局，他采取了一系列的改革措施。他改组了经理部门。解除了自己的总经理职务，同时解除了李耘苏的经理职务，改聘程年彭（华润泉的外甥）担任总经理，聘华尔康（华润泉的儿子）担任襄理兼营业主任。同时改组了董事会，他自任董事长，请华润泉担任常务董事。为了加强技术部门力量，聘请了英国里士毛纺织学院毕业生张训恭当副总工程师，严智桐当工程师。

程、华受聘的时候，正是章华最困难的时期。两人就职以后，我父亲即以章华股份20万元（占全部股份的1/4）赠给两人，其中程占6/10，华占4/10。据传这是程、华两人进身章华的苛刻条件。

一系列人事调整的结果，加强了技术力量和经营管理能力，工厂生产有了一些起色。程年彭本是中华银行的常务董事，在金融调度方面颇有一套办法，使章华渡过了经济难关。但同时也加强了华润泉父子、甥舅对章华的控制权力，为以后程年彭、华尔康在新中国成立前夕挟外汇资金外逃种下了恶果。

人事调整以后，正值在日本学习纺织工业技术的一批学生学完回国，当即分配在各车间负责生产管理和技术指导工作。新生力量的加入，使产品质量有了改进。但与日本、比利时、英国产品的质量比较，还有一定的距离。总结经验教训，我父亲认识到，必须引进国外先进设备和工艺技术，才能彻底改变章华的落后局面。

1931年春，我父亲去日本招聘了一批技术专家，为章华设计改革方案。这批专家十多人到厂里研究了一个月后，就提出了一个改革办法，主张：更换全套洗毛机和钢丝车；改进纺锭和精纺机；用日本织机更换旧织机；改革染整车间，全部改用日本设备；完全采用日本纺织工艺。就是说，要全部更换旧设备，全部推翻旧工艺。

按照日本专家提出的方案，除了厂里现存日本新织机150部不用更换外，还需要添加几十万元的生产设备，还要支付一笔不小的设计费用。当时厂里资金枯竭，只得向银行借高利贷50万元，作为周转。一着之错，几乎满盘皆输，我父亲经历了一次挫折，也得到了一次有益的教训。

工厂设备经过改革以后，一切进行得很顺利。产品质量有了很大的提高，专家设计的方案发挥了积极的作用。但是有关染整方面的工艺技术，特别是有关染料的调制，日本专家始终保守秘密，不肯公开配方。日本专家强辩说，双方签订的合约条文上并没有这方面的规定，所以他们不担负这种责任。"非我族类，其心必异"，我父亲又一次上当了。他下定决心，要依靠自己的力量来解决染整方面的技术问题。他从各个方面延揽人才，先后招请来的技术专家有留学法、比的邱陵、潘炳兴，原在海京毛织厂担任工程师的李枝湛，以及南通纺织学校毕业的茅祖杓、陈时鼎、彭汉恩等。顺便指出，南通张季直先生所创办的纺织学校是我国创办最早的一家，为我国纺织工业输送了不少人才。

自从改进机器设备和工艺技术以后，章华出品开始行销全国。我父亲通过宋子文、孔祥熙、朱家骅等的关系，在满足了有关经手人员的需索以后，全部承揽了蒋介石部队里的军呢用料。又通过杜月笙的介绍，邮电部门的制服用料也采用了章华出品。从此，外货呢绒退出了军需部门和邮电部门。

说来伤心。尽管当时章华呢绒在质量上可以与洋货媲美，在价格上还比洋货便宜，但在"唯洋是崇"的上海，用户还是迷信洋货。为了迎合用户心理，上海的呢绒商人用欺骗手法，把章华出品冒充洋货，按洋货价格出售，以谋取高额利润。

1931年"九一八"事变的爆发，激起了全国人民的义愤，又一次掀起了抵制日货的高潮。章华毛织厂抓住时机，用"九一八"做商标，立刻制造了"九一八"哔叽向市场推销。这种产品一上市，立即被抢购一空。中国人民的爱国热情挽救了章华毛织厂的垂危局面，从以前的亏折变为1931年的保本自给，又走上了以后顺利发展的道路。

章华毛纺织厂开办初期的挫折，使我父亲受到了一次严峻的考验，但并没有挫伤他办工业的勇气。1930年，我父亲与李拔可以及他的堂弟日本留学生李直士合资创办华丰搪瓷厂，厂址也设在周家渡中华码头，由李直士担任经理。

搪瓷是珐琅器的一种，搪瓷厂也叫珐琅厂。第一次世界大战期间，中国搪瓷市场几乎由日本产品独占，每年进口达数百万元。1916年，上海出现了第一家美资广大搪瓷厂。不久由国人收买，改组为铸丰搪瓷公司，雇美国人为技师。接着，益丰、鼎丰搪瓷厂和中华珐琅厂等相继成立。到华丰建厂时，上海已有搪瓷厂十多家，其中以铸丰、华丰、益丰、中华、兆丰五家规模较大。五家出品约占全业总销额的90%以上。

华丰的全部设备是从日本进口的，华丰的技术工人是由日本训练的，华丰所用的马口铁皮是由日本供给的，可见当时对日本依赖之深。华丰因设备完善，技术先进，很快成为同业中的后起之秀，投产第一年的营业额就达到90万元，在同业中遥遥领先。"九一八"事变以后，在提倡国货、抵制日货的浪涛中，国产搪瓷工业积极发展，日本出品已完全被排挤出国内市场。

应该指出，在抵制日货的年代里，不少民族工业的原料是从日本进口的。毛纺织工业所用的毛条和搪瓷工业所用的马口铁皮，都是最典型的例子。这类原料是不是非从日本进口不可呢？事实上并非如此。就毛条来说，英国、澳洲可以大量供应；就马口铁皮来说，英、美、法、德都可以供应。在中华民族和日本军国主义进行着殊死搏斗的年代，采用日本原料制造所谓"国货"，显然是不可能得到爱国人民的同情的。明知不可能，而采取"挂羊头卖狗肉"的欺骗手法，对于一个爱国的民族资本家来说，是应该引起内疚的。

（原载中国文史出版社《回忆我的父亲刘鸿生》，有删节）

开创刘鸿记

刘念智

随着刘氏企业越办越多，刘鸿记账房逐步变成各企业财务收支的中心，发挥着调剂作用。

在第一次世界大战时期，开滦煤销路急剧扩大、销路最多的一年，开滦售品处收入的佣金达到百万元之巨。根据经销合约规定，除去售品处的开支外，我父亲可分得收益40余万元。到大战结束，他已经拥有巨额资金。为妥善保管和运用这笔资金，他设立了刘鸿记账房。

刘鸿记设立初期，不仅是我父亲个人财务收支和财产保管的账房，也是办理对外文书契约的秘书室。从20年代开始，由于各项企业陆续开办，企业之间调度频繁，这个账房就逐步成为各企业财务收支的中心，发挥着经济调剂的作用。早在20年代后期，刘鸿记账房就在亲友中吸收了大量存款，作为各企业周转之用。

1930年，一幢八层楼的大厦出现在上海四川路上，这是我父亲专门为刘氏企业修建的办公大楼，取名企业大楼。大楼的第二、三层为开滦售品处和我父亲的办公室，第四层为水泥公司、码头公司、华东煤矿公司，五楼为大中华火柴公司，六楼为章华毛纺织公司，刘鸿记账房、刘氏其他中小企业以及保险公司、律师事务所和医务机构等都安置在第七层楼上。为了便于集中指挥，我父亲把他的公馆迁到第八层楼上。"出自幽谷，迁于乔木"，当时我父亲雄心勃勃，计划把所有的刘氏企业合并改组成为一个托拉斯组织。

计划要求刘氏企业除生产任务由各个生产单位各自负责完成外，其他如行政管理、人事调配、资金调拨、物料材料的采购、工矿产品的推销，以及仓储、运输、保险等业务，全部集中起来，由中枢统一计划、统一指挥、统一调度。

作为集中统一的第一步，我父亲在企业大楼的底层开设了企业银行，资金100万元，由银行家范季美任经理、叶起凤任副经理。不言而喻，要办托拉斯，就得把产业资本和金融资本结合在一起。

第二步，他把集中采购的计划，交给顾丽江的采办处去执行。这个处就设在大楼的第三层。顾丽江本人是一个采办里手，他的处里又配备了各行各业的专家，既熟悉国内外市场供应和价格涨落情况，又精通商品规格和商务知识，办事诚实可靠。我父亲规定，刘氏企业一切物料、材料、机器、设备的采办，都必须委托顾丽江的采办处代办，照规定付给代办手续费。他坚持说："交给他们代办，不会吃亏上当，不会发生贪污中饱事件，我可以放心睡大觉！"

可惜邯郸学步，匍匐而归。企业大楼的部署未完，世界经济危机的狂潮已到。物价下跌，产品滞销，刘氏企业普遍遭受经济恐慌的袭击。当时刘鸿记账房固然周转困难，企业银行也摇摇欲坠。这个宏伟的托拉斯计划，只走出了两小步，就停滞不前，胎死腹中了。

这一次世界性的经济危机，持续数年之久。我父亲虽然度过了最艰难的岁月，但也消尽了最宏伟的理想。大约在1936年秋冬之间，世界经济已趋复苏的时候，宋子文大老板忽然兴致勃勃地向我父亲提出了一个大型托拉斯的合作计划。惊魂方定，前事未忘。对于宋老板的好意，他只好敬谢不敏了。

刘鸿记账房的老总管叫曹雨塘。此人精通英文，但记账却是用旧式方法。由于刘氏企业逐步发展，财务收支日益频繁，特别是中外商务关系日益增多，旧式账房的内部体制，就日益不能适应刘氏企业发展的需要。1933年，我父亲做出决定，改聘华润泉为刘鸿记账房的总管家，采用了新式会计制度，充实了会计财务人员。从此以后，华润泉总揽了刘氏财政经济的大权。

华润泉原是上海公共租界工部局的总会计师，为人足智多谋，精通法律。早在20年代，由于吴清泰的介绍，他就成为我父亲的智囊人物。他有几个得力的门徒在国民党社会局里任要职，他自己又熟读《六法全书》，有一套对付工人的办法。当时，只要刘氏企业发生劳资纠纷，我父亲就要找他商量。

1927年前后，华润泉代我父亲担任了水泥公司的总经理职务。这时候北伐成功，工人革命情绪高涨，工潮此起彼伏，到处反对资本家的苛酷剥削。在华润泉代总经理期间，水泥厂就发生了几次罢工斗争。在1927年的罢工斗争中，曾有一位工人惨遭暗杀。

华润泉在就任刘鸿记账房总管家以后，仍兼任水泥公司的代总经理职务和章华毛纺织公司的常务董事（章华公司里还有他的外甥、儿子分别担任总经理和襄理职务），不久又兼任了华东煤矿公司的总经理。在和开滦洋商的诉讼案件中，他起了重要的谋士作用。因此，在30年代中期，以华润泉为核心的刘鸿记账房，日益成为刘氏集团的决策中枢。我父亲对他言听计从，信任有加。于是有人给华润泉起了个绰号，在背地里叫他"华太师"。甚至有人说："华太师有诸葛之才，刘老板有刘备之德。"当时华太师身兼多职，权大势盛，已是刘氏企业中最引人注目的当权派。"盛名之下，其实难副"，权势太重，渐渐引起了旁人的猜忌。有人替我父亲担忧，我也是其中的一个。有一天，我忍不住问我父亲："爸爸，您重用了大流氓谢培德和阴谋家华润泉，将来他们会不会联合起来找您的麻烦呢？"

我父亲没有立即答复我。过了几天，他对我说："华润泉、谢培德都是有才之人，我要用他们之才。他们两人有利害一致的地方，也有利害冲突的地方。我既利用他们一致的一面，又利用他们冲突的一面，以毒攻毒，就不怕他们联合起来对付我了。"接着，他对我讲了许多有关用人的大道理。最后，他说："重赏之下，必有勇夫，可以放心。"

　　1937年，我的大哥念仁从美国留学回来后，就接替了华润泉的总管家职务，但华润泉继续担任着水泥公司和华东煤矿公司的总经理。

　　　　（原载中国文史出版社《回忆我的父亲刘鸿生》，有删节）

整顿招商局

刘念智

千疮百孔的招商局，无日不在风雨飘摇之中。没有能力的不敢接，有能力而不负众望的人，也不敢接。宋子文认为，招商局需要好好整顿一番，而刘鸿生是最合适的人选。

招商局创始于1872年（清同治十一年），是我国自办的最早的航运事业。从开办到1928年国民政府接收为止的56年中，经过官办、官督商办、商办到国营的四个阶段，这个局始终是封建官僚和买办的糅合体，经营落后，贿赂公行，是闻名中外的一个贪污机构。这个局除在第一次世界大战期间因航运船只缺乏、国际竞争减弱，曾有昙花一现的"黄金时代"外，历年积亏达五百多万两之巨。

1928年，赵铁桥接任招商局总办以后，很想整顿一番。终以"偷漏成习，积重难返"，深叹"除弊之不易"。1931年，赵不幸遇刺殒命。交通部曾先后派李仲公、郭外峰以专员名义到局整顿，但均无建树。1933年春，陈铭枢长交通、副部长陈孚木奉命兼任招商局监督，李国杰任总经理。两人同流合污，互相勾结，营私舞弊，终被撤职查办。千疮百孔的招商局，无日不在风雨飘摇之中。没有能力的不敢接，有能力而不负众望的人，也不敢接。这时宋子文掌行政院，朱家骅掌交通部，很想在实业界找一位继任人选。

当时我父亲已经创办了十来个企业，手里还经营着中华码头公司，其规模仅次于招商局的码头，在实业界已经小有名望。特别是他和宋子文是圣约翰的校友，多了一层同学关系，就成为宋考虑的一个人选。

有一天，国民党要人叶琢堂奉宋之命，来和父亲商谈，要他担任招商局总经理职务。当时父亲正和开滦煤矿的帝国主义分子打着官司，又碰到资金周转困难，要到处张罗。事实上自己身兼多职，也实在无法分身，因而婉言谢绝了。

过了几天，叶琢堂再次奉宋命来谈，叶说："招商局的腐败已经闻名中外，经营紊乱，需要好好整顿一番。T. V.（宋子文的名字）考虑过，你是最合适的人。"接着他又说："对于你的经济困难，T. V.已经拍了胸膛。一定替你解决。"谈了好一会儿，见我父亲还是有点迟疑，叶说："T. V.这个人是开罪不得的。你要好好考虑，不要敬酒不吃吃罚酒啊！"叶老比我父亲大十多岁，一向受到我父亲的尊重。在权衡利害以后，我父亲终于同意了。

1933年冬，我父亲担任了招商局总经理职务。到职以后，陆续办了几件事：

第一，他从自己的企业里调了一些最能干的人去担负秘书室的机要工作，增加了办事的便利。有关业务方面的主管人员，他都延揽有航业经验或对招商局有过贡献的人充任，按照量才适用的原则，安排了各分局、仓栈、船只的负责人选。不讲关系，不讲情面，不受请托，改变了过去任人唯亲的风气，使局内面貌为之一新。

第二，改组了理事会，增设了监事会。他得到了宋子文的支持，由朱家骅担任理事长，杜月笙和叶琢堂任副理事长，他自己和张寿镛、史量才（史被刺死后，改由杨英继任）任常务理事。监事长为卢学溥，秘书长为胡福泰。理事、监事人选，除有国民党的军政官员外，还有社会上的知名人士。

第三，购进新航轮，开辟新航线。1933年夏，宋子文拨出一部分由英国退还的庚子赔款给招商局，由我父亲派伍大名、刘××和技术顾问Capt. Acurr到英国订购了3000吨级的海运客货轮四艘，取名海元、海亨、海利、海贞，增辟了上海至青岛、天津和上海至厦门、汕头、香港、广州两条航线，使南北航运更加畅通。

第四，废除轮船上的买办制，杜绝客运、货运的偷漏积弊，增加了业务收入。招商局轮船上的买办制，即经理制，又叫"坐舱"，是招商局开办以来最大的漏洞。经理包办船上客票收入，只按定额包缴，定额以外的收入一律饱入私囊。此外，还夹带捎包，私收运费，并向茶房征收押柜，索取贿赂；茶房又私卖铺位，夹带私货，向客人勒索财物。招商局还有一个内河航运机构，在江浙两省有航线十几条，码头十几处，大小轮船十几艘。这些财产都被官僚、买办所把持，形同世袭，种种弊端，不一而足。估计每年损失约达五六十万两之巨。赵铁桥在职的时候，曾计划整顿。终以"积重难返"，无法实现。我父亲就职以后，决心从这一陋规着手整顿。由于积弊已久，牵涉很多，他亲自去南京向宋子文请示，得到支持以后，再付实施。经过将近一年的斗争，终于废除了经理制，建立了船长制，并收回了内河航运局，剔除积弊，一年约可增加近百万元的收入。自实行新制以后，所有轮船经理全部解职，一切航运业务改由局内的业务科承办。所有船上茶房，全部由局正式雇用，发给工资，禁止私卖铺位，私带客货，并不得再向乘客勒索。这些改革使当时社会上的面貌为之一新。

第五，招商局积弊多端，并不止航运一个方面，码头、仓库方面也很严重。仓库制度不全，管理腐败，明偷暗盗，已成家常。1936年初，有人向我父亲报告杨家渡码头经理人监守自盗的情况。当时我从英国回来不久，正在中华码头公司工作。我父亲派招商局总务处长何墨林和副处长周凤图来找我，商量检查办法。当即调中华码头公司得力仓库员组织突击检查队，由我带公函到杨家渡码头进行检查。结果发现仓库里账货不符、有账无货等情况极为严重，大量货物被盗窃。证据确凿，经理人无法抵赖。我父亲正想查获重大案情，惩一儆百，于是就把这个经理人撤职查办，并向法院提出诉讼，追赔损失。

改革的实施，立即扭转了招商局历年亏损的局面，在各个方面出现了过去所没有的新气象。但改革的过程却是一次艰巨的斗争。凡是码头、仓库和船上的经理，都有强硬的后台。有的是国民党军政官员的皇亲国戚，有的是黄金荣、张啸林、杜月笙的高足和门徒，有背景，有依靠，脚骨硬，很难搬动。除了一些明的和暗的阻力外，恐吓信件不断送来，信中还附上子弹。对于这些，我父亲只有加以防范，置之不理。

艰苦的斗争还在华、洋之间激烈展开。招商局新航线的开辟，打破了太古、怡和两家英商轮船公司的垄断局面；而招商局经营管理的整顿和买办制的废除，又使洋商在航务竞争中处于劣势地位。帝国主义是不甘心失败的。英商轮船公司就联合起来，不经过华洋同业事先磋商，以减低运价的手段，企图迫使招商局退出沿海航线，向帝国主义屈膝投降。它们没有料到，经过整顿后的招商局已经有足够的力量来迎接洋商的挑衅。激烈斗争的结果是，洋商只好乖乖地坐下来作合理的谈判。我父亲事后对我们说："洋人是欺软怕硬的。对付他们的办法，首先要自己争气，然后使出你的全身解数，和他们斗争到底。"

积弊的铲除，得到了当时社会上的好评，但受到了南京大员的责难。俞飞鹏有一位小舅子是某一轮船上的经理，也在解雇之列，俞曾三次来信，要求手下留情。俞是蒋介石的表兄，是炙手可热的大员。但制度改革势在必行，我父亲只好以惶恐的心情给他复信说："事关全局，难以应命，请多原谅！"俞得信后，大发雷霆，对人说："'事关全局'是刘鸿生放的一支暗箭，我要给他一点颜色看看！"

　　我父亲实施初步改革得到一点成就后，正待施展进一步的整顿工作。可是事不凑巧，交通部改组了，朱家骅下台，俞飞鹏上台。正是宦海浪恶，冤家路窄，我父亲赶紧退让贤路，呈请辞职。1936年春，由孙科亲信蔡增基继任了总经理职务。

　　　　　　　　　　　　　（原载中国文史出版社《回忆我的父亲刘鸿生》）

刘氏企业，逆风飞扬

刘念智

面对开滦煤业的制裁，刘鸿生有两条路可走：一条是俯首就范，向帝国主义洋商屈服，放弃"实业救国"道路；另一条是以牙还牙，创办自己的煤矿事业，打破帝国主义洋商的垄断局面。

一、创办华东煤矿，反击洋商挑衅

20世纪20年代初期，我父亲开始投身于民族工业。在火柴和水泥工业获得了成功以后，更提高了对于创办民族工业的兴趣。但由于业务丛集，精力分散，他不得不把开滦售品处的业务交给我叔叔刘吉生去负责。这就引起了开滦公司的不满。

公司大班百拉亚（Pryer）曾几次提醒他说，根据双方签订的经销合约，他的全部精力和时间应放在开滦煤炭的推销上，不应当分散精力去搞别的业务。这就是说，只允许他做帝国主义洋商的买办，不准他成为一个民族企业家。但他毕竟是受过现代教育的中国人，既具有发展资本主义的愿望，又有爱国、爱民族的热忱。百拉亚的劝告，对他来说，已经成为一种不能接受的说教了。

正在这个时候，上海爆发了"五卅"惨案，引起了全国人民的共愤。上海总商会也发出了罢市抗议的号召，这在上海开港以来还是第一次。可是习惯于骑在中国人民头上的帝国主义分子，是不肯在真理面前认输的。在谈到"五卅"惨案的是非曲直时，我父亲和考尔德之间发生了一次极其激烈的争论。帝国主义分子的侮辱性言论，激起了我父亲的不可抑制的愤怒。

争论以后，他气急败坏地回到家里来了。碰巧我们兄弟姐妹一家人正在讨论"五卅"游行示威的经过，发泄对帝国主义的愤怒情绪。"爸爸回来了！"我们一哄而上，问道："爸爸，你参加了游行吗？""我没参加！"父亲气呼呼地回答说："我参加了争论，我和'黄毛'吵架了！真气人，外国人的饭，我再也吃不下去了！"

"好，好，"一伙孩子异口同声地喊道，"不吃外国人的，吃阿拉自己的！"

孩子们的鼓动，使他会心地微笑了。

他不理会百拉亚的劝说，继续创办他的新事业。继火柴、水泥之后，中华码头、中华煤球、章华毛织、华丰搪瓷等企业，一个接一个地上手了。他建成了企业大楼，开办了企业银行和大华保险公司，越来越被"实业救国"的口号吸引住了。

"五卅"风暴，大大地促进了我父亲的爱国热忱和与帝国主义做斗争的正义感。当时上海公共租界里有公园三处，即外滩公园（今改名黄浦公园）、兆丰公园（今改名中山公园）和虹口公园。这些公园虽然是在中国土地上用中国人的血汗建筑起来的，但帝国主义者歧视中国人，只准洋人享受，不准华人进入。在成立最早的外滩公园门口，还挂着一块牌子，上面写着"狗与华人不得入内"。中国人受这样的侮辱已达半个多世纪之久，有血性的上海居民感到痛心疾首，义愤难忍。"五卅"风潮后，上海市民展开了"不出代表不纳税"的斗争，迫使公共租界当局改变由洋人独占议事机构的规定，为华人代表增设了五个董事议席，我父亲被推为五董之一。1928年，第一届五位华董就任以后，我父亲做的第一件事，就是对于不准华人进入公园的侮辱性规定提出了强烈的抗议。迫于中国人民的义愤，公共租界当局不得不废除这个规定。从此以后，外滩公园门口就见不到那块臭名远扬的牌子了。

眼看着多年来精心培养出来的驯服工具，竟走上了民族主义的道路，帝国主义分子当然是不甘心于这种失败的。从30年代开始，开滦煤矿公司以限制货源、削减供应的办法，对我父亲施加压力，企图用经济手段迫使他举手投降。

当时，上海全市每年需要煤炭数量约在300万吨，其中开滦煤销售数量约占40%，计120万吨左右，其余60%，约180万吨，除少数国产煤炭外，大都靠日本煤商供应。1931年"九一八"事变以后，举国同仇，一致奋起抗日，上海工商界发起对日经济绝交运动，禁止日货、日煤销售，禁止日轮装运，上海煤炭供应立即出现紧张状态。对于开滦来说，这是增加供应、扩大销路的好机会。但恰恰在这个时候，开滦的帝国主义分子倒行逆施，实行了减少煤炭供应的恶毒计划，从而加剧市场煤荒，影响上海工业生产，以图破坏中国人民的抗日救国运动。同时，我父亲的经济收益也因之减少，刘氏企业的资金周转发生困难。

应对开滦的经济制裁，他当时有两条路可走：一条是俯首就范，向帝国主义洋商屈服，放弃"实业救国"道路，全心全意地做帝国主义洋商的驯服工具。这样做，他可以毫不费力地每年坐得巨额佣金。另一条是以牙还牙，创办自己的煤矿事业，打破帝国主义洋商的垄断局面。这样做，费力大，收效缓，还有一定的冒险性和艰巨性。对于帝国主义压迫的愤怒，对于"实业救国"的向往，终于使他放弃了前者而走上了后一条道路。

老实说，我父亲当时已经是全国知名的实业家了，办实业已经成为他的癖好，而且他的癖好是多方面的。他办了轻工业、纺织工业，又办重工业；办了工业，又办码头、仓库、银行、保险等事业。屈指算来，当时在他所办的事业中，独缺一个矿业。他经营煤炭已经有30多年的历史，早有办一个煤矿的心愿。而且在他看来，以他当时的人力、资力和条件来办一个煤矿，是轻而易举的事。开滦洋商对他的压迫，正好促使他加速实现办矿的计划。

事有凑巧，当时徐州地区的贾汪煤矿因经营不善，宣告破产。我父亲是一个有心人，过去曾经向地质专家丁文江请教过各地煤炭矿藏情况，早已知道贾汪是一个储藏丰富、煤质优良，可与开滦媲美的煤矿。现在机会到来，他决不轻易放过。他找到贾汪煤矿的主要债权人严惠宇、谢蘅牎两人，商量合作办法，并出资80万元，把贾汪的全部矿产购到手。随即于1932年，成立华东煤矿公司，重新复工开采。

在华东煤矿公司的全部股份中，我父亲占了60%，实际上掌握着公司的大权。但他自己只担任一个常务董事，把董事长一席让给当时沪宁、沪杭两路管理局督办章笃诚担任。不言而喻，这是要借重章的地位，取得铁路运输上的便利。在刘氏企业里，根据不同时期、不同需要，邀请一些有名望、有地位、有权势的名人来担任董事、董事长、顾问等职位，并送致优厚报酬的事，是屡见不鲜的。

华东煤矿公司最初聘请顾介眉担任总经理，戴麟书担任副总经理。顾是一位会计专家，后来因病辞职，改聘华润泉为总经理。在华以后，又改聘陆子冬担任总经理。人事调整，都是根据形势的发展而发展的。

在技术岗位上，我父亲坚持要由专家，而且是第一流的技术专家负责领导工作。煤矿矿长是一个技术性很强的岗位，由我的堂姐夫江山寿担任。说实在的，这不是"任人唯亲"，而是"任人唯才"。因为江是美国考罗拉陀矿业大学（Colorada School of Mines）毕业的硕士，不仅有理论基础，而且有多年的办矿经验。我父亲考虑到矿场远在山区，生活艰苦，因而给矿长规定了很高的薪水。

华东煤矿公司开办以后，很快改变了贾汪煤矿的亏蚀局面，生产经营蒸蒸日上，大量煤炭不断运到上海，供应市场需要。这是对开滦洋商停止煤炭供应的一个有力反击。与此同时，我父亲又积极扩大其他地区的煤炭来源，以抵补开滦煤供应的不足。对于这种双管齐下的对策，帝国主义分子暴跳如雷。他们不可避免地要做绝望的挣扎了。

1932年冬，开滦公司向上海会审公廨提起法律控诉，要求我父亲赔偿违约损失，并宣布经销合约无效。要求赔偿损失，显然是帝国主义分子的讹诈行为。在双方签订的经销合约中，并没有限制我父亲不得从事其他企业的规定。开滦提起诉讼的真正意图，只是在我父亲经济困难的时候，动摇他的社会信誉，以达到落井下石的罪恶目的。

当时我父亲的经济状况是困难的，但是他的决心却是坚定的。在他的智囊团里有大律师徐士浩（六弟公诚的岳父）和足智多谋的高级职员如华润泉、王建训、谢培德等，帮我父亲出谋划策，经过多年的诉讼，终于打赢了这场官司。

但是从30年代初开始，一直到30年代末经销合约期满为止，在和开滦闹纠纷的十年期间，他没有再从开滦售品处获得经济上的收益，这是一笔不小的损失。为了摆脱帝国主义的羁縻，为了跳出买办阶级的泥坑，他虽然经济上遭受些损失，还是心甘情愿的。

开滦败诉了，华东煤矿建成了，刘氏事业在挫折中继续前进。

二、度过严重的经济困难时期

30年代初期，世界经济危机的余波传到了中国，刘氏各个企业都受到了影响，周转十分困难。正在困难的时刻，我父亲奉宋子文之命出任招商局总办。他在招商局任职的三年，是勤勤恳恳、任劳任怨的三年，也是刘氏企业经济最困难的三年。我父亲把大部分时间花在招商局的整顿工作上，把刘氏企业的业务挤到了次要的地位。

1935年，上海各行各业弥漫着一片倒闭声，金融市场上风声鹤唳，谣诼纷纭。我父亲被迫把所有道契、股票等全部送进银行作抵押，还把霞飞路的花园洋房脱售抵债。这时，市场上突然传出"刘鸿记要倒"的风声。谣传不胫而走，有债务关系的银行、钱庄首先上门索债。在债主逼迫、告贷无门的为难时刻，我父亲想起了宋子文向他许下的诺言。在一个晚上，他到宋公馆去求援。当时有一段对话，是我父亲终生难忘的。

我父亲诚恳地对宋说："最近银根越来越紧。刘鸿记有几笔到期押款，银行追得很急。我希望中国银行接受抵押，帮我渡过难关，您看可以吗？"

"你用什么抵押呢？"宋冷冷地问。

"我把刘鸿记所有股票做抵押，好吗？"

宋嘿嘿地冷笑说："O. S.的股票价值，如今不如草纸了！"

我父亲受到奚落，一团怒火立时上冒。但他故作镇静，打个哈哈，起身告辞，憋着一肚子怒气回到家里，在子女们面前大骂"势利朋友"。

这一年，几乎天天有债主临门，几乎天天过着"年三十"！

1936年初，我从英国回来的时候，刘氏企业周转困难的情况还没有完全解决。当时积欠浙江兴业银行一笔360万元的定期借款，即将到期，银行已经先期来打招呼，希望按期归还。但根据当时刘氏企业的经济情况，非但本金还不了，连利息也无力清偿。父亲考虑再三，最后决定要我去找银行的总经理徐新六，商谈连本带利转期一年的办法。他对我说："徐新六是英国留学生，你也刚从英国回来，你去和他商量比较有希望。你去见他以前，要把刘鸿记的资产负债情况研究透彻，老老实实地说明真实情况，回答他可能提出来的一些问题。诚实待人，不弄虚作假，这是取得银行家信任的最好办法。"

得到父亲的指示，我做好了准备以后，鼓足勇气去拜访这位大银行家。

徐新六个子矮小，和蔼可亲，先同我寒暄一番，问我在英国哪个大学念书，念的什么系，等等，接着问我来访的缘由。我说明缘由以后，他眉头一皱，开口道："你父亲的事业办得太多了，顾此失彼，长期下去，怎么得了！"我把刘氏企业的实际情况向他作了详尽的介绍，接着说，按照刘鸿记最近的资产负债情况来看，资产超过负债近两倍。只要市面略为安定，资金调度就会很快好转。

正像我父亲估计的那样，这位银行家要我提供大中华火柴公司、上海水泥公司、章华毛纺织公司、中华码头公司和华东煤矿公司的业务情况。经我说明情况以后，他接着问："这些公司里面，究竟哪几家赚钱，哪几家赔钱？"我如实告诉他："上海水泥和中华码头是赚钱的；章华略有盈余，但资金周转困难；大中华因洋商竞争激烈，最近几年连续亏损；华东煤矿在矿场存煤达20万吨之多，因铁路军运繁忙，运不出来，所以周转感到困难，只要运输畅通，困难可以立即解除。"最后，我又主动介绍了中华煤球公司的亏损情况和原因。

徐新六听完我的介绍以后，跑进另外一间办公室打电话去了。大约过了十分钟，他回来对我说："竹淼生经理会和你详谈，你上四楼去看他吧！"说罢，他伸出手来和我道别，并热情地说："你回国还不久，就能够摸透你父亲各个企业的基本情况，很不错啊！以后希望和你多谈谈。"告别徐新六以后，我就和竹淼生商妥了借款转期手续，渡过了又一难关。

我和徐新六的谈话，这是第一次，也是最后一次。1939年冬，他和交通银行总经理胡笔江、聚兴诚银行副总经理杨锡裕一同搭机从香港飞往重庆，中途因敌机袭击，乘客全部丧生。听到这个消息以后，我心里非常难过，今日回忆，仍有哀思。

（原载中国文史出版社《回忆我的父亲刘鸿生》，有删节）

三足鼎立：从竞争到合营

奚安斋*

在水泥行业上，刘鸿生再次祭出"联华制夷"的法宝，华商合营，一致对外。

刘鸿生推销英国人控制的开滦煤，自己也设立煤号做煤炭生意，同时还经营码头堆放煤炭。煤炭出售后，剩下来的煤屑则很少有去路。刘鸿生便动脑筋要解决这个问题。恰巧刘宝余与李翼敬劝刘鸿生办水泥厂，这正合他的心意，因为水泥的制造需要大量的烟煤煤屑。煤屑的用途是磨成煤粉，在烧制水泥时喷入水泥窑中，加强窑内火力的燃烧，使窑内由另一面喷入的土石粉原料结成水泥。

水泥厂每年所用的煤屑数量很大。初办时期，每月生产3万余桶水泥，需要2000余吨煤屑，每年就需要2万多吨。水泥厂创办后，刘鸿生便解决了煤屑的去路。一方面在煤的销售上，可以增加一笔收入；另一方面又可在水泥厂方面取得一笔利润，一举两得。这就是刘鸿生投资创办水泥厂的主

---

* 奚安斋：原华商上海水泥公司襄理。

要原因。

上海水泥厂的主要股东是刘鸿生，张謇也投入一笔资金，至于其他股东，股份很少。股东中大都是商人和买办，他们感到办实业并不如做生意买卖赚钱容易，因此对该厂兴趣不大、信心不强。厂里在初创时期，资金缺乏，几次通过招股增资，结果大家都不肯拿出钱来。董事会几次讨论、议决、追缴，还是不能解决。

韩云根是个买办，又是涌记煤号的经理，手里很有钱。当时华商上海水泥公司请他做总经理，是希望他能向水泥厂多投资，但韩云根所认股份很少。水泥厂开办初期，资金不足，要他来解决资金问题，他便不愿意而坚决辞职不干。最后，刘鸿生不得不亲自出任总经理。

华商上海水泥厂在长兴县采运灰石，经常受到长兴县政府的压榨和迫害。起初是强征运石船捐，其后又借建设为名，强征青白石捐。稍不如意，竟至拘人扣船。公司向浙江省政府的财政厅和建设厅上诉，但该两厅又互相推诿，经过多年的交涉，后来才由当时的财政部电省饬令撤销。

但是，长兴县政府仍不甘心，竟别生枝节，认为水泥厂开采灰石，应该援照当时的"矿业法"照缴矿税。其实所谓矿业法里，根本没有列入这种石料。经向当时的实业部据理力争，才由部另订"土石采取规则"作为依据。此后，长兴县政府又企图对运厂灰石征收青石山出产捐并勒缴营业税，也都经过不少周折才没有实行。

上海水泥厂从德国聘请来的技师，待遇很优厚，比本国技师的待遇高得多。可是他们的技术并不太高明，都不是好的技术人才。他们来厂后作威作福，自恃是洋人，有本国使领官员撑腰，常常仗势欺压职工，不受厂规的约束，不听厂方的指挥，甚至动辄打人。马礼泰到德国买机器，毛病很多，买来的机器，所有配件，别处买不到，非到原来的德国厂家去买不可。这样就使厂里的机器修配工作非常被动。他在德国订购机器时，弊病很大。他是同刘宝余一道去的，他们在来水泥厂之前，彼此已非常熟悉，所以容易下手。总之，聘用德国技师的结果是，成绩很坏，毛病很多。后来停职的停职，解雇的解雇。当时华润泉对聘用外籍技师这样说过：工厂聘用一个外国技术人员，如同在厂内开辟一处"租界"，厂中所定的一切规章制度，外国人可以置之不理，使管理的人遇到许多麻烦。

国内市场，如果没有外货的大量倾销，国产水泥在国内的销路是没有问题的，同业间也不会发生剧烈的跌价竞争。可是，欧战后外货又大量涌进来，国内市场几乎被占去一半，中国的水泥销路便遭到严重的阻碍。由于大家都要设法打开自己的水泥销路，就不免发生剧烈的竞争。市场销路越差，竞争也就越厉害。因为外货采取跌价倾销政策，中国水泥业不得不被迫跌价；一跌价，首先遭到严重影响的就是本国的同业。外国水泥厂资力雄厚，规模大，华厂斗不过他们。可是本国同业，几家较大的厂彼此实力相差不是太远，一遇到市场情况不好，就容易竞争起来。上海水泥厂建成出货时，水泥市场情况已不很好，因此一开始就碰到启新洋灰公司的剧烈竞争。

上海水泥公司因厂址不在石山附近，制造成本比他厂高，这是吃亏的一点。但在销售上，与他厂在上海市场竞争，却占有一些有利条件。第一，因厂设在上海，货品在本市出售，可省去一层运费。第二，象牌水泥的质量在合格标准之上，由于货色较好，颇受一般用户欢迎。

象牌水泥的销路，主要是在上海，大约占总销量的四分之三；其余四分之一销往外埠。象牌水泥在上海的销额，约占上海市场水泥总销售额的三分之一左右。联营后，除在联营区域规定销额比例大于启新外，在上海市场上，也还是占优势地位。

华商上海、启新、中国三水泥公司组织联营，在一定的意义上说来，是具有垄断性质的。因为当时中国的水泥厂就是这三家规模最大，它们一经联合，也就完全能左右中国水泥的价格。可是在那时候，中国市场上还有外国水泥在销售，特别是日本水泥正在跌价倾销。这样，三公司想通过组织联营进行垄断，又显然是有困难的。记得华商上海、启新、中国三水泥公司曾向上海公共租界工部局投标供应水泥，价格已跌至成本之下，虽曾得过一次标，但结果还是竞争不过日本水泥，以后由日商得标。不过，三公司的联合，在抵制外国水泥在华倾销方面，无论如何，总比各自为谋来得有力量。

（原载上海人民出版社《刘鸿生企业史料》，有删节）

中华码头的得与失

霍达生[*]

　　1918年间，刘鸿生开始创办码头堆栈事业时，上海沿黄浦江两岸的地段，几乎都被各帝国主义者占有了，特别是浦西的沿江地段，已经没有插手的可能。因此，刘鸿生在上海所经办的许多码头堆栈，都只能设在浦东。

　　上海的码头堆栈业，在浦东和浦西是有很大差别的。货物贮存在浦东，货主要多花一笔上下力费和驳运费，才能将货物运到市区销售或应用。所以，上海的货主都不愿意将货物堆存在浦东。

　　刘鸿生所经营的码头堆栈事业，在上海码头堆栈业中是占有一定的比重的，特别是在上海华商码头堆栈业中，它的规模算是最大的了。

　　码头离市区的远近，对码头业务是有一定影响的。一般地说，如果码头在黄浦江上游，潮涨时，船随潮而上，到码头装货完毕，潮退时，船再随潮运货回市区，这就是适当的距离。但如果码头在上游而与市区距离较远，在涨潮时船随潮而上，到码头待装货完毕，退潮时间已过，或再一次涨潮又来了，这时装满了货物的船，势必要在下一次退潮时，才能随潮回市区。这就

---

　　*　霍达生：原中华码头公司周家渡码头副主任。

延长了载货时间，增加了驳运费用。义泰兴董家渡南、北栈虽然都在浦东，不如在浦西的好，但从它与市区的距离来说，却是很好的。一潮水以内，就可以运货来回一次。至于周家渡码头，不仅地处浦东，而且与市区距离远，一潮水以内，货船不能来回一次，所以不为货主所欢迎。此外，周家渡码头原是一个芦滩地，刘鸿生买下这块地皮后，将地基垫高，建成码头，投下的资本倒不少。因为该处地位容易淤塞，码头赚的钱大多用于码头河道的浚疏了。而且，该处虽然设有三个码头，但不能停靠大船，其中有一个码头在退潮时成了烂泥滩。看来，这是刘鸿生所办事业中最失败的一项。

（原载上海人民出版社《刘鸿生企业史料》，有删节）

中华工业厂：一次失败的尝试

林桂庆[*]

中华工业厂创办于1919年间。当时采取有限公司形式，向各方面招集资本5万元，每股为100元，共分为500股。后来随着厂的范围的扩大，资本增加到40余万元。公司组织有董事9人、监察4人，首任总经理为林桂庆，董事长为林宝琛。起初生产花边，后来也织造绨葛等匹头。

刘鸿生同我是圣约翰的同学，在开始时仅投资5000元，作为50股。刘吉生也投资5000元。1927年前后，刘鸿生曾打算把他在日晖港买来的旧织呢机作价投到中华工业厂。但后来没有实现，他用这些机器去办章华毛纺厂了。初期，刘鸿生对厂里的事务很少过问，刘吉生过问得较多。

中华工业厂工人多是从湖南、上海、镇江等地贫儿院招来的。厂里工人最多时，曾达700多人。在1927年间，因向日本和德国购进绣花、织花边等机器，所以也聘请日本和德国技师各一人来厂，教一人使用机器。外国人的薪水很高，日本技师一个月要300元，德国技师则要500元。

由于中华工业厂经营范围不断扩大，历年又多亏损，资金缺乏。所以在

---

* 林桂庆：原中华工业厂总经理。

1929年左右，惠工银团才派张嘉甫、张晋峰、竺省三等代表来管理中华厂，并进行改组。

所谓惠工银团，即在该厂原有董事中，各人另外筹集些资本，以抵押方式借给中华工业厂。惠工银团由刘鸿生担任主席。由于谢培德等对中华工业厂想抓权，大家闹意见，所以我在惠工银团改组中华厂时就退出了。这实在也是一种大鱼吃小鱼的勾当。但是惠工银团也没有把厂办好。

（原载上海人民出版社《刘鸿生企业史料》，有删节）

发起中国企业银行

方祖荫

　　刘鸿生认为，他赚的钱放在银行吃低利息，贷款要付银行高利息，等于给银行打工，干脆自己办个银行。

一、从办工厂到办银行

　　刘鸿生，浙江省定海县人，生于1888年（清光绪十四年），肄业于上海圣约翰大学。1909年到英商开平（开滦）矿务局当职员，负责煤炭推销工作。他吃苦耐劳，勇于开拓，经年累月在上海和京沪、沪杭铁路沿线大中城市到处奔波，推销开滦煤炭，打开了销路。1911年24岁时，被提升为买办，人称"煤炭大王"。后来为提倡国货、抵制外货，立志创办小型工业，为实业救国做出贡献。

　　刘鸿生首先创办了鸿生火柴厂，后来又创办了水泥、煤球、毛纺、煤矿、码头、仓库等工矿企业，大小数十家，20世纪30年代初，总投资额达400多万元。他在经营这些企业的过程中，同整个中国民族工业资本家的命运一样，遇到许多挫折和困难。特别是在1927年，世面谣传刘鸿生经营的企业资金周转不灵、濒临倒闭，从而使他对资金问题产生极大的关注，认识到金融业的借贷关系与兴办工商企业有着密切的关系。他曾说："吃银行饭的人最势利，当你需要款子的时候，总是推说银根紧，不大愿意借给你；即使借给你了，因为利息高，自己所得的利润大部分变为银行的利息，而且到期还催得很紧。"又说："希望自己能拥有一个金融机构，以免仰人鼻息。"还说："开办银行的另一个原因，是想吸收游资，以充实企业资金的来源。"这些想法是刘鸿生从企业资金运转困难的实际问题中得出的结论，也是创办中国企业银行的动机和缘由。

当时政府规定，创办商业银行，只许采取股份有限公司的方式。中国企业银行开办时，资奉总额国币200万元，实收半数，即100万元。其中刘鸿生投资92.6万元，连同他的弟弟刘吉生在内，投资总数达97.5万元，占总股份的97.5％。其余都是挂名性质的零星小股东，包括几位银行头面人物，只是象征性而已。刘氏投资比重如此之大，在银行界是少见的。

二、要有一个好的牌子、房子、班子

1931年初，刘鸿生找到圣约翰大学老同学叶起凤谈起创办银行的设想，叶当时在宋子良主持的中国国货银行任职，懂得金融业经营管理，但感到主持一家私营银行，责任重大，自知心有余而力不足，于是推荐毕业于日本早稻田大学、在上海商业储蓄银行工作的范季美担任经理，叶任协理。刘鸿生接受了叶的意见，于1931年4月11日成立筹备会，由马竹亭任主席委员，由陆荫孚起草规程，范季美、叶起凤负责具体筹备工作。

中国企业银行的名称是范季美根据英文名称Development Bank of China翻译过来的。那时"企业"二字刚从日本转译过来，国内很少使用，银行用此命名颇觉新鲜。刘氏认为，作为一个商业银行，亮出一个有气魄、有新意的牌子，对于今后业务的发展和信誉的建立，具有十分重要的作用，这是刘鸿生办银行的第一个指导思想。

中国企业银行于1931年11月12日正式开业。由刘鸿生任董事长；马竹亭、张公权、徐新六、胡孟嘉、吴启鼎、张文焕、陆荫孚、华润泉为董事；林兆堂、唐少侯、戴耕莘为监察；范季美任经理；叶起凤任协理。银行设在刚竣工的四川路6号（现四川中路33号）八层办公大楼底层的南大厅。大楼正门上刻有"中国企业银行"六个大字，人们称之为"企业大楼"就是这个来由。办商业银行要有一座像样的房子做门面，以利于树立信誉、争取客户、吸收存款，这是刘鸿生办银行的第二个指导思想。

他的第三个指导思想是，要办好一家私营商业银行，除了经、协理外，还要有一个得力的班子，包括中层和下层职员。中国企业银行创办初期，设有会计、出纳、往来、总务四个主任和储蓄部主任，全部职员只有30多人。这些职员主要来自三个方面，一是从上海商业储蓄银行、中国国货银行等老银行请过来，如夏高翔、叶熙明等；二是工商界上层人物介绍来的，如秦伯厚、汪亚新、颜吾清等；三是从中华职业学校、上海中学等高中毕业生中招考来的。这个班子比较精干得力，服务态度较好，加上刘鸿生在工商界的名气，因此业务蒸蒸日上，往来存款、储蓄存款每年有较大发展，在新创办的商业银行中，可以称得上佼佼者。

三、重视"跑街先生"在商业银行的作用

中国企业银行在创建初期，有三位"跑街先生"（即外勤营业员）。他们是陈承宗、葛永祺、陈平甫，都是从其他商业银行调来的，手里都有一批

工商客户关系，有的有相当资力和业务范围，有的是行业性客户。如陈承宗联系花纱布、粮油等行业，葛永祺联系呢绒、纸张、木材等行业，陈平甫联系五金等行业。这些工商户，既有生产单位，又有批发商和进出口商，还有零售店。中国企业银行经、协理对待跑街先生很重视，有职有权，放手让他们开展业务。主要任务，一是大力吸收存款，凡是知道有存款条件的客户，即作为联系重点，不惜每天去拜访一次；二是同往来户商定一定数量的透支额度，平时就将多余资金存入银行；三是以相当数量的物资、房地产、证券等做担保，做抵押借款。这种借款数额大，时间短，周转快，有放有存，收支灵活。从每一位跑街先生来计算，都是存款多于放款或者基本平衡，很少有倒挂现象。这样就能保证银行借贷资金基本平衡，并能有充裕资金，可以供急需借款的客户解决燃眉之急，既增长了与客户之间的鱼水之情，也树立起较好的信誉。

作为一个跑街先生，需要具备一定的条件。一是熟悉银行本身的业务，特别要注意市场头寸紧缺和多余状况。二是熟悉有关工商企业的生产活动和经营情况，有一定专业知识，有时能起到交流信息和参谋作用。三是为人正派，与往来户有较长时间的交谊，说话算数，工作踏实。四是有为工商客户服务好的决心，凡是银行能做到的事，要尽力而为，特别是工商客户遇到特殊困难或特殊问题时，能助以一臂之力，使业务关系源远流长。五是在跑街先生之间开展业务上的竞争，谁的存款多、放款活，对银行贡献大，谁就会得到荣誉和奖励。

当时有一定规模的工商户，大都与几家甚至几十家商业银行、钱庄建立往来关系。因此金融业同业之间也有竞争。凡是资金雄厚、存款较多或存多欠少的客户，往往是金融业大家瞩目的对象，竭力拉关系，招揽存放业务；对经营不善、声誉不好、长期负债或存少欠多的客户，要注意信息，及时警惕，控制放款额度，或停止放款，防备倒闭受累。对于商业银行的跑街先生而言，工商客户像其衣食父母，既要站在银行的立场，开展正常的业务往来，又要站在客户立场，运用银行的资金和性能，多为客户服务和提供方便。这样，才算得上是一个合格的跑街先生。

中国企业银行的跑街先生，在1942年前后的敌伪统治时期有了一些变化。葛永祺开办长城银行，自任经理，陈平甫任副经理，后来把他们的助手陈涌泉也带走。他们临走前，一再表示与中国企业银行原有的往来客户，继续保持不变。后来中企提任王立中、成声雷、方祖荫、沈祖约等为跑街先生，不仅老关系继续保持良好，又增添了一批新的工商客户，业务有了新的发展。

四、正确处理与刘鸿生有关企业的借贷关系

刘鸿生创办中国企业银行，其目的是为与他有关的工商企业在资金周转方面提供方便，给予支持。从中企创建到上海解放，经历了18年，与刘鸿生有关的工商企业对于中国企业银行基本上按照通常关系保持业务往来，没有发生强加于人的事例。这是因为刘鸿生对待工商企业与对待银行一样，极力主张采取正常的渠道和正常的方法，保持工商资本与金融资本的正常关系。

中企创办时，刘鸿生为解决银行的资本问题，曾以企业大楼房产做抵押，向上海商业储蓄银行借款100万元。中国企业银行开业后，存款业务逐步发展，1932年前，刘鸿生曾多次提出把上海商业储蓄银行的抵押借款转到中国企业银行办理。此事经范季美、叶起凤再三研究，认为中国企业银行的业务基础尚不牢固，1931年末各种存款总额只有187万元，放款91.5万元，资力还不充足，这笔巨额借款转移过来，势必影响银行资金的正常活动，特别是遇到银根抽紧时会发生困难。因此他们建议，仍向上海商业储蓄银行继续抵押借款。刘鸿生体谅银行的苦衷，欣然同意范、叶的意见。此事在中国企业

银行内部传为美谈。

到了1933年前后，中国企业银行存款增加，资力增厚，才商定与上海银行各承担一半。1933年末放款310万元中，刘氏有关企业占186万元，占60%。1936年末放款490万元中，刘氏有关企业占151万元，占31%，嗣后逐年有所下降。

刘鸿生所办的工商企业，大都是生产型或经营型，从事正当业务活动，比较踏实，对于买空卖空等投机活动很少问津。因此，工厂购进原料后，可以原料作为抵押品，产品一时滞销，也可以产品作为抵押品，而这些有关工商企业的业务方向，大都合乎市场需要，产品适销对路，在与国内同业竞争中，能够站得稳，有求于银行做特殊照顾的，次数不多，金额较小，无损于中国企业银行的头寸安排和业务方向。

中国企业银行存款多于放款，如1931年末各种存款187万元，放款91.5万元；1934年末各种存款559万元，放款325.6万元，这样可供调度的资金经常有多余，在银行同业之间，每天拆出多，拆进少，基本上是头寸富裕户，长期保持了稳健的经营方针，深得同业好评。在头寸比较宽裕的时候，早期以低于票面价购进国内公债以博取较高的利息，后期购买国内外股票作为资金的补充出路。如果市场银根趋紧，存款提取较多，而放款一时收不回来时，则抛售公债、股票，充实周转资金。就中企银行来说，在头寸富裕时，并不期望与刘鸿生有关企业来借款，或者以此把其他银行作为蓄水池，只考虑自身利益，不顾别家银行的困难。10多年来，中国企业银行与刘鸿生有关工商企业始终保持正常、良好的业务关系。

刘鸿生创办中国企业银行，原来设想把开滦售品处、码头经理处和有关工商企业的存款集中起来，统筹调度，达到合理使用的目的，但这个设想始终难以实现。因为银行本身没有足够的力量来承担这个艰巨任务，更重要的是各个企业都各有打算，各自有一批银行、钱庄关系，他们顾虑只同中国企业银行独家往来，在银根紧张时，如果中国企业银行不能解决贷款需要，势将迫使各有关工商企业的信用破产，风险很大。因此中国企业银行与刘鸿生所属企业之间，始终保持着各有重点、相互支持，但不完全捆在一起的关系，一直到上海解放。

（原载上海人民出版社《刘鸿生企业史料》，有删节）

116

大华保险：肥水不流外人田

潘学安[*]

1927年，刘鸿生等合资设立了大华保险公司。当时，刘鸿生看到自己的企业财产在不断增加，过去这些企业财产都向国内外保险公司投保，钱被别人赚去了，所以想自己设一个保险公司。当时我在美商经营的友邦人寿保险公司任副总经理，自己也想组织一个保险公司。因此，同刘鸿生一拍即合，大华保险公司由此产生。

最初我和刘鸿生同上海银行陈光甫商议，准备成立拥有资本50万到100万元的保险公司。后来由于陈光甫的上海银行吃了倒账的缘故，大家都拿不出太多的资本，结果只办了一个仅有12万元资本的大华保险公司。资本额的分配是，上海银行投资5万元，刘鸿生投资4.8万元，刘吉生投资1.2万元，兄弟两人合起来为6万元，其他小股为1万元，共计12万元。

大华保险公司资本虽然仅有12万元，但由于我过去在美亚保险公司工作几年，又做过友邦人寿保险公司的副总经理，在保险业务方面，同伦敦和纽约的一些外商保险公司素有联系，因此，大华保险公司成立后，就同国外保

---

* 潘学安：原大华保险公司总经理。

险公司发生往来关系，同它们订立分保合约，凭借分保关系，可以不受资本限制，承受保险业务。除自留额外，其溢额部分可以分转出去。大华保险公司因平时经营比较谨慎，故历年均有盈余。

1936年时，依照国民党政府公布的《保险业法》，大华的资本才由12万元增至20万元，以历年滚存盈余充数。

大华保险公司在刘鸿生所属的企业中，并没有起什么重要作用。一方面，刘鸿生各企业的负责人为了在保险中贪图一些好处，大多向其他保险公司投保；另一方面，刘鸿生所属的某些企业如火柴厂因危险性大，大华为本身业务打算，也不愿承保。只有刘鸿记账房历年曾将刘鸿生的财产及部分企业资产，进行投保火险。

（原载上海人民出版社《刘鸿生企业史料》，有删节）

刘氏企业的扩张

谢培德[*]

在儿子刘念智看来，办实业已经成为刘鸿生的一个癖好，"办了轻工业、纺织工业，又办重工业；办了工业，又办码头、仓库、银行、保险等事业"。

刘鸿生于1906年离开圣约翰大学，时年19岁。离校后，即到当时上海工部局老闸捕房当教员，教外籍巡捕学上海话，月薪40元，大约做了两年。时值上海会审公廨需要翻译，月给65元。他遂离开老闸捕房，去会审公廨当翻译，大约做了半年。他在会审公廨工作中，认识了一些外籍律师，因此又转到意大利籍律师穆安素事务所工作，主要是兜揽诉讼案件，赚些佣金，做了三个月。但是他对这些工作都不大感兴趣，认为这并不能使他有所发展。

刘鸿生担任开滦矿务局买办后，曾与义泰兴煤号进行合作。他之所以要与义泰兴煤号合作，是因为一般用户需用的煤炭，通常是极少只采用一种煤炭，而是需要有好多种煤炭搭用的，否则不但效果不好，而且也不经济。义

---

[*] 谢培德：原华商上海水泥公司营业科主任。

泰兴煤号当时是上海的一家大煤号，经营各种各样的煤炭，有条件将各种煤炭搭配好销售给用户。这一点，刘鸿生是办不到的，因此就不得不借助义泰兴了。至于义泰兴，有了刘鸿生的合作，在经销开滦煤时，当然可以得到很大的方便。

开滦矿务局原来有自备的轮船，从秦皇岛运煤到上海。第一次世界大战爆发后，开滦自备船只被英国政府征用了。因此，秦皇岛码头堆满了开滦煤，无法外运。这时，上海开滦矿务局的洋经理就同刘鸿生商量，开滦煤在秦皇岛交货，由刘鸿生自己设法租船装运到上海销售。刘鸿生陆续租了数十只船，连续运销了约三年，至大战结束，才算终止。

第一次世界大战期间，开滦矿务局规定在秦皇岛交货，煤价每吨约银6两。刘鸿生将开滦煤运到上海，每吨运费大约银3—4两，合计每吨成本银9—10两。而当时上海的煤价每吨约为银14两，所以刘鸿生每运销开滦煤一吨，就可赚银4—5两。他进行这一买卖约有三年时间，估计此时已积累了100多万两银子。

开滦矿务局与刘鸿生签订的合组开滦售品处第一期合同，有效期为五年。在第一期合同将届结束的前一年，即1928年，开滦矿务局又与刘鸿生签订了合组开滦售品处第二期合同，期限增为十年。开滦矿务局之所以愿与刘鸿生续订合同，除对刘鸿生履行合同的情况满意外，还因当时自己仍然无法把开滦煤直接销售给中国人用户，非借助刘鸿生之力不可。同时，刘鸿生与合组公司中的局方代表葛尔德关系搞得很好，这又为续订合同增加了助力。此外，开滦矿务局对刘鸿生肯出让日晖港地产给它建造码头，当然也很满意。至于刘鸿生当时将日晖港地产转让给开滦，那也是出于无可奈何。他明知出让日晖港地产给开滦矿务局，将会影响他自己的码头营业，但是为了要与开滦矿务局保持良好关系，续订售品处合同，就得让它一步。刘鸿生与开滦矿务局的第二期合同，就是在这种情况下订立的。

第一次世界大战期间，刘鸿生大量运销开滦煤，赚了很多钱。同时，他感到，要扩展煤炭的经销业务，非自己设立码头堆栈不可。因为煤炭运到上海后，往往不容易找到码头堆栈。于是刘鸿生就托英商壳件洋行（英商壳件洋行对外挂牌是一家拍卖行，实际上它除了经营拍卖业务外，还兼营房地产买卖、经租、代理土地注册和其他的中间商业务等）经理克拉克觅购码头堆栈，结果先后向外商购得董家渡北栈、南栈。由于刘鸿生是开滦矿务局的买办，不便自己出面经营码头堆栈，遂与义泰兴煤号经理杜家坤合作，以义泰兴北栈和义泰兴南栈的名义，经营码头堆栈事业。

上海燮昌火柴厂是我国早期的民族火柴工业中历史较久、规模较大的一家。它在苏州设有分厂，对汉口燮昌火柴厂则有投资。1924年间，上海燮昌火柴厂因营业欠佳，资金短绌，无法维持。刘鸿生因为与该厂总经理是翁婿关系，又拥有该厂少量股权，所以当时就派我代表他出席该厂的股东会，商讨能否继续经营的问题。会上，我根据刘鸿生的意思，主张燮昌应行清理，理由是：（1）财力匮乏；（2）缺少人才；（3）燮昌、鸿生等厂竞争甚烈，继续经营非常困难。与会其他股东也认为是，决定清理，我被推为清理人之一。刘鸿生遂与周仰山合伙向清理人购得燮昌上海、苏州两厂。燮昌的全部机器、原料、商标悉数由鸿生火柴厂接收，苏州燮昌厂房归周仰山，上海燮昌厂房则转让给别人。上海燮昌火柴厂倒闭，不仅鸿生火柴厂减少了一个竞争对手，而且刘鸿生在伙买燮昌的过程中，还赚了20多万两银子。

上海水泥厂在开办过程中，由于对工程设计等估计不足，所以原定资金不敷应用，且相差甚巨，按最初估计只要100万元，结果要用360万元，需要增加两倍以上。当时刘鸿生在水泥厂投资最多，是一个大股东，约占全部股份的百分之五六十，筹建中既已花了不少钱，故中途欲罢不能。刘鸿生最后只好担任总经理，继续干下去。

贾汪煤矿公司由于公司经营不善，陷于停顿，有人介绍由刘鸿生接办。

刘看出售品处合同期满后不会继续，又夙知贾汪煤矿很好，如将贾汪煤矿接手办理，售品处合同期满取消后，他仍能经营煤业。因此他同贾汪负责人协商，协定合组华东煤矿公司。规定资本160万元，刘鸿生投资80万元，贾汪煤矿公司以全部矿产作资80万元，一共160万元。所有董事和监察人，刘和贾汪股东各推半数。刘组织惠工银团，贾汪旧股东以所执华东股票80万元，再向惠工银团抵借30万元，贾汪所推的半数董事由银团推举二人。这样事实上，华东的董事多数由刘鸿生指定。刘鸿生聘请前浙江公路局局长程韦度担任华东总经理，他本人由于经营开滦煤的关系，不便担任华东的任何职位。

（原载上海人民出版社《刘鸿生企业史料》，有删节）

刘鸿生的投资之路

陈宝琪[*]

> 刘鸿生的事业遍布各个行业，他便早早地萌发了一个想法：
> 把刘氏企业合并成为一个托拉斯组织。

刘鸿生的祖父刘维忠，曾在上海宝善街开设过戏院——丹桂茶园。他的父亲刘贤喜号崧珊，做过招商局的轮船买办，走上海—温州线。死后，轮船买办职务由刘鸿生的哥哥刘菊生继任。刘家境况本来不差，但到刘鸿生时已经中落。曾听他讲过："银箱中只存当票，不藏银洋。"因此，当他在圣约翰大学读二年级的时候，还未读完上学期，就中途辍学，另找谋生途径。

刘鸿生的投资

刘鸿生于1919年，以31153.58两银子在南京下关九夹圩地方购得码头基

---

[*] 陈宝琪，原刘鸿记账房秘书。

地。基地面积计地1750.43方（1935年办理土地登记，当时统计面积共为52亩3.75厘），后建造码头。1929年正月，刘鸿生将其全部，计地1750.43方及新滩、房屋、码头等一应在内，租与南京生泰恒煤号，每月租金500元，阴历闰月照加，分6月底、12月底两期缴付。租期自1929年正月起，三年为限，期满得由生泰恒尽先续租。

1930年，刘鸿生将其外埠各经销机构的股权转让给开滦售品处，因此原由南京生泰恒租用的南京码头，遂归开滦售品处租用。与此同时，刘鸿生又将其过去购得的"之江"轮船改成趸船，装置在南京码头，亦租给开滦售品处。每月租金由500元改为1500元。

刘鸿生购买日晖港地产时，其本意不在办厂，而在于增辟码头。由于同时买下原地上的中国第一毛织厂，因而有开设毛纺织厂的打算。随后，他把日晖港地产转售给开滦矿务局，将原有毛绒厂的厂房机件拆迁到浦东周家渡，开设毛纺厂。该厂原名裕华，后因与外地已注册的厂家同名，遂改名为章华毛绒纺织厂。

章华毛绒纺织厂是刘鸿生独资经营的。当时在股东名单上有许多股东，除了刘家的人以外，还有外人。但外人名下大都只有五股或十股，而这些股份，实际上都还是刘鸿生的。他只是为了要把章华组织成为股份有限公司，需要聘选董事，所以把自己名下的股份分出一部分，列在别人名下作为董事股。这些股份的实际所有权还是刘鸿生的，别人不过是挂挂名而已。

华东煤矿公司是由刘鸿生投资把贾汪煤矿公司接过来而组成的。当时刘鸿生以惠工银团的名义，组织新资本团，投资80万元。

由于刘鸿生那时还担任开滦售品处经理，碍于同开滦矿务局的关系，避免同样生产烟煤的两矿发生矛盾，所以在组织华东煤矿公司时没有亲自出面。他出了资本，而请和自己关系密切的李拔可、曹雨塘、华润泉、谢培德、徐静安、江山寿、程韦度等人做发起人，并委托华润泉、陆荫孚、王建训等人出面担任董监。

刘鸿生随着苏州鸿生火柴厂和上海水泥厂的创办，展开了广泛的投资活动。当然，其中有不少是别人看他有钱，拉他入股的，但是他本人也愿意这样做。有些投资，是由于创办工厂而附带投资的。例如，由于在苏州创办鸿生火柴厂，因而对苏州电气厂和苏州华盛纸版厂、上海炽昌新牛皮胶公司等也进行投资。由于经营工商业同运输业关系密切，因而对轮船运输业也进行投资，如对舟山轮船公司、宁绍商轮公司的投资等。

抗日战争期间，刘鸿记账房曾投资组织了一家小型地产公司，取名"宏业"，意即刘鸿生的产业[①]，由刘念仁主持。宏业地产公司组成后几个月，刘念仁得悉在谨记桥堍有块地皮要出售，同时又听到五洲药房打算在那个地段设立制造厂，于是他就设法买下这块地皮，以便日后再以高价转让给五洲。但当时宏业的资本很小，刘念仁个人的资力亦有限，因此他就去与元泰煤号商量，建议由宏业、元泰及他本人三方面合资购买，元泰同意，于是就以"洪源盛"的名义购进这块地皮。"洪"指宏业，"源"指元泰，"盛"是指刘念仁。地皮购进后，刘念仁又去找他的岳父颜福庆，请颜帮助他高价脱手。颜是当时五洲药房的负责人，结果五洲就以高价向洪源盛购买了这块地皮。经过这样的一转手，洪源盛就获得了巨额利润，同时宏业的境况也由此好起来了。

---

① 宏业地产公司不仅买卖地产，还经营股票、美钞、黄金等投机活动。根据该公司1945年9月底止的资产表所示，除了拥有共和路等处地产11处、价值伪中储券48590173元外，尚有华商、外商股票计值伪中储券12718313.24元及美钞、美汇8500元，黄金10余两等。

社会联系广泛

刘鸿生的社会交游很广，由于他是一个著名的实业家，所以被人邀请参加的组织也很多。在社会活动中他担任了许多名誉职衔，有些是由于投资或捐款的关系，挂了个董事或理事的名衔。他自己在定海办了两个学校，一个是定海中学，一个是定海女子中学。此外，他还担任圣约翰大学等校的董事。

他对圣约翰大学特别关心，几次捐款建筑校舍。他的许多重要社会关系都是由圣约翰大学的关系而来的。在1922年，为便于圣约翰大学同学的联络，就创设了梵皇渡俱乐部，担任会长。他经营的许多企业，需要大批帮手来协助经营管理。因此他就尽量利用圣约翰大学的同学关系，拉拢许多同学参加到自己的企业中来，担任重要的主管职务。如吴清泰主持上海水泥厂，林兆棠担任章华毛纺厂会计主任，范季美、叶起凤担任中国企业银行经理、襄理，黄锡恩担任中华煤球厂的经理，以及王建训、马德泰等人都在各企业中分任重要工作。

不过这个俱乐部后来改变了，参加的人已不限于圣约翰同学，很多有钱的大资本家也都参加进去。其活动内容也变了，不只是像过去那样招待同学住食，而是什么都有，如赌钱、喝咖啡等都有了，刘鸿生也没去多加过问。

谈到俱乐部活动，刘鸿生在1932年还参加壬申俱乐部，以便于进行联络、交流情况等。据我所知，这个俱乐部的成员，都是金融界的主要人物，如张公权、秦润卿、陈光甫、徐新六等。

此外，他还参加过扶轮社，为社员。这个社，中国人、外国人都有，每个行业都有一两个人参加。每星期举行聚餐，以便大家交换意见。1930年前后，刘鸿生还担任过联华总会会长，也是中国人外国人都有的一个俱乐部组织。

至于参加的其他组织活动，记得在1925年他还参加中日联谊会，后曾担任该会董事；1930年担任中华工业总联合会委员长和中国工商管理协会常务理事；1932年被聘为国民党政府全国财政委员会常务委员和军事委员会国防设计委员会委员；1936年参加发起中日贸易协会并当选为常务理事。其他如红十字会副会长、上海煤业公会主席等也都担任过。

兴衰刘鸿记

刘鸿生自第一次世界大战时期用刘鸿记名义推销开滦煤以后，刘鸿记就逐渐成为刘鸿生的私人账房，替他管理财务收支，调度家用款项，草拟对外往来信札。后来，刘鸿生盖起了一座企业大楼，刘鸿记又负起经营和管理这座大楼的责任；同时，还办理过一个时期的存放款业务，1934年至1935年间由于刘鸿生遭遇财务危机，存放款业务才宣告停办。

抗日战争期间，刘鸿记由刘念仁主持。他为了替刘鸿记开辟财源，经营过一个时期的煤炭生意。后来，看到市场投机买卖利润高，又用刘鸿记和他个人的名义同颜福庆组织宏业地产公司，经营地皮买卖，此外还做黄金、外币及股票的投机生意，赚了一些钱。这期间，刘鸿记还利用通货膨胀的机会，替刘鸿生还清了在战前向浙江兴业银行所借的全部贷款，向邮政储金汇业局借的款项也趁机还了一部分。

抗日战争快结束时，刘念仁曾经打算由刘鸿记准备一批现金，协助战后刘鸿生各企业恢复生产。但是，抗日战争结束后，刘鸿记在这一方面并没有什么作为。原因是：一方面它虽然有了一点钱，但为数不大，派不了什么用场；另一方面各企业自成系统，各自设法复业，没有向刘鸿记要求资助。刘鸿记在对外资金运用方面，只是继续利用通货膨胀的时机替刘鸿生还清了邮政储金汇业局的借款，此外就再没有做过别的事。

抗日战争结束不久，刘念仁把买进的一些地皮相继卖了出去，用心去经营他个人办的药厂和化妆品厂。因此，宏业地产公司无形中停歇，剩下的几千元资金后来存进了中国企业银行。刘鸿记从此就不再经营对外业务了，只是收取企业大楼的房租而已。总之，抗日战争结束后，刘鸿记的规模是逐渐缩小的，除了收房租为刘家张罗一部分家用和替刘家草拟一些信件外，就没有做过其他的事。职工减少了，有的调到中华码头公司等企业去工作，有的离开了，剩下的几个人也只是维持现状。这种局面一直到1949年上海解放，也没有改变。

（原载上海人民出版社《刘鸿生企业史料》，有删节）

附

国产水泥业乘机发展

王澹如

近年以来，中国对于水泥之需要，日增月盛，诚为空前之事。推其增加之原因，不外城市之改良与工商业之发达。当欧战前，中国所用之水泥，一半来自欧洲，一半则产自水泥厂之在国内及其（他）附属地者。其主权有属于国人，有属于外人。欧战发生，欧洲之供给，忽然完全断绝。水泥之需要现象，公然表现于国人。国内实业家及一般有识之士，目睹此种情景，乃乘机建议，相继提倡组织水泥公司，以谋极力扩张中国之水泥事业焉。

中国之水泥事业发轫于19世纪之末。其设立最早者为直隶唐山之启新洋灰公司。欧战之前，国内水泥制造厂主属于国人者仅三，即启新洋灰公司、湖北大冶之湖北水泥公司与广东广州之广东士敏土厂是也。此三厂年产额约共165万桶，以之供给历年之需要，实有不足，故缺额多由日本、意、德诸国及香港之绿岛（即青洲）水泥公司输入。

欧战发生，德国之供给断绝。中国水泥需要方面，顿受一大刺激。于是一般资本家及实业家乃相继设立水泥公司，以应国内之需要。综计近数年来，国内之设立水泥厂者，计有四处，其中三者在江苏省，即上海龙华之上海水泥公司、龙潭之中国水泥公司与无锡太湖水泥公司是也。此三厂设立之目的，在供给上海及邻近各大城市之需要。其余一厂，则在河南之六河沟。其他尚有少数之小规模水泥厂，虽已组织完备，唯资本则多未招足也。

（原载于1927年第6卷《钱业月报》）

百年中國記憶
BAINIAN ZHONGGUO JIYI

第五章

转折：国事虽艰，砥砺而行

"不抵抗政策"是自杀政策

刘鸿生

无疑地，你们一定会时刻注意到报纸上所记载的关于1月29日以来在上海发生的事件。或者你们已看到在"一·二八"事变后，我所写给你们的一封信。在这以前，我们曾想尽方法使问题能得到和平解决。彼时日本的要求，确使我们很丢脸。但是我们在这紧急关头，仍旧希望维持和平。我们已经答应了那些苛刻要求，并且日本总领事已认为满意而予以接受。但是日方心怀恶意，他们嘴上一套而心里又是一套。在他们的眼中，国际联盟不过是骗人的集会，而国际公法也只是一张废纸。他们以为自己强盛而可以恃强凌弱。但是，暴力可以取胜吗？强权可以打倒公理吗？第一次世界大战已经给了我们回答。

日本人的信用不过是徒托空言。因此，他们尽管已经满意地接受了我们所承认的条件，但还是公然向我们开火。显然，日本人的唯一企图就是制造纠纷。我们至今一直是采取不抵抗政策。但是，这是自杀政策。我们是斩去四肢以救躯体。我想施肇基博士会告诉你们，由于不抵抗政策的软弱无力，他在日内瓦国联常会中就无法使这个机构按照国际公约的原则，采取丝毫的公正步骤。当各国在巴黎开会时，日本曾收买并贿赂那里的新闻记者来报道我们的事情。他们报道说，我们政府和军队的风气都已腐朽透顶，不堪救药。并且说，在满洲的每次冲突中，日军死者不过三四个人，而我军阵亡每达几百之多。当然，在列强的头脑里，认为中国作为一个国家来说，是不存在或者不应该存在的，这并不足为奇。

但是，我亲爱的孩子们，我们现在已经在世界上证明，我们的民族精神是生存着，并且将永远生存下去。如果我们继续奉行不抵抗政策，那么我们的国家就要沦为奴隶地区。但是我们已经被迫进行武装抵抗。我们已经认识到，我们不能，也不可能希望别人为了正义和公平来挽救我们。救国一定要靠自己。这次武装抵抗必然要付出巨大代价和牺牲，可是为了国家民族，这是最好的政策。

我们的军队士气过去是被低估了，日本人以为在三小时内就唾手可得闸北，但事情并不是那么容易。我们知道他们有较好的武器，并经过良好的战斗训练。日本人用飞机对平民住宅投掷炸弹，用重炮轰击闸北和吴淞口。到现在，日军虽不断进攻，但迄未获得一寸的进展。日军的失败主要是由于他们站在错误的方面。他们对我们的平民的凶暴、野蛮，使他们的罪恶目的无以得逞。

我们希望胜利永远是我们的，因为我们站在正义的方面。

（1932年2月14日刘鸿生致留英诸子函，原载上海人民出版社《刘鸿生企业史料》，有删节）

我们在黑暗中摸索

刘鸿生

此地营业情形，每况愈下。自从宋子文部长辞职后，政府公债行市大跌。除非筹划有效方案，改组政府财政，否则这一跌落趋势将无法停止。近来福建发生的事件（指1933年11月，国民党第十九路军将领蔡廷锴等联合国民党内李济深等一部分势力，公开宣布与蒋介石破裂，在福建省成立"中华共和国人民革命政府"，并与红军成立抗日反蒋的协定），以及叛变者的截留国库收入，使公债行市更加跌落。由于政治上的动荡，金融市场更加紧迫，贸易陷于停顿状态。

中国现已陷入企业危机之中。缫丝工业和棉纺工业尤为困难。在上海的115家缫丝厂中，现在只有15家开工。棉纺工业也处于危殆情况，在过去几天当中，纱价狂跌。丝商和棉商都在请求政府设法维持。

我的各项企业，同其他企业一样，也遭受很大损失。火柴公司本年由于跌价竞销关系，以致毫无利润可图。常年盈利很高的水泥厂，今年盈利不会超过去年的一半。今年已经是够坏了，但是根据我的观察，1934年比今年更要坏。

我敢说，我不是一个悲观主义者，但在经济方面没有一样能使我乐观。

我们确实是在黑暗中摸索，并且丝毫不知道这个黑暗路程何时能够走完。为了在危机下挣扎，我不得不更加尽力来经营我的各项事业。因此，我感到用脑过度、精疲力竭，而迫切需要我的儿子们的帮助。

（1933年12月2日刘鸿生致刘念仁函，
原载上海人民出版社《刘鸿生企业史料》，有删节）

不把鸡蛋放在一个筐子里

刘鸿生

亲爱的念孝：

我现在告诉你我们在上海的企业情况，但你不要因此而感到震惊。

这些企业毫无例外地正在经历一个十分危急的时期。居民购买力的低落，政府政策上的举措不定，特别是财政政策的动摇不定，是使工商业达到今日地步的主要因素。我只是被当前危机所困累的千万人中的一个。

但是，我还没有被拖入到绝对不可挽救的地步。相反地，如果在最近的将来能有一个转机的话，我对于我们的企业恢复，还抱着一个很大的希望。保证我家应付严重危机的另外一个因素是：我并没有让我所有的鸡蛋都放在一个筐子里，那就是说，所有我的资财都是分开投资的。如果一个企业组织亏损了，其余的还可以赚到大量利润。总体来看，在收支差额上还会表现出一种盈余的情况。

但是我现在感到最恐慌的是，缺乏现金。我无法使我们的营业能提供我迫切需要的款项。企业的衰落，到处都感到这种困难。趋势所至，在当地银行界造成一种人为的恐慌，突然地硬行收缩它们对于企业组织以及私人的放款。这样，当然使矛盾愈加恶化，结果几家有名的厂商被迫宣告破产。上海几家有势力的大银行亟须迅速改变政策，整个中国工商业的前途赖此一举。总之，没有工商企业，一个银行就不能长久存在；没有银行，工商业也就要归于毁灭。

（1935年9月11日刘鸿生致刘念孝函，
原载上海人民出版社《刘鸿生企业史料》，有删节）

在川筹设新厂

刘鸿生

昨晚接到本月16日来信，提及余年晚，不应再行发展内地实业工厂事，今复如下。……在现在情形之下，若用雄厚资本去发展内地工厂，非其时也，亦无力也。我家维持平常生活则可，欲进行大实业则无此财力，心有余而力不足，毋须明言矣。目下在此进行二厂，详述如下：

（一）重庆华业火柴厂之进行，实因大中华内地有原料，若不购厂、租厂或与他厂合作，则原料被劣人抢夺。非将原料做成火柴、售出得钱不可。又因四川尚用黄磷火柴，有害生命，每年应用黄磷及制造黄磷而毒死者不在少数。大中华技师能造无毒磷，来代黄磷火柴。非但能谋利，而可救无知之愚民，事不宜辞，故而进行之。

（二）筹备四川毛厂。现在国内纱厂因战事被毁者有之，损坏不能开者有之，未损失而不能开工者有之，因此纱价高昂，而内地交通为难，在重庆每磅棉纱须售二元以上。四川嘉定（即现名乐山地方），出口羊毛，由西康运来，每年产量在二万至五万担，牧羊200万头。目下交通不便，运输高昂，羊毛无人顾问。西康农人在短时间内若不能将羊毛售出，则杀羊售皮吃肉矣。200万头产毛之羊杀尽了，非三四十年不能产生多数的羊，西康农民须冻饿三四十年。反顾纱价每磅二元之高，可知川人缺乏衣料。

为此，余留港之初，即电召章华程年彭君带技师来此讨论毛厂事。经彼等详细核算，购外国新机、用四川羊毛纺成毛纱，每磅成本只有一元，比棉纱价廉物美。事实可办，唯缺少资本。章华之财力只能出资25万元，开厂须要资本100万元，流动金100万元。在重庆时，流动金由当局担任，利息长年六厘，唯尚少资金75万元。到港后谈及此事，友人欲投资者数人。现已向外国询问机器价目，若价不昂，有人肯投资，有银行肯给毛厂流动金100万，方可进行。若不能一一照办，余即停止进行，决不冒险在晚年再做后悔的事。

请你放心。恐有误为会，特此详述。

（1938年9月24日刘鸿生自香港致妻叶素贞函，
原载上海人民出版社《刘鸿生企业史料》，有删节）

请求政府救济实业请愿书

刘鸿生 等

窃以比年以来，金融枯涩，白银外流，百业凋疲，生产日减，使长此不知救济，则经济总崩溃，殆成不可避免之势。……唯全国经济生命所系之各项实业，则仍以缺乏周转资金，濒于危殆，生产日减，以致入超日增，尚未蒙政府予以救助。倘仍请由实业界人自为谋，如前之日乞怜于银行之门，则我国内之银行，类多商业组织，每以资力不足，未能从事于实业放款。且事实上即使稍有通融，亦多以所产之货品担保为度，而不愿接受不动产之借款，则各工厂之大部分固定资产，仍未能充分运用。在此种情形之下，不唯企业家日陷苦境，即社会上亦无形减却不少资本，生产安得而不萎退，入超安得而不激增？循其结果，则此革新之币政（指法币改革），又安得而不动摇。

故为救实业以救国家计，当此政府财力集中、信用已树之际，亟宜筹设特种金融机关，由政府主持其事，略仿各国工业兴业或劝业银行之制度，专事救助实业。即以实业家所有之固定资产为放款之抵押品，并长期薄利，以应其需要。一面由中央银行减低市面利率，并设法收回高利之债券，俾资金不至集中于债券一途。

如此则国内事业，方有转机，国际贸易，庶可平衡。否则，生产不振，政府虽停兑以期均衡汇兑，然入超仍自入超，究有何裨。且因实业衰敝，必至失业愈众，社会愈难安定，国家税收，愈见短绌，而国本前途，亦愈危险。或谓政府此举，系集中实力，统一金融之方策；至通货之发行，则仍应有法定之准备，以固政府之信用。若增发通货以充资本，既无准备，即无异膨胀通货，势必促成币值跌落，物价高抬。不知通货之收发，须视市面之供求，如增发通货以生产，则通货为生产事业之资本，生产事业之资产，即为增发之间接准备，币值自不致跌落。欧美各国，先例昭然。况他日产量增益，国家税收亦必因之而增进。一举而备数善，政府又何乐而不为？

兹综厥要义，约为二端。一、请政府迅设特种银行，或先由中央、中国、交通三行立拨巨款救助事业，以便各事业家得以充分运用所有之资本。二、请中央银行减低市面利率，并设法收回高利之债券，以奖励一般国民投资实业。事机危迫，急盼鸿施，万一坐失时宜，恐至无可挽救。

（1935年11月刘鸿生与虞和德、荣宗敬、郭顺、聂潞生呈蒋介石
等"请求政府救济实业请愿书"，原载上海人民出版社
《刘鸿生企业史料》，有删节）

颠沛流离渡抗战

刘念智

刘鸿生从冥思中惊醒过来，叹了一口气，愤愤地顿足道："宁为玉碎，不为瓦全！"他毅然离开上海孤岛，向香港进发了。

一、形势逼人，忍痛离沪

"九一八"以后的六年，日本军国主义挑起了"七七"事变，向我国全面进犯。再一个月，淞沪战事爆发，敌人向上海猖狂进攻。民族存亡，已到最后关头。抗战风暴，席卷全国。每一个有觉悟的中国人，都将在无情的炮火中接受考验。

当时刘氏工厂多在敌我交战地区。物资的搬迁，人员的调遣，都亟待部署。我父亲在业务十分繁重的时候，担任了中国红十字会总会副会长兼上海市伤兵救济委员会会长职务。前线伤兵大量涌来，救死扶伤工作急如星火。父亲立即叫我摆脱一切业务，以红十字会英文秘书的名义，协助该会副会长兼秘书长颜福庆（我大哥刘念仁的岳父）负责办理伤员救护工作。鉴于敌人进攻的疯狂，我方伤员数字的急剧增加，我和五弟念孝、七弟念忠以焦急的心情向英法租界联系收容处所和医疗单位，日夜奔走。我从伤员身上受到了爱国主义的教育，坚定了中国不亡的信念。

与此同时，我父亲还担任了上海市抗日救国会物资供应委员会总干事职务。当时淞沪前线战事激烈，物资供应十分紧张。他基于爱国热情，不肯挂个虚名就了事。在公私事务极为繁忙的时刻，他还是每天到会，亲自负责物资募集和调度的工作。

在抗日救亡的号召下，上海各行各业都组织了伤员救护队。我父亲于百忙中抽出时间来到企业大楼，动员全体职工组织刘氏企业的伤员救护队。我的五弟念孝、七弟念忠都带头报了名。他们和职工一起，出入火线，抢救伤员，不避危险，多次差点丧生。五弟还因为操劳过度，不肯休息，直至口吐鲜血，才从火线上退下来。我的表弟陈昌吉（中共党员）原在南京刘氏企业的生泰恒煤业公司工作。南京失陷后，他撤退到武汉，再辗转来沪，与元泰煤号（刘氏企业）职工一起参加了上海煤业救护队。早在大革命以前，在上海煤业中就有中国共产党地下组织在工作。因此，煤业救护队成为一支最活跃、最坚强的战斗队伍。全国救亡运动如火如荼，上海的情况是全国的缩影。民族资产阶级何去何从，在战火的蔓延中，是严峻的考验。

1937年11月，国军西撤，敌军控制了整个上海。刘氏企业如上海水泥厂、中华码头公司在浦东的三个码头和仓库、大中华火柴公司的荧昌火柴厂、周浦火柴厂、东沟梗片厂、章华毛纺织厂、华丰搪瓷厂、中华煤球厂、炽昌新牛皮胶厂等，已被日军全部占领。怎样处理刘氏企业问题，我父亲当时采取了三项措施：

（1）想托庇洋商保护。上海水泥厂就是一个例子。这个厂是委托德商禅臣洋行保管的，挂了德国国旗。原以为德国和日本有同盟关系，可以得到庇护。但是日军不买这个账，把看守厂房的德国人都驱逐出厂了。

（2）想托庇租界保护。章华毛纺织厂就是一个例子。在"七七"事变以后，"八一三"战事爆发以前，我父亲就和该厂经理程年彭、襄理华尔康商妥，把厂里的部分机器搬进租界，在华山路建立了纺织二厂，在曹家渡设立了染整三厂。"狡兔三窟"，自以为得计。

（3）在上海还有业务可以经营，梦想苟安一时，静待战事变化。比如他的企业大楼和企业银行、大华保险公司等都在租界内，可以继续经营。特别是当时上海煤炭供应紧张，日军占领上海后已和开滦矿务公司达成协议，允许开滦煤炭继续运沪销售。这样，不仅还有事业可做，而且还有一定的收入。

苟安一时的想法，证明了民族资产阶级的动摇性。在全民抗战的严峻时刻，何去何从，我父亲采取了迟疑、观望、踌躇、等待的态度。

1938年初，日本三井、三菱洋行的大班邀请他去谈话。他和这两个洋行本来早有过业务上的联系，向他们订购过机器，请他们训练过技术人员。在30年代初期，他还参加过上海工商界代表团，几次去日本进行友好访问。事出有因，对于邀请谈话，并不感到突然。谈话中间，两位大班希望我父亲认清形势，采取现实态度，摆脱同蒋介石政府的关系，与日本亲密合作，把上海的经济繁荣起来。这次谈话的语气是比较温和的，日方没有施加特殊威胁。以后又有了几次谈话，谈话情况逐渐恶化，日本大班用胁迫的口吻要我父亲提出合作的书面保证。我父亲回来后，就召集我们弟兄几个和各个企业负责人共同商讨对策。形势的发展本来已经很清楚，决不允许迟疑观望，但大家还是一致主张采取敷衍和拖延的办法。不甘合作，不敢决绝，这是当时的心情。

时间拖延了几个月，事情还是一筹莫展，1938年6月，在大中华火柴公司工作的远房叔叔刘清洪来看我。这个人是在父亲家里抚养长大，并由父亲资助留学日本的，娶了日本老婆。他说，他奉火柴联营公司日本代表植田贤次郎之命，来通知我和二哥念义于第二天早晨9点到汉弥尔登大厦植田寓所里谈话。刘清洪看出我们有点感到突然的表情，就解释说："植田是日军的代表，他是代表军方来通知你们去谈话的。"

我们和父亲通了气，抱着无可奈何的心情，于第二天准时到达植田寓所。刘清洪已在那里了，他做了我们谈话时的翻译。植田和我们一一握手，以严肃而带点礼貌的态度要我们代他向我父亲问好，接着说："你们父亲是上海工商界最有声望的人，和我也是多年的老朋友了，他了解大日本，大日本也了解他嘛！他老人家现在有何打算呢？"

"时局起了这样大的变化，一切超出我们的想象。"我回答说，"我们还没有平静下来做出具体打算。"我们的答复仍然采用拖延的办法。

植田狞笑说："你们的企业规模大，财产价值不少。放在你们面前的只有一条路，就是和大日本合作。合作以后，可以保证你们企业日益扩大繁荣，得到数字可观的盈利，还可以保持你们在各个企业里的职位。当然，不用说，你们全家的人身安全也可以得到保证。"过了一会儿，他接着说："你们父亲在上海工商界声誉很高，号召力很强。我代表大日本军方提议，由你们父亲担任上海市商会的会长，以加强日中之间的友好合作。请你们回去向他老人家转达我们军方的诚意。"

我们回家后，向父亲做了汇报。形势逼人，急如燃眉。但我们还是迟疑不决，仍然用拖延、搪塞的手法，对付植田的进逼。对于国民党的抗战政策，抱着怀疑、观望的态度；对于民族复兴的前途，缺乏坚强的信心。这是迟疑不决的根本原因。

与此相反，广大劳动人民的抗战信心却是坚定的。抗日救国的呼声响遍全国，刘氏各企业中有许多青年职工，跟着伤员救护队的卡车，奔赴解放区，投身到炽热的战火中去了。

随着日敌控制的加紧，上海发生了几起暗杀案件。社会上谣言流传，说是国民党政府已派大员来沪调查，凡与敌人有合作嫌疑的，一律格杀勿论。当时，一方面植田以军部身份进逼，要求我们赶快表明态度，已有剑及履及之势；另一方面暗杀谣言一日数传，处身孤岛，不仅无所作为，而且寝食难安。我叔叔刘吉生从香港来信敦促，上海一些好友秘密来商，我们几个弟兄也极力劝说。父亲反复考虑，最后决定离开上海。

1938年的一个冬夜，黄浦江上寒风刺骨，夜色阴沉。我父亲只带着一只小皮箱，把帽子压得很低，一条羊毛围巾把脸的下半部遮盖起来，悄悄地登上了太古轮船。从船上遥望浦东，只见无数只探照灯从日本军营里散射出来，照耀天空。在那探照灯下，刘氏的堆栈和码头，刘氏的工厂和仓库，都在那里踡缩着，颤抖着，它们全被敌人霸占了。没有了这些产业，就没有了刘氏的一切。父亲在船上投去了最后的一瞥，怀着黯淡的心情进入了他的卧舱。今夜，他即将离开这个毕生为之奋斗的工业基地了。他好像听到了"何日君再来"的凄怆歌声，不禁老泪横流。"黯然销魂者，唯别而已矣！"他即将和他的一切告别了。他沉浸在悲哀之中，久久不能自脱。忽然汽笛"呜呜"，人声骚动，船将启碇了。他从冥思中惊醒过来，叹了一口气，愤愤地顿足道："宁为玉碎，不为瓦全！"他毅然离开上海孤岛，向香港进发了。当时，放在他面前的的确只有一条路，但不是植田给他指出的那条路，而是和国家民族共患难、共命运的这条路。

在父亲离开上海的第二天，植田又来约我二哥和我去见他。这个日本特务已知道我父亲离开上海的消息了。他身穿日军少校军装，挂着军刀，杀气腾腾地对我们喊道："你们父亲上哪里去了？快老实说。如有半点隐瞒，我就要对你们不客气了！"我告诉他，蒋介石已派了暗杀团到上海。凡是和日本有合作嫌疑的人，都在暗杀之列。我们父亲的名字已被列入黑名单中，为了他老人家的安全，他已于前日离开上海去香港了。他听了，恶狠狠地对我们说："你们背信弃义，不听善意劝告。我奉军方之命向你们宣布：所有刘氏企业都作为敌产处理，一律由日军接管，除非你们的父亲改过自新，重返上海和我们合作。"会见就这样不欢而散。

二、工厂迁川，重整旗鼓

我父亲抱着决绝的心情离开上海，来到香港。作为一个企业家，他是不甘寂寞的，他要有所作为。可是到港不久，重庆就发生了汪精卫叛国投敌事件。这一轰动国内外的新闻，引起了一些人的思想混乱，也影响了父亲对于抗战胜利的信心。回头看，他在上海的工业基地已经全部丢失；往前看，恰如大海茫茫，无边无涯。当时他的心情比离开上海前更为动荡，更为不安。他需要等一等，看一看，再做打算。

抗战在艰苦地进行着。由于汪精卫的叛逃，投降与不投降的界线日益明确，和平谣传反而渐趋沉寂，抗战局面重告稳定。在等待了一段时间以后，他决定重整旗鼓，在抗战后方再干一番事业。虽然时间已经浪费了很多，但是亡羊补牢，犹未为晚。

于是，他连续几次召集刘氏各企业在上海的主要负责人到香港来商议。我也到了香港。经过商议，决定在香港办一家火柴厂，再在重庆办一家火柴厂和一家毛纺织厂。这就是后来的华业火柴厂和中国毛纺织厂。火柴厂所需要的机器，当时已从九江的裕生火柴厂拆走。毛纺织厂所需要的机器设备，准备从上海章华毛纺织厂拆迁。为了解决火柴原料的问题，又决定在川东长寿办一家火柴原料厂，这就是后来的中国火柴原料厂。

办厂要有人，没有人就办不成厂。在战时的后方要找合适的人，是一件困难的事。我父亲的最大优点是，他手头有一批办厂的人才，有一个办厂的好班底。这个班底吸收了各类专家，其中有机械工程师、电机工程师、化学工程师、纺织工程师和企业管理等专家，大多是从外国留学回来的第一流人才，回国以后又有了实践的经验。平时储才备用，用时得心应手。这些专家很快就拟订了建厂计划和实施方案，接着就分头进行。

第一个着手筹建的工厂是香港大中国火柴厂。他亲自在香港坪洲选购了一片空地作为厂址，在短短的一年半内就投产出货。这个厂的股东除父亲自己外，还有宋子良、香港当地火柴同业和大中华火柴公司的股东共40余人。宋子良为董事长，陆兆麟为厂长，翁文灏为总工程师，我父亲自任总经理。以香港大中国火柴厂为基地，再向后方发展刘氏企业，这是当时的如意算盘。可是这个厂建成不到一年，香港就沦入日军手中。战事变化之快，出乎他的意料。

我父亲在香港筹划就绪以后，1939年就由港直飞重庆，为创办后方工厂做出安排。我从香港搭船回到上海。父亲决定，要我帮助程年彭完成毛纺织机器的拆迁任务。

1939年9、10月间，六弟公诚忽然从延安经重庆、香港来到上海。六弟是1938年6月由汉口去延安的，行前没有得到我父亲的许可。父亲曾经给他汇去200块钱，叫他到西安相会。六弟生怕会面以后不能再回延安，故没有前去。其实，这是错会了老人的意思。六弟在延安待了一年以后，为自然科学研究院募集捐款事，又于1939年7、8月间回到重庆和父亲会了面。父亲问明了延安的情况以后，不仅没有阻止他再回延安，而且给研究院捐了5000块钱。六弟在重庆募得捐款七八千元后，托词要探望老母亲，向父亲要了路费，又回到了上海。说实在的，探亲只是借口，目的是替研究院采购仪器设备。

可是当时上海形势很紧，敌伪搜查很严，我们只好把六弟隐藏在一个堂妹家里，同时帮他募集了一点捐款，催他赶紧离开虎穴。两天以后，他穿着日本学生服，由我护送搭上太古轮，回香港去了。

1939年冬，我着手进行章华毛纺织厂机器的拆迁工作。这里经历了一个十分惊险曲折的过程。这个厂设在上海浦东，当时由日本海军占领，说是拆迁，实际就是偷运，即是从浦东偷运到浦西，从日军防地偷运到公共租界（俗称英租界）。用个比喻，就是要从饿虎口中夺食。

当时程年彭找来一个国际冒险家叫E. 惠特勒（E. Widler）的和我联系，介绍以后程就不管了。这人是瑞士籍犹太人，愿意承担这项危险工作，代价是每吨1000元伪币。他怎样和日军打通关节，我不清楚。据他说，他是向日军司令部一位少将行贿打通关节的。尽管打通了关节，还得在深夜找机会分批偷运过来。这个冒险家本人就是一个杀人不眨眼的凶徒。我和他打过几十次交道，每次他都是手里紧握着手枪，心神不宁地东张西望，满脸杀气，露出随时准备搏斗的凶相。他有时两眼直瞪着我说："横竖我俩的命运已经捆绑在一起了！要活一起活，要死一起死。你明白吗？"我没有直接答复他的问话，只是对他点点头，耸耸肩膀，表示无可奈何的心情。这是我生平第一次碰到的惊险场面。我有时怀疑他，是不是有意在吓唬我。但是他的神情又是那样的紧张，不像是造作。紧张的场面，大约持续了六个月之久，才结束了偷运任务。偷运出来的纺、织、印、染设备和器材共达500多吨，付给这位冒险家的费用共50多万元。这是一个不小的代价。为着后方生产，我只好忍痛牺牲。偷运任务结束以后，我再没见过这位冒险家，但是他的狰狞面目和当时的惊险场面，我至今记忆犹新。我父亲说过："要办大事，不能不冒点险啊！"

偷运出来的机器经过装箱，本来打算由海防转运昆明。但是，自从法军在欧洲失利后，海防就很快成为日军的囊中物了。因而临时决定，改道仰光转运重庆。

1940年底，我办完开滦售品处的结束工作后，离开上海，回到香港。我父亲已因蒋介石电邀，于一星期前搭机飞往重庆了。我于12月31日搭上重庆班机离开香港。飞到重庆时，父亲在珊瑚坝机场接我，见面的第一句话是："老四！你肯离别自己舒适的小家庭，来到这个破烂不堪的地方，我很感动。我实在是非常需要你啊！"这一年，我父亲52岁。年龄不算太大，身体也还健康。只是后方没有工业基础，建厂条件太差，一切需要从头做起，头绪纷繁，不能得心应手，他真正感到需要有自己的孩子来做帮手了。

当时华业火柴厂已经开工，厂址在重庆南岸弹子石。我父亲就以火柴厂为家，前面是厂房，后面做住家。著名化学家林天骥博士和我们住在一起。这里虽然不是"破烂不堪的地方"，但和我们在上海的"公馆"相比，真有天壤之别。林博士的妻子是美国人，为什么他要"离别自己舒适的小家庭"来到后方呢？我父亲更不必说了，他在上海有大批工矿企业，有最舒适的生活条件，那么究竟为什么舍得离开呢？我想，答案只有一个：为了抗战，为了爱国。

父亲告诉我，他从香港飞来重庆，是孔祥熙向蒋介石推荐的结果，其目的是要他来后方建立工业基地，创办各种工厂。在他到达重庆的第二天，就接到蒋介石的请帖，要他参加便宴。他过去虽然和蒋见过几次面，但这次蒋特别热情，连声对我父亲说："鸿老先生，我们盼望你很久了。我知道，你是为了抗日救国，牺牲了在上海的价值1000多万元的工矿企业，断然来后方为国效劳，你的精神实在可嘉，令人钦佩！今晚我只请你和穆藕初先生两个人吃便饭。老可以做证，你损失的1000多万元，我保证偿还你。只要你能提供机器设备和各种专业人才，你要钱就给你钱，你要原料就给你原料，你要人就给你人，这一点穆老也可以做证。"一席话说得我父亲笑逐颜开。他回答说："我一定竭尽全力，保证完成委员长交给我的任务。"

这次会见的消息很快在重庆的金融界和工商界传播开来，从而抬高了他的声誉和地位。说实在的，他当时志大而财不足，他所需要的不是声誉和地位，更重要的是经济上的支持。对于蒋的诺言，他寄以极大的企望。为了继续保持必要的联系，他聘请和侍从室有密切关系的林玉声、方东等人在他的企业里任职。他还多次拜访并设宴招待侍从室主任陈布雷，以加强这种联系。有志者事竟成，据别人传说，我父亲之所以能够比较顺利地在后方办成几个企业，如中国毛纺织厂、中国火柴原料厂、西北洗毛厂、贵州水泥厂、兰州西北毛纺织厂、建成水灰厂等，都与这种联系有关。

三、蜀道难，难于上青天

我从香港来到重庆，已经八个月了。李家沱的中国毛纺织厂和长寿的中国火柴原料厂的厂房差不多快完工了。一批从上海章华毛纺织厂调来的熟练工人，包括纺织工、挡车工、机修工、技工和勤杂工等都已来到了重庆。但日子一天天挨过去，急需的机器设备和关键性的原材料仍在转运途中。万事俱备，独缺东风，开工无期，造成不必要的浪费。我们从侍从室弄来的几张"委员长手谕"，明明白白地指示西南运输公司，要把中国毛纺织厂的机器设备和原材料等列入急运货类，提前启运，但归军统特务戴笠控制的西南运输公司，根本不买"委员长手谕"这个账。我们的机件运到仰光将近一年，寸步难行。真是急死人！

1941年8月，父亲派我飞仰光，亲自办理转运。我到仰光后发现，当地待运货物，堆积成山；从各方面来的转运人员，麇集如蚁。西南运输公司管理混乱，贪污成风，根本不可能依靠这样的官僚机构办好运输。我下决心买进了12辆美国道奇卡车，准备依靠自己的车辆来完成500吨运输任务。

从仰光到重庆全程2500英里，都是高山峻岭，狭道急弯。虽非蜀道，难似蜀道。特别是从贵阳到重庆这一段，要绕过72道弯，万山重叠，"一山放出一山拦"，坡度急，路基差，几乎每天都发生翻车事故。前车已覆，后车又翻，车祸之多，使人胆战心惊。我亲自率领车队前后来回了五次，看到了无数次的翻车事故，自己也尝到了一次翻车滋味，幸而没有死伤。现在回忆，犹有余悸。"蜀道难，难于上青天"，我吃足了"蜀道难"的苦头。

然而高山险途，只是"蜀道难"的一个方面。蜀道难还有另一个方面，那就是沿途关卡林立，贿赂公行。要办好一件事，没有贿赂行不通。贿赂不用在刀刃上，也还是行不通。在缅甸境内是这样，在中国境内也是这样。可是我的情况却有点与众不同。首先，我办过仓库、码头，对运输是内行，别人骗不了我。其次，缅甸通用英语，我能讲一口标准的英语，别人不敢欺侮。最后，沿途所有关卡和运输机构的负责人，大都是"仁社"的社员。"仁社"是英美留学生的一个组织，彼此一见如故，只要请客、吃饭、送礼，拉拉交情，什么都好商量，别人办不通的，我就能办通。这三条是我的有利条件。如果没有这些条件，那就是"行不得也哥哥，十八滩头乱石多"了！

然而在残酷的战争年月里，事情并不总是那么顺利的。1941年珍珠港事变以后，日军急剧南进。1942年初进到仰光附近了。我装完最后一批机器，于隆隆炮声中离开了仰光，开足马力，驶向腊戍。路上车辆拥挤，敌机跟踪追击，腊戍每天都遭到轰炸。当时我们有一批从国外空运到腊戍的新式毛纺织机件300多吨，急于装车内运。但西南运输公司奉交通部部长俞飞鹏的指令，不准这批机件装车，交涉多次，没有结果。几天以后，敌军开进了腊戍，这批宝贵机件终于落入敌人之手。谁能想到，敌人竟替俞飞鹏报了"一箭之仇"。

我的车队和别的大批车队从腊戍向保山行进，敌机继续跟踪追击。保山一炸，死伤达五千人。尸横遍野，血染沟渠，和我同行的七人中，有三人失踪，一人伤重身死，我是幸存者中间的一个。

在这次抢运过程中，屡经危险，几丧性命，单就刘氏企业来说，损失物资数百吨，耗费金钱不计其数。假定对长期抗战早下决心，内迁建厂，早做准备，则处境不至于这样狼狈，损失也不至于这样惨重。然而这能怪谁呢？！自从"九一八"事变以来，国民政府采取了不抵抗政策；"七七"事变以后，和议消息仍然一再宣传，终于酿成汪精卫叛变事件。国民政府政策屡变，举棋不定，必然要影响到全国人民的抗战心理。在关键时刻，摇摆迟疑，下不了决心，因而造成重大损失的事例很多。刘氏是这样，别的民族工业家也是这样。这是一个惨痛的教训。

四、大老板变成了小伙计

历尽千辛万苦，从仰光抢运进来的500吨机器、设备、材料，于1942年初全部到达重庆。在腊戍损失的器材，也征得后方一家机器厂同意，按原图纸代为制造。我回到厂里走了一圈，职工一见就欢腾起来，他们说，"运输大员"回来了，这下子可以开工了。是的，有了人，有了厂房，有了机器，开工生产本来是不应该再成问题的。可是他们不知道，万事俱备，独缺资金。经过抗战以来这几年的挫折，刘氏企业的资金已经枯竭了。

为了解决资金周转问题，我从"运输大员"改行做了"经济跑街"。我捎着"刘鸿生私人秘书"的牌子，奔走于财政部、经济部、工矿调整处、兵工署、四联总处和各银行之间。后方物料供应困难，我跑工矿调整处和兵工署商请调拨。厂里需要资金周转，我就跑四联总处和银行恳求借贷。我的重点联系对象是俞大维（兵工）、张丽门（工矿）和刘攻芸（四联总处），但也要沟通下面办具体事务的处、科级干部。"阎王好见，小鬼难缠"，只做上层工作，不做好下层工作的话，说不定功亏一篑。我当时做这个"经济跑街"，似乎还做得相当顺手。现在回忆起来，当然是由于"刘鸿生"三个字当时在社会上还有一定的声誉；但更重要的是，由于当时担任国民党政府各部部长和下面各个机关、银行重要职位的，大都是留洋同学，而且多数是"仁社"社员，我和他们彼此意气相投，一见如故，成为办事顺手的有利条件。

然而厂里的资金周转依然有困难的一面。当时通货膨胀，物价飞涨，银行利息高，贷放期限促，只能短期借贷，不能长期运用。这对于商业是行得通的，对于工业就有困难。工业上的资金必须长期投放，期限太促，就无法周转。为了解决长期投放问题，还得依靠四大家族。

我父亲以总经理身份，每逢星期一早晨9点，必定准时到达重庆曾家岩孔公馆登门谒见孔祥熙，有事报告，无事闲聊，无非是希望这位"财神爷"帮忙解决资金困难问题。去了几次以后，孔开出条件，派说客向我父亲示意：（1）政府正筹办火柴烟草专卖局，要我父亲担任局长职务，并要拟出具体办法，订出实施条例，要保证每年增加财政收入几千万元；（2）中国毛纺织厂和中国火柴原料厂应该扩大股额，由政府投资；再有不足，可由国家银行贷放；（3）两厂资产一律按账面价值计算，不得提价增值；（4）两厂都改为特种股份有限公司，由宋子良担任董事长，由宋、孔合办的国货银行经理担任总稽核；（5）刘鸿生仍担任名义总经理，但各个主要部门应由宋、孔派员监督经营。

我父亲听完这些条件后，气得面色灰白，一言不发地送走了说客。他对我说："原来蒋委员长答应给的一千几百万元的损失赔偿，就是这样的方案啊。照他们的条件，我们刘家所有的资产等于白白地奉送给他们。我们将变成微不足道的小股东，将丧失一切经营管理权。我这个总经理将变成他们的小伙计了！"听了父亲这番牢骚，我无法宽慰他。

由于资金周转越来越困难；也可能是由于孔的示意，各家银行逐渐抽紧银根，减少对我家的贷放数字，企业周转益感捉襟见肘。挣扎一阵以后，我父亲只好举手投降。两个企业都由四大家族投资，除火柴原料公司仍由林天骥担任总经理、我任协理外，毛纺织公司方面，由特务徐谟君担任厂长，并由孔、宋合办的国货银行派出经理庄叔遐和副经理马雄文分别担任董事和董事会秘书，掌握着公司的行政大权和财政大权。我父亲上不着天，下不着地，成为被架空的总经理。按照孔的条件，他还担任了火柴烟草专卖局局长职务，成为扩大战时财源的得力助手。就这样，两个企业的资金周转问题才得到了解决。

由于两厂产品垄断了整个后方市场，生产发展很快，年年获得大量利润。两年之内，先后在兰州成立了西北洗毛厂和西北毛纺织厂，又在贵阳设立了氯酸钾分厂，在昆明和海口创建了磷厂。后两个厂几乎每年增股，其中的90%都归官方投资。

除此以外，我父亲还在贵阳、桂林和重庆江北岸，分别合股创办了三家火柴厂，并在广西八步创办了广西化工厂。这个厂开工不久，因日军入侵，被迫停办。

全面抗战进入艰难的第七个年头。后方物价飞涨，民不聊生，贪污遍地，怨声载道。日军作垂死挣扎，既陷广西，又犯贵阳，陪都重庆受到严重威胁，人心不免浮动。正在这个时候，四大家族发生内讧。孔祥熙被迫辞职下台，带着一家老小仓皇出国，更引起人心的不安。官吏无能，政治腐败，国事家事两茫茫。在孔出国后的一天，我父亲愤慨地对我说："我们忠心耿耿为他们效劳，结果将落得一场空。需要时，他们甜言蜜语；不需要时，一脚踢开，翻脸不认人。我真把他们看透了！"

"看透了"，这是我父亲一时气愤之语。后来的事实将证明，他是不会看透的。照他自己的说法，他是四大家族的小伙计；照旁人的看法，他是四大家族的内幕人物。小伙计也好，内幕人物也好，总之，他是四大家族系统中的一员。"不识庐山真面目，只缘身在此山中。"处身于四大家族的圈子里，他怎能看透四大家族的真面目呢？

孔下台后，由宋子文担任行政院院长。宋是我父亲在圣约翰的老同学。他表面上十分拉拢，背后却对我们企业进行更严厉的监视。他一上台，就派了一个姓沈的特务，来担任中国毛纺织厂的副总经理。

1945年初春的一天，毛纺织厂厂长徐谟君接到一个绝密电话，通知他，在一小时内，将有重要人员亲临厂里视察，要他严格保密，并认真做好保卫工作。徐谟君心中有数，立即作好了严密的布置。果然，一小时后，有大队人马和汽车保卫着一位要人来到李家沱的中国毛纺织厂。来者不是别人，正是蒋委员长。徐谟君就在前面引导，到各个车间里走了一圈。委员长详细地询问了厂里的党务情况和党员人数，对徐谟君指示说，要立即建立起特别支部，严格控制厂里的一切政治活动，防止非党分子捣乱。临走时，委员长对徐谟君慰勉有加地说："你是一个大才，要为我党做出更多的贡献！"

"荣幸"的会见过去以后，徐谟君得意扬扬地来到重庆市内毛纺织厂总管理处，将最高当局亲临视察经过，向总经理做了绘声绘色的详尽汇报。我父亲听了这个突如其来的消息，心里有点惊讶，自言自语地说："这样重大的事情，我为什么事前一点也不知道啊？！"对于这位厂长的身份和作用，他开始有了清醒的认识，随即满面笑容地对徐谟君表示了慰勉，他说："你替我们厂带来了莫大的光荣啊！今后我们办事可以更顺利了。我向你表示热烈的祝贺！"一个月后，在中国毛纺织公司的董事会上，徐谟君就被我父亲提名为副总经理，仍兼任厂长职务。从此以后，两位特务副总经理成为名正言顺的左右丞相，尤其是身兼厂长的这位副总经理从此大权独揽，根本不把总经理放在眼里。我父亲一生创业，明谋善断，现在大权旁落，指挥不灵，不免耿耿于怀，抑郁不乐。

抗战期间，我父亲奔走后方，创办企业遍于西南、西北几省。由于不断受到官僚资本的侵并，刘氏股份比例逐年下降。到抗战胜利的1945年，官股已占总股额的4/5，私股仅剩下1/5。大老板变成了小伙计，真有"为谁辛苦为谁忙"之叹。然而，像我父亲这样的遭遇，在抗战后方又何止千百例！

（原载中国文史出版社《回忆我的父亲刘鸿生》）

抗战期间，刘氏企业迁川

刘念智

当天晚上，在隆隆的炮声中，我驾驶这辆轿车，开足马力向腊戌飞驰。原来是需要一星期的路程，我只用了三天三夜就抵达腊戌。

日军占领上海后

1937年11月，日寇控制了整个上海。我父亲刘鸿生在八一三战役时期曾担任中国红十字会和伤兵救济委员会副会长，并兼国营招商局局长等职，他怕日本军部会找他的麻烦，心情相当紧张。我们在上海的所有企业，如上海水泥厂、中华码头公司在浦东的三个码头、大中华火柴公司的荧昌火柴厂、周浦的梗片厂、章华毛纺织厂、华丰搪瓷厂、中华煤球厂、炽昌新牛皮胶厂等等，当时已全部被日军占领。上海水泥厂虽托德商禅臣洋行代管，挂了德国的纳粹国旗，但日军不予理睬，把德国人也都驱逐出厂了。

由于上海煤炭供应紧张，日军同英商开滦矿务局达成协议，允许开滦矿务局上海办事处继续经营开滦煤的运输和销售，因而刘鸿生每天照常去开滦煤售品处办半天公。他和开滦矿务局从1909年起至1939年止，订有为期30年的合约，独家经销开滦煤。开滦煤售品处每销一吨煤，父亲能得到佣金四两八钱银子，平均每年经销少则二三十万吨，多则百万吨以上。开滦煤售品处除去开支，所得纯收入由开滦矿务局和我父亲各分一半。我父亲所办企业的资金来源，主要是靠这笔庞大的收入。

刘鸿生在抗日战争爆发前，就和章华毛纺织厂经理程年彭、襄理华尔康决定把浦东章华毛纺织厂的部分机器搬进租界，在华山路建立纺织二厂，在曹家渡建立染整三厂。他独资的企业银行和企业大楼都在公共租界内，所以从1937年11月国民党军队溃退后至1938年上半年，父亲和我们兄弟几个都还有事情可做。

1938年初，日本三井、三菱公司的大班找我父亲去谈话。他一开始办工矿企业时，就和三井、三菱发生了业务上的关系，向他们购买机器，请他们训练技术人员。抗日战争前，他曾以上海工商业代表团团长的名义几次访问过日本。所以他对这次被日本人召见并不感到突然。第一次谈话，日方讲话态度是比较温和的，希望我父亲认清新的形势，采取现实的态度，摆脱同蒋介石政府的一切关系，与日方合作，把上海的经济繁荣起来。他们既没有施加任何压力，也没有提出任何条件。以后几次，情况就逐渐恶化了，他们要求刘鸿生提出书面保证。我父亲和我们兄弟几个同各企业负责人共同协商对策，大家一致主张，采取敷衍和拖延的办法，以防后患。我们就这样把谈判拖延了几个月。

1938年6月，在大中华火柴公司工作的一个远亲刘清洪（亲日派，留学日本多年，娶日本老婆）到我家通知二哥刘念义和我说，上海火柴联营公司的日本代表植田贤次郎邀请我们第二天早晨9时去汉弥尔登大厦他的寓所谈话。我们听了，感到很突然。刘清洪对我们解释说，植田贤次郎是日军的军方代表，他在火柴联营公司工作的目的，就是收集我们刘氏企业的内部情况。

第二天，我们准时到达植田寓所。他身穿西装，站起来和我们一一握手，由刘清洪当翻译。植田讲话态度比较严肃，但还算礼貌。他首先要我们代他向我父亲问好："他老人家有何打算？他是上海工商界最有声望的人，又是我们多年的老朋友，他了解日本，日本也了解他。"我们回答："由于上海的情况起了急剧的变化，我们还没有平静下来做出具体打算。"植田笑着对我们说："你们经营的企业范围大，财产价值不少。摆在你们面前的只有一条路，就是和日方合作。我们既可以保证你们全家的人身安全，又可以保证你们的企业日益扩大繁荣，得到数字可观的盈余。你们还可以保留你们原来在各企业的职位。我代表日本军方向你们提出建议，由你们的父亲担任上海市工商会会长，因为他在上海工商界声誉很高，号召力很强，请你们回去向刘鸿生老先生转达我们日方的诚意。"以后植田又约二哥和我去会谈了四五次，每次都由刘清洪当翻译，我们总是采取敷衍搪塞的手法。因为我们认为，这是我们刘家的头等大事，背上同敌人合作的罪名是难过日子的。

当时抗日救国的呼声很高，我们刘氏企业中有许多青年职工跟着救护队卡车奔赴解放区。就在那时的一个晚上，我的六弟刘公诚从延安秘密来到上海。他极力反对我们和日敌进行任何妥协，要我坚持抗日。同时他还交给我几张西药的单子，要我尽快买到。我买好以后，装在衣箱里，亲自送交中华码头公司北栈职员贺仰先，并付给他1000元的旅费。直到抗日战争胜利后，我才知道贺仰先在西安过关卡时，被国民党反动军警扣留，监禁了几年才释放。

后来我的叔父刘吉生从法租界"包打听"头目蒋福田那里得到消息，法捕房已有情报，刘公诚从延安到上海执行秘密任务，限他几天内离开，否则就要逮捕他。六弟不慌不忙地对我说："任务未完成，我决不能离开上海。"经过和叔父反复商量，结果让六弟从我家迁到他家住几天。六弟任务完成后，由我私自替他买了一张去香港的船票，在一个清晨把他送出上海。

逃出上海来到重庆

1938年，上海发生大批暗杀案件，著名人士中被杀害的先是沪江大学校长刘湛恩，后是上海天主教领袖兼企业家陆伯鸿。上海到处流传，国民党政府已派高级官员来调查，凡与敌人有合作嫌疑的人，格杀勿论。我的叔父刘吉生早已带全家迁往香港，由四大家族中的宋子良（他的同班同学）委任他担任军统局控制的西南运输公司副主任。他写信来敦促我父亲早日去港，以免遭殃。我父亲的常年法律顾问徐士豪一个晚上秘密来我家，和我们兄弟几个人密商，我们一致同意，说服我父亲当晚偷偷地搭太古轮逃往香港。由于敌特活动猖獗，我们也瞒过了我们的母亲，怕她大吵大闹。经过反复劝说，我父亲最后才同意我们的建议，匆匆忙忙带了一只小皮箱，把面部盖上了羊毛围巾，当晚搭上太古轮离开上海。

不到两天，植田又约刘念义和我去汉弥尔登大厦会谈。这次他身穿日军少校军装，挂着军刀，凶相毕露地对我们说："你们的父亲到哪里去了？赶快老老实实地说，否则我将对你们不客气了。"我们告诉他：因蒋介石已派暗杀团到上海，将暗杀任何与日本人合作的人，我们父亲的名字已列入黑名单，为了他老人家的人身安全起见，我们被迫做出这个决定，请日方见谅。植田恶狠狠地说："你们背信弃义，不听善意劝告。我现在代表日军军方向你们宣布，所有与刘氏有关的企业都作为敌产处理，由日军接管，除非你父亲改过自新，重返上海。"我们就这样离开植田的寓所，以后再也没有见过他。

我父亲到港不久，就召大中华火柴公司的工程技术人员翁文漪和厂长陆兆麟去香港，积极筹备建立一家火柴厂。他亲自在香港坪洲选购了一片空地作为厂基，大中国火柴厂在短短一年半内建成出货。股东有刘鸿生、宋子良、香港火柴同业和大中华火柴公司等40余人，由宋子良任董事长，刘鸿生任总经理，陆兆麟任厂长，翁文灏任总工程师。刘鸿生早有打算，以大中国火柴厂为基地发展刘氏企业，把资金逐步从上海转移到香港。

从1938年他抵香港至1940年底，刘鸿生轮流召上海刘氏企业的负责人如程年彭、王建言、戚福铭、刘念义和我去香港，商量如何在香港或重庆建厂。最后决定把九江的裕生火柴厂的原材料和轻便机器设备，用木驳船运往重庆，尽快办起华业火柴厂。为此，他又电召上海大中华火柴公司的技术人员周太初、镇江火柴厂会计吴中彦和大中华火柴公司的胡世奎去香港，转重庆，并要程年彭和我合作，设法把浦东日本海军占领的章华毛纺织厂部分纺织和染整机器偷运至浦西，装箱直运越南海防，转运四川。程年彭犹豫不定，怕担风险，我父亲拍胸对他说："你只要提供方便，一切风险由老四（指我）承担。"说着容易，做时难，回到上海，气氛已十分紧张，敌军到处抓人，蒋介石党羽到处暗杀，人心恐慌万分。

程年彭几次来我家和我秘密会谈，最后他告诉我：冒险家瑞士犹太人E.惠特勒（E. Widler）愿意接手这笔生意，由他向日本海军司令部某少将行贿，说明每吨货物多少钱，深夜把我们需要的机器原材料从浦东偷运至浦西交货。他的索价是很高的，每吨约1000元伪币。在无可奈何的情况下，我只得答应下来。程年彭坚持要我和惠特勒单线联系，诡称："你们都精通英语，直接谈较好，我不便干预。"差不多花了六个月工夫，我们偷运出了500多吨纺、织、印染的全套设备和器材。我和惠特勒打交道不下几十次，每次他都拿着手枪，东张西望，心情十分紧张。他曾对我说："我俩的命运已连在一起，要活一起活，要死一起死。"偷运任务完成后，我再没见过惠特勒，但他那副阴险毒辣、杀人不眨眼的凶相，我却记忆犹新。

1939年至1940年，我奉父亲之命，办理开滦煤售品处的结束清理事宜。经过日夜奔走，清理结束后，我去香港向他汇报。他要我做好思想准备，摆脱上海一切职务，飞往重庆，帮助他筹建两爿大厂，即重庆中国毛纺织厂和重庆火柴原料厂。

程年彭一定要趁我还在上海的时候，把毛纺织机器运出上海，意思是要我承担一切责任。同时他告诉我，他已着手找章华毛纺织厂整班人马，包括技术人员、经营管理人员以及技工、勤杂工、厨师等，动员他们全家迁往重庆。这些人员中的高级职员都是程年彭、华尔康的亲信，程年彭想通过他们遥控重庆这爿毛纺织厂。此外，还有一大批工人，其中多数是挡车工和机修工，他们有多年的实践经验。

我是在1940年底悄悄登上英国轮船离开上海的。到了香港，我才知道父亲一个星期前因收到蒋介石的急电已飞往重庆。我到达重庆的那天是12月31日，父亲到珊瑚坝机场来接我，他对我讲的第一句话就是："老四！你肯抛弃自己的小家庭和很高的收入，来到这个破烂不堪的地方，我内心非常感激。我实在是需要你啊！"

在重庆筹划建厂

刘鸿生同他的小老婆和小儿子就以弹子石华业火柴厂为家，前面房屋是厂房，后面一幢小楼房是住家，我同徐谟君同住一间。过了几天，大中华火柴公司前技术室主任、著名化学家林天骥也搬进来住了。他出于爱国之心，离开他在上海的美国老婆，到重庆来帮助筹建火柴原料厂。他有几个助手，包括华业火柴厂厂长周太初和他的学生翁文漪（翁留在重庆几个月，后因大中国火柴厂需要，又回香港去了）。氯酸钾厂是翁设计的。华业火柴厂就是依靠从九江运来的80吨火柴原料氯酸钾起家的。四川女工工资低，操作敏捷，很快就学会做硫化磷火柴。因劳动条件差，很多工人中毒，得了职业病。日产量不过十多箱，但在重庆已算是首屈一指了。

因化学工程技术人员奇缺，父亲于1939年把六弟从延安叫到重庆来，帮助林天骥和总工程师潘复洁筹建在长寿的中国火柴原料厂。林、潘二人还招收了一批沪江大学化工系毕业生和苏州工专毕业生，其中有江善襄（新中国成立后在南京化工局负责技术工作）、周运昌（沪江大学化工系毕业）、丁侃公（上海水泥厂工程师）等。中国火柴原料厂是在极端困难的情况下筹建的，六弟等住的草棚子比上海的棚户区还差得多。

父亲办企业有一个特点，就是高薪聘请各种人才，包括技术与经营管理方面的人才。中国火柴原料厂有留学美、英、德、日的电气工程师、化学工程师和机械工程师等十余人，中国毛纺织厂也拥有留学法、英的毛纺织专家四人。为了使他们安心工作，父亲还私下发津贴给他们。在经营管理方面，两个厂的会计主任和会计都是会计专科学校和立信会计学校的高才生，并有多年的实际工作经验。为了严厉监督工人，防止他们进行政治活动，他托程年彭找了几个同国民党社会局局长吴开先有联系的人担任所谓考工课课长。徐谟君就是从考工课课长爬上厂长职位的。新中国成立后的大量材料证明，他既是一个叛徒，又是一个特务。校场口血案，他是幕后策划者之一。

1940年12月，我父亲在香港突然接到蒋介石的电报，要他立即飞渝。原来是孔祥熙向蒋介石推荐我父亲在重庆建立工业基地，办各种工厂。父亲到重庆第二天，就接到蒋介石的请帖，邀请他参加便宴。他过去曾见过蒋几次，但这次蒋对他特别热情，连声说："鸿老先生，我们盼望你很久了。我已清楚了解，你为了抗日救国，牺牲上海价值1000多万元的企业，断然来后方办工业，精神实在可嘉，令人钦佩之至。今晚我只请你同穆藕初先生两个人吃便饭。他可以做证，我保证偿还你损失的1000多万元。只要你提供机器设备和各种专业人才，你要钱就给你钱，你要原材料就给你原材料，你要人就给你人，这一点穆老也可以做证。"这几句话讲得我父亲笑逐颜开。他马上对蒋介石说，他将花毕生精力，保证办到蒋交给的任务。

不到一个星期，这次会见的内容已在整个重庆的金融界和工商界传播开来。为了继续保持和蒋介石的联系，父亲聘请和蒋介石侍从室有密切关系的林玉声、方东等人，安插到各个部门任职。他还多次拜访侍从室主任陈布雷，并设宴招待。父亲之所以能比较顺利地办起后方企业，包括中国毛纺织厂、中国火柴原料厂、西北洗毛厂、贵州水泥厂、兰州西北毛纺织厂、建成水灰厂等，都与这件事分不开。

我到重庆以后，日子一天一天过去，李家沱的中国毛纺织厂和长寿的中国火柴原料厂厂房差不多已经建成了，但两个厂需要的机器和关键性原材料，仍在转运途中。蒋介石写给我父亲好几张他亲笔签字的"手谕"，要西南运输公司把中纺厂和中原厂的机器设备、机件、原材料等列入急运类，但货物从海防运到仰光将近一年，西南运输公司由于受军统特务头子戴笠控制，管理混乱，贪污成风，根本不买这个账。1941年8月，刘鸿生不得不派我飞到仰光，购买几十辆卡车，由我们自己把500多吨机器运到重庆。从此我就开始了两年多的滇缅公路的旅途生活。

滇缅路上抢运机器

在上海，我是经营码头仓库业的，对运输比较熟悉，加上缅甸通用英语，语言上也没有困难，因此，工作比较顺利。从购买卡车、装车身，直到码头装货，我都亲自办理。很快我就发现一个窍门，那就是：从头到尾，要办好一件事，必须处处行贿。我感到最棘手的一件事是雇用司机，除要付给高工资外，还要准许他们带"黄鱼"（即乘客）。由于昆明汽油的卖价高过缅甸两三倍，所以滇缅公路上司机倒卖汽油成风，我对他们也不得不睁一只眼闭一只眼。

从仰光到重庆约2500英里，全部是高山峻岭，公路狭窄，高低不平，根本没有什么养路制度，翻车事故每日要发生几十起。我来回滇缅公路共有五次之多，每次率领的车队有12辆美国道奇牌卡车，每辆都满载四吨多的机器，第一次就翻掉一辆，幸亏没有死伤，结果花了近1000元，费了九牛二虎之力，才把货物重新装上卡车，运抵昆明。从昆明到贵阳要经过72道弯，路况更差更险，一不小心，就有撞车和翻车的危险。每经过一个关卡，都要行贿好几百元，检查人员根本不理睬什么蒋委员长的"手谕"。后来我才知道，几乎每家官办或民办运输机构，都备有蒋介石的"手谕"，根本不起作用。但我碰到了好运气，从缅甸到重庆，每经过一个重要城市，都有"仁社"（留美学生的一种组织）社员负责运输机构工作，只要请客、吃饭、送礼，手续就简便得多。由于我已与仰光码头上的职工，包括保管员、警卫、吊车司机，达成"互惠"协议，获得了优先装车权。装车以后，移交重庆中国毛纺织厂的押运员，由他们负责从仰光护送到重庆。

1941年底至1942年初，日寇已迫近仰光，所有的大商人和官僚机构都已先后撤退，留下来的国民党最高官员是兵工署运输处处长方兆镐，他是我叔父刘吉生的密友，在香港西南运输公司同事多年。方兆镐在一次会上高声疾呼："谁留在仰光不走，抢运物资，我们兵工署所有人员就帮他完成任务。有种的举手！"我马上举手。就靠他的支持，我才把最后一批机器运出仰光。第二天，我花了6000卢比，从一个英国商人那里买进一辆"茂力斯"牌小轿车。当天晚上，在隆隆的炮声中，我驾驶这辆轿车，开足马力向腊戌飞驰，原来是需要一星期的路程，我只用了三天三夜就抵达腊戌。当天报纸发表号外消息：仰光已被日军占领，敌军到处屠杀华人。

我在腊戌待了一个多星期，约好农本局局长穆藕初的女婿郝履端和他的办事处人员共七人，离开腊戌，返回昆明。那时我们已得到消息，日军的装甲兵团正从仰光向腊戌方向移动，同时敌机每日出动几次，轰炸腊戌。国民党交通部部长、蒋介石的表兄俞飞鹏，因我父亲任招商局局长时曾为一桩大贪污案开除了他的姻弟，他一直怀恨在心，图谋报复。现在他便利用职权，不准我把从国外空运到腊戌的新式毛纺织机300余吨运入国内。多次交涉未成，我最后不得不放弃这批宝贵物资，结果这批物资全部被敌军烧毁。

我们的车队——三辆小轿车和五辆大卡车，在龙陵高原过夜。因疲劳过度，大家都建议在龙陵多耽搁几天，休整一下再走，我极力主张第二天早晨就出发去保山。我的理由是，惠通桥一旦被敌机炸毁，我们去昆明这条路就要被切断。结果大家同意照我的意见办，车队驶过惠通桥，我们才松了一口气。到达保山时，天已傍晚，旅馆客满，我同郝履端等人就在车上过夜。

第二天中午，我们正在吃午饭，我敏感地听到来自远方嗡嗡的轰炸机声，我马上放下饭碗，招呼同伴跟我至城外躲避。他们都笑我神经过敏。说时迟，那时快，嗡嗡声越来越大，我高呼："跟我跑！"刚跑出饭店，炸弹的爆炸声就响了，震耳欲聋。我们一个劲儿地向臭水沟扑去。第一批敌机刚飞走，他们都吓得爬起来乱跑。我高声叫他们，躲在沟里不要动，以防第二批轰炸机跟踪而来。但他们已听不见我的呼声，第二批轰炸机投的炸弹就在饭店门口爆炸了。过了半小时，我从臭水沟里爬出来，只见一片废墟，遍地横尸。我到处找我的同伴，发现有三人失踪，一人受重伤。受重伤的是一位技术很好的青年机修工，姓许，北方人。我们把他抬上卡车，当晚离开保山，向下关方向驶去。小许因伤势严重，流血过多，中途不幸去世。我们就在附近田里挖了一个深坑，埋葬了他的遗体，默哀告别。

到了下关，我们才知道这次敌机轰炸保山，死伤近五千人。同一天，惠通桥也被炸毁了，有许多运输商人被日寇杀害，其中有我在圣约翰高中的同学徐东海。他在仰光经商发了大财，皮包里装了3000余万卢比，相当于200万美元。他的胞弟徐成海医师告诉我："我哥哥要钱不要命，舍不得丢掉最后一辆卡车的货物，晚走一步，结果连人带物，付诸东流。"

总经理变成了四大家族的小伙计

除了300吨在国外订购的新式毛纺织机器（其中有钢丝车、梳毛机、精梳机等）落入敌手以外，所有中国毛纺织厂和中国火柴原料厂的机器和重要机器物料，几乎全部运到目的地。丢失的那些机器，后来由何安宅办的机器厂按原设计图纸，花一年多工夫，制造成功。有了人，有了厂房，有了机器，就积极准备开工投产。

两个大厂机构庞大，人事臃肿（其中半数是国民党财政部和经济部官员介绍进来的），独缺资金。蒋介石答应全部偿还我父亲一千余万元的损失，早已成为一张空头支票。父亲委任我为他的私人秘书，专门奔走于财政部、经济部、工矿调整处、兵工署和四联总处之间。国民党政府几乎所有各部的部长都是留学生，而且多数是“仁社”社员。因此，需要原材料、机器、物料时，我就跑工矿调整处和兵工署；需要资金时，我就跑四联总处和交通、中央、金城、四明、邮政储金汇业局等银行。我的重点工作对象是俞大维、张丽门和刘攻芸，但也要沟通下面办具体事务的人，所谓“阎王好见，小鬼难缠”。

为了讨好行政院院长孔祥熙，父亲每逢星期一早晨9时必去曾家岩孔公馆登门求教，向他汇报工作，请他帮忙解决资金问题。直至最后，孔祥熙才开出条件，由他的亲信方东转告我父亲：（1）刘鸿生必须担任香烟火柴专卖局局长，保证每年增加财政收入数千万元；（2）中国毛纺织厂和中国火柴原料厂缺乏资金，主要由蒋、宋、孔、陈四大家族投资，其余由国家银行、财政部贷款；（3）两个厂的所有固定资产，一概照账面价值计算，不得另行估价核算；（4）两个厂都改名为特种股份有限公司，董事长都由长居美国的宋子良担任，总稽核由宋子良和孔祥熙合办的国货银行经理担任；（5）两个厂的主要部门，包括总管理处、厂、车间、科室的负责人或副负责人都由宋、孔二人委派监督。

当父亲听到这几项条件时，气得说不出话来。他对我说："我们受骗上当了，原来这就是蒋介石答应赔偿我一千几百万元的上海企业损失！我们现在都是他们的伙计了。照他们的条件，我们的所有厂房、机器等于奉送他们，我们刘家将变为小股东，丧失一切经营管理权。我这个总经理徒有虚名，有什么做头呢？"但是骑虎难下，父亲在重庆六年，一直是当四大家族的小伙计；我们辛辛苦苦创办的两个内地最大的私营企业——中国毛纺织厂和中国火柴原料厂，由于官僚买办股份的逐年上升，私人股份的逐年下降，到抗日战争胜利时，官股占4/5，私股仅占1/5，几乎变为官僚资本的企业了。

刘鸿生当中国毛纺织厂特种股份有限公司的总经理，董事会多数董事是官僚资本家的代表，董事长是宋子良。中国火柴原料厂由林天骥任总经理，我任协理，潘复洁任总工程师，董事长也是宋子良。由于这两家厂的产品（毛纺织品和黄磷、赤磷、硫化磷、氯酸钾）垄断整个后方市场，每年都获得暴利，绝大部分落到四大家族的口袋中去了。两个厂都发展得很快，中国毛纺织厂在兰州投资办起西北洗毛厂和兰州纺织厂。中国火柴原料厂开工不到两年，就在贵阳设立氯酸钾分厂，由刘公诚任厂长；在昆明、海口设立磷厂，由中国银行行长王振方的胞弟王则甫任厂长。这两个厂几乎每年增资，90%由官方认股。

1944年，由于四大家族内讧，孔祥熙下台，由宋子文任行政院院长。宋子文是父亲在圣约翰大学的老同学，他表面上十分拉拢父亲，背后却对我们的企业进行更严厉的监督。他一上台，就派一个姓沈的特务分子任中国毛纺织厂副总经理。

1945年初，中国毛纺织厂厂长徐谟君突然接到电话说，有重要人物在一小时内亲临该厂视察，要他做好保卫工作，并不得让任何人知道。届时，蒋介石果真带了一大队人马到达李家沱中国毛纺织厂，在各车间兜了一圈，夸奖徐谟君办厂能力强，办法多，详细询问中国毛纺织厂中的国民党党员人数，并再三叮嘱要"立即建立国民党特别支部，严格控制该厂一切政治活动"。蒋介石临别时，和徐谟君握手，并连声称赞："你是一个大才，要为我党做出更多贡献。"蒋离厂后，徐谟君立刻去重庆中国毛纺织厂总管理处，向我父亲汇报蒋介石"视察"经过。我当时也在场。父亲初则表示惊讶，自言自语地说："为什么这样重大的事情我事先没得到通知？"后则勉强露出笑容，对徐谟君说："你替中国毛纺织厂带来莫大的光荣，今后我们办事将更顺利了，我向你表示热烈的祝贺。"过了一个月，中国毛纺织厂董事会提名徐谟君为副总经理兼厂长。从此以后，徐谟君大权独揽，根本不买我父亲的账。

崇敬党的领袖，对党又半信半疑

父亲对于靠拢共产党的进步人士是敬而远之的，他素来不把重庆的迁川工厂联合会放在眼里。每次接到开会通知，常常是派代表出席。我也代表他出席过几次，曾见到过胡厥文、胡子婴、颜耀秋等人。我父亲对我说："这些人都和共产党有关系，不要被牵涉进去。"我们有几次捐了少数款项，都是由我父亲私人出面付的。1944年下半年，香烟火柴专卖局一个职员约我个别谈话，他说："解放区急需办一个制造黄磷的厂，可否请中国火柴原料厂派几个技术员去帮帮忙？"我想了想，回答说："厂里工作紧张，昆明磷厂人手还不足，实在派不出人。"事后我告诉了父亲，他完全支持我的意见说："重庆到处抓人，枪毙人，这种事我们可做不得。"

有一个晚上，父亲派人告诉我："戴笠派人来看我，要我警告老六（指刘公诚），不要和共产党来往，否则就要对他不客气了。"我迫不及待地把这个消息转告六弟，他还是镇定地做他的工作。抗战胜利的消息传来，震动整个重庆。翁文灏告诉我父亲，资源委员会将派出专家、实习生、大学毕业生300余人去美国实习、读书、训练技术，他留了两个名额，让我父亲提名保送。我父亲征求我的意见，我正在替六弟的人身安全担心，听了这个消息，开心得跳起来，马上对他说："这是上帝送来的千载难逢的好机会，请你赶快提名六弟刘公诚和八弟刘念信。"后来他们二人果然都去了美国，我心中才放下了一块大石头。

1945年8、9月间，重庆报上宣布，共产党领袖毛泽东即将亲自从延安飞来重庆和国民党领导人进行谈判，我们都大为震动。在那期间，父亲曾有两次机会见到共产党领袖毛主席，第一次是在庆祝双十协定签署的大会上，他回来告诉我："我真想不到共产党的领袖毛主席是这样一个文质彬彬的人，态度很大方自然，和周围人谈笑风生。当他和蒋介石碰杯、预祝协定胜利签署时，我真钦佩他的胆量，竟敢单枪匹马来和蒋介石谈判。我替他担心，是不是能够安全飞回延安。"第二次是在毛主席邀请少数工商界代表人士座谈会上，他回来对我说："毛主席讲话很有自信力，听起来共产党这次是真心诚意想和国民党达成协议、和平统一中国的。他号召所有支持正义、热爱中国的人团结起来，为中国的和平、独立、繁荣而奋斗，吸引力很大。"

父亲曾几次见过敬爱的周恩来总理。一次是在红岩新村，他对周总理印象很深，他说："他完全不像国民党的大官，非常谦虚，平易近人，一点架子都没有。他目光炯炯，非常敏锐，讲话很吸引人，而且非常中肯。他知道我是刘鸿生，但没有因为我是一个大资本家而敌视我。他恳切希望所有热爱中国的人团结起来，为一个共同目标，就是为打倒日本军国主义和一切卖国贼而奋斗。"他对周总理是钦佩的，但是对中国共产党总是有戒心。他几次对我说："共产党决不会和我们真正交朋友。"

（原载中国文史出版社《回忆我的父亲刘鸿生》）

刘鸿生避走香港

刘念义

抗战开始后，我父亲本来不打算离开上海，这是因为我们的企业主要都在上海，他放不下这些企业。同时，我父亲一向与外国人很熟识，如果要走随时可办，也很容易。所以，他当时曾观望了一个时期。

后来，日本人常来找他，要与他"合作"，一些资方代理人也都希望他能这样做。他们希望我父亲与敌人"合作"，给他们做挡箭牌，好继续发财。每当我父亲要去公司时，三井、三菱的人已坐在写字间等他了，可见其中有人暗地在联系。我父亲当时未与敌人"合作"，在我看来，大概是怕遭暗算。我也常常敦促我父亲离开上海。至1938年6月下旬的一天晚上，我父亲决定离开上海，是我去加拿大轮船公司买的船票，乘"俄罗斯皇后号"去香港。

我父亲到了香港后，就留在那里，未立即去重庆，他写信给我，要我汇些钱给他在那里办企业。先由刘鸿记账房汇了一些钱给他，他就与中国国货银行办起大中国火柴公司来了。后来他又希望大中华火柴公司能够投资。起初，乐振葆他们是不敢在香港投资的，后来经我劝说，才由大中华汇去7万元港币作为对大中国的投资。当时中国国货银行与我父亲合作时，提出他们要在大中国公司里占51%的股权，董事会的董事人数也要占多数，而具体的经营管理可由我父亲负责。所以在大中国开办时的30万元港币资本中，中国国货银行及其有关人员占51%，我父亲、大中华火柴公司等占49%。

（原载上海人民出版社《刘鸿生企业史料》，有删节）

远走重庆的中国毛纺厂

张裕纲

　　刘鸿生身上具有强烈的企业家精神和创业精神，即便在抗战时期转移到后方重庆，仍然不能稍止。

　　中国毛纺厂，今名重庆毛纺厂，它的前身是上海章华毛纺厂，抗日战争爆发后，从上海拆迁重庆李家沱。当时，它适应了战时经济的需要，在后方工业生产中占有重要地位。

　　章华毛纺厂是上海著名实业家刘鸿生创办的。刘鸿生生于1888年，圣约翰大学毕业，初为英商开平矿务公司上海办事处办事，后以经销煤炭起家，有"煤炭大王"之称。又以投资火柴工业和毛纺工业，皆获巨利，成为垄断企业，遂有"火柴大王"之称。"九一八"事变后，国人基于爱国热情，抵制日货，刘鸿生经营的上海章华毛纺，以国货产品畅销全国，得到长足发展。

　　1937年8月，淞沪战事爆发后，刘鸿生激于爱国热情，担任了中国红十字会副会长兼上海市伤兵救济委员会会长，还担任上海市抗日救国物资供应委员会总干事，亲自负责物资募集和调度工作。但他却存苟安思想，托庇洋商，托庇租界的保护，把上海水泥厂委托于德商禅臣洋行，挂上德国旗；把章华毛纺厂的机器迁入租界，建立纺织二厂、染整三厂，开设企业银行、大华保险公司，意图在上海继续经营。

上海沦陷，日本军方代表植田贤次郎对刘鸿生最后摊牌，逼他出任上海市商会会长。这时上海盛传与日本合作者，国人将格杀勿论。刘鸿生寝食难安，决心"宁为玉碎，不为瓦全"，遂于1938年冬乘"太古"轮潜离上海，奔向香港。所有刘氏企业都被日军侵吞。

刘鸿生到香港后，时值抗战进入相持阶段，他决定重整旗鼓，在抗战后方再干一番事业。他连续几次召集刘氏企业在上海的负责人到香港商议，决定在香港和重庆各办一家火柴厂，将上海章华毛纺厂的机器设备拆到重庆兴办毛纺厂，即为中国毛纺厂。

章华毛纺厂所在的上海浦东，当时已被日军占领，在这种情况下拆迁，实际上就是"偷运"，即由浦东偷运到浦西。从日军防地"偷运"到公共租界的事，刘鸿生交由其子刘念智负责，从1939年冬着手，章华厂经理程年彭介绍了一个国际冒险家E. 惠特勒（E. Widler）和刘念智联系。由刘和这位冒险家从事具体的拆迁工作。代价是每吨1000元伪币，惠特勒向日军一个少将行贿打通关节后，便在深夜找机会分批偷运。经历六个月之久，才结束了偷运任务，偷运出来的纺、织、染设备和器材共达500多吨，付与惠特勒50多万元的巨款。

偷运出来的机器，本拟由海防转运到昆明，但日军南进，海防路线很快受阻，不得不改运仰光再运重庆。1941年8月，刘念智亲赴仰光办理转运手续，见当地待运货物堆积如山，不可能指望官营西南运输公司办理，于是便买进20辆美国道奇卡车，自行运输。仰光到重庆经滇缅公路、滇川公路全程2500英里，峻岭高山，狭道急弯，加以敌机轰炸，在抢运过程中，屡经危险，几丧性命，最终于1942年初赶在日军占领缅甸及入侵滇西之前，将500吨机器、设备、材料全部运抵重庆。

那时，李家沱的厂房快要完工，一批从上海章华毛纺厂调来的熟练工人，包括纺织工、挡车工、机修工、技工和勤杂工等都已来到重庆。运来的机器设备安装起来，有精梳毛纺锭2000只，粗梳毛纺锭1960只，在腊戍损失的一批器材，是从国外购进的新式毛纺织机件300多吨，也商得一家机器厂同意按原图纸制造出来。于是中国毛纺厂便在1942年开工生产，开初是生产粗毛织品，1943年起又生产部分精毛纺织品，产量是：1942年37000米，1943年87700米，1944年302200米，1945年296200米，产量不断增加，供应市场需要。

当时在后方，只有一家川康毛纺厂，主要产品是粗毛呢，最高年产量为10余万米，毛质硬，成本高，质量低。中国毛纺厂设备技术均较精良，原料多系澳毛，粗细毛呢都有，产品质量较好，垄断了整个后方市场，生产发展很快，年年获得大量利润。两年之内就以所赚的钱，在兰州成立了西北洗毛厂和西北毛纺织厂，发展了毛纺织工业。

刘鸿生来重庆，是孔祥熙向蒋介石推荐的，其目的是要他来后方建立工业基地，创办各种工厂。他到重庆的次日，蒋介石曾设便宴招待，比以往见面都要热情，表示要支持他办厂。对于他在上海所受损失，由政府给予1000万元的赔偿。刘此时财力不足，急需经济上的支持，听了非常高兴。为了得到1000万元赔偿金解决资金问题，不但叫他的儿子刘念智奔走于财政部、经济部、工矿调整处、兵工署、四联总处和各银行之间，他还多次拜访并设宴招待侍从室主任陈布雷，多次登门晋谒孔祥熙，希望"财神爷"帮忙解决资金问题。几经奔波，孔祥熙开出条件，派人向刘鸿生示意：（1）政府正筹办火柴烟草专卖局，要刘鸿生担任局长职务，并要拟出具体办法，订出实施条例，要保证每年增加财政收入几千万元；（2）中国毛纺厂和中国火柴厂应该扩大股额，由政府投资；再有不足，可由国家银行贷款；（3）两厂资产一律按账面价值计算，不得提价增值；（4）两厂都改为特种股份有限公司，由宋子良任董事长，由宋、孔合办的国货银行经理担任总稽核；（5）刘鸿生仍担任总经理名义，但各个主要部门应由宋、孔派员监督经营。

刘鸿生听到这些条件，非常生气，他说："原来蒋委员长答应给的一千几百万元的损失赔偿，就是这样的方案啊！照他们的条件，我们刘家所有的资产等于白白地奉送给他们。我们将变成微不足道的小股东，将丧失一切经营管理权。我这个总经理将变成他们的小伙计。"虽说刘鸿生极不满意，但毕竟挣扎不了，不得不接受孔祥熙的条件，中国毛纺厂和中国火柴原料厂都由四大家族投资。中国毛纺织公司，由徐汉君担任厂长，孔、宋合办的国货银行派出经理庄叔遐和副经理马雄文分别担任董事会秘书，刘鸿生成为架空的总经理。其他如贵阳氯酸钾分厂、昆明海口磷厂也是一样，每年增股，其中90%都归官方投资。到抗战胜利的1945年，刘鸿生在后方创办的企业，官股已占总股额的4/5，私股仅剩下1/5，大老板真成了小伙计。

刘鸿生是上海工商界的名人。为了抗战救国，在后方办了一批企业，受到共产党的重视。党的领导人周恩来曾两次同他交谈，1945年9月毛主席到了重庆，也两次同他会面，一次是在庆祝双十协定的大会上，另一次是毛主席在桂园招待产业界人士，刘也应邀参加，使他受到启发和教育。新中国成立后，周恩来总理派专人到香港，对居留在香港的上海工商界人士做了深入细致的工作，既激发了他们的爱国热情，又消除了他们不必要的顾虑，刘鸿生毅然回到内地。

回内地后，刘鸿生担任中华全国工商联合会常务委员，当选为第一届全国人民代表大会代表。中国毛纺厂在1950年就实行了公私合营。现在全厂有职工3800多人，精梳毛纺锭10000多只，毛线、增织绒2400锭，粗毛线840锭，固定资产3000万元，并设第二毛纺厂、重庆毛毯厂、重庆毛条厂三个分厂，较前大为发展，在社会主义建设中发挥了重要的作用。

（原载云南人民出版社《抗战时期内迁西南的工商企业》，有删节）

大老板的小伙计

——刘鸿生与中国毛纺厂纪事

吕　奎

在贪腐成性的蒋宋孔陈"四大家族"面前，刘鸿生栽了，被蒋介石医了焖鸡（坑你骗你没商量）。

一、从大老板当回"小伙计"

刘鸿生原籍浙江定海人，1888年生于上海。其祖父曾在上海宝善街开设"丹桂茶园"戏院，其父刘贤喜做过招商局一艘客轮上的买办。刘鸿生12岁时入上海圣约翰中学，17岁进入圣约翰大学。大学二年级上期，因家道中落，遂在大学中途辍学，入公共租界工部局老闸捕房当教员，教授上海话。1908年进入上海会审公廨当翻译，约半年后，转入意大利籍律师穆安素事务所工作。1909年经人介绍到英商上海开平矿务局任推销员，初时担任写字和跑楼，推销煤炭工作。1911年升为买办。他利用买办职务上的方便与上海义泰兴煤号合伙经销开滦煤，义泰兴煤号是当时上海最大的一家煤号，刘鸿生在义泰兴煤号没有投资一分钱，但为利用刘任开滦矿买办的职务，便予签订合同，义泰兴号便将开滦煤的3/10交由刘经销。于是刘鸿生不但有买办的薪金收入，而且有售煤利润收入。在上述经销活动中刘获得巨额利润，由一个穷学生成了百万富翁。

1929年，刘鸿生在商业活动中聚集一定财富之后，把注意力转向了工业企业，先后合资创办了鸿生火柴厂、煤球厂、货栈、码头以及银行、保险、运输、商业等行业，形成了一个庞大的民族资本企业集团。刘鸿生成为大资本家，既是以买办起家，又是在同官僚资本、买办资本以及封建势力的斗争中艰苦挣扎、曲折发展起来的。

他从买办，与帝国主义势力合作开始，赚取佣金积累资金，又从代销煤炭活动中与帝国主义势力分割利润，扩大资本量。但当他形成气候、要成为一支独立的力量，成为民族资本的时候，官僚资本、买办资本、帝国主义侵略势力则很快就形成统一力量，抑制它发展，进而鲸吞它、扼杀它。比如火柴业，当时较大的火柴厂（民族资本）有苏制的鸿生火柴厂、上海的荧昌火柴厂、周浦的中华火柴厂。本来各厂之间为争市场已互相杀得人仰马翻，自1929年始，瑞典火柴厂在战胜日本厂商之后，大举向华进攻。一方面他们收买在华日厂加工赶制。另一方面在沿海地带大量囤积瑞典火柴，低价倾销，意图一举将我国火柴厂尽数摧毁。民族火柴业前途危急。1929年下半年，东北各火柴厂全数倒闭，广东厂家亦倒闭过半，苏浙皖各厂虽根基较固，而停业亦及小半。上述三厂纷纷告亏。在此关键时刻，刘鸿生却依靠工人，又怕所谓不良分子乘机制造事端，多次组织请愿代表请国民党政府援助，因有宋子良支持，接待规格倒是挺高，但任何实质问题无一解决。1937年抗日战争全面爆发，上海沦陷；日本人常找刘鸿生与其"合作"出任上海商会会长，刘氏企业的一些股东于一己既得利益，置民族利益于不顾，也敦促刘鸿生与日本人"合作"。另一方面，抗日民众十分愤恨汉奸的卖国行为，在上海盛传，与日本合作者，将被格杀勿论。在两种势力夹击下，刘鸿生寝食不安，遂于1938年6月下旬潜离上海赴香港，并在香港创办企业。同年，蒋介石、宋子文电告刘鸿生到重庆去，答应他在上海的一切损失由政府偿还，如果在内地再开办企业，当得到政府大力支持。于是，刘鸿生赴重庆考察，并决定在川兴办毛纺织业。刘鸿生回忆说："我到了重庆之后，很快地就发现了一条规律，所谓大后方的企业，事实上是由官僚资本控制的。我在重庆办的中国毛纺织厂、火柴原料厂及在兰州办的西北毛纺织厂，都由官僚资本投资。我原来在上海是大老板，到了重庆却成了大老板的伙计。我并没有得到蒋政府的支援，倒为当时的大老板赚了一笔国难财。"

抗日战争胜利后，刘鸿生出任国民党上海善后救济总署署长。上海临解放前三天，被汤恩伯派兵强行押上飞机到广州。为避免被弄去台湾，刘鸿生从广州设法躲到香港。同年10月，刘鸿生乘船离香港赴天津。不久，受到周总理亲切接见。在新中国，刘鸿生是中华全国工商联合会常务委员，第一届全国人大代表，1956年10月1日去世，终年69岁。

二、艰辛苦难的历程

刘鸿生被蒋介石政府骗到重庆后，决定在川重建"刘氏"企业。他在香港召开刘氏企业代理人会议，决定首先在重庆兴办毛纺业，组建中国毛纺织厂公司。厂址原选在成都五通桥附近，以便就近使用川康羊毛。后国民党政府决定建在巴县李家沱工业区（现重庆市九龙坡区），占地113亩，系向国民党政府组济部租用。设备除将在上海法租界内的章华毛纺厂部分设备拆运重庆外，再从美国进口600吨设备。

此时在上海的刘氏企业，已尽数落入日本人手中。为筹措办厂资金，刘鸿生寄厚望于国民党政府。他东拜西求，奔波数月之后，宋子文答应借给5万英磅，但附有四个条件：（1）工厂必须在一年内开工，否则，全部财产由财政部处理；（2）开工后，若产品为市场需要，国货银行为主的官僚资本集团有优先投资权；（3）董事长由宋子良担任；（4）刘鸿生任总经理，副总经理由官僚资本派人担任，并掌握公司财权。当时的刘鸿生为筹措资金已进退两难，没有办法不答应这些苛刻条件。正因为如此，刘鸿生调侃自己："在上海我是大老板，到重庆变成了小伙计了。"下面是中毛厂当时资本占股份情况：

姓　名	职务	占股数	占总股的百分比
宋子良	董事长	5000	12.5
翁文灏	常务董事	5000	12.5
杜月笙	常务董事	1000	2.5
张蔚观	监察	2000	5
其他官僚资本		3600	9
合　计		16600	41.5

而刘鸿生只占12.5%。这个投资表也印证了刘鸿生的感叹是真实的。

筹措资金，使刘鸿生历尽了艰难，然而，在川建厂更苦、更难、更险的事，则还是其四子刘念智负责的将上海章华厂部分设备和在英国购买的设备运入川之事。

上海沦陷后，刘氏在上海企业或查封，或租用，全部落入日本人手中。为避免这一事态发生，刘鸿生曾采取了各种手段力求避免。例如，在上海沦陷前，把部分设备迁往租界，建立新厂；与德商禅臣洋行，签订"财产移交保管"合同，借以保全厂财产。但在日本侵略者恣意掠夺下，均无效用，实际沦为日本财产。1938年10月，日寇又先后占领了武汉和广州，上海到重庆的水、陆、空交通全部中断。在这种状况下，从日寇占领下的上海把机器运走，无疑为虎口拔牙。刘念智在此险恶条件下，没有辜负乃父和家族的重托。他利用行贿和高额佣金的方式，收买日本侵略军将领和一个国际冒险家，历经六个月，把上海章华厂部分机器运出了上海。设备运出上海后，原拟从海防到昆明，直接转入内地。但在军事原因下，未能如愿，只好改道，借道香港、缅甸的仰光、腊戌，途经昆明再到重庆。历时两年，沿途饱经风霜、战祸、匪灾，到了国内，也多方受阻，敲诈勒索更是时常发生，货失人伤。在损失当时国币266.32万元巨额资金之后，总算把六七百吨设备中的三四百吨运抵重庆。

最令刘鸿生愤慨而又无可奈何的是，运输过程中，历尽艰辛，总算把物资运到了缅甸的腊戌。这时，刘念智在腊戌遇到了国民党政府军委全运输统制局局长俞飞鹏，俞听说刘鸿生有批机器通过腊戌运往重庆，立即下令扣留，尽管刘鸿生亲自出面，请求放行，也毫无结果。后来，日本入侵腊戌，这三百多吨机器完全被毁坏。为什么会发生这样置民族利益于不顾的事呢？原来，俞的小舅子在招商局一艘轮船上任职，因有贪污劣迹，被当时任招商局局长的刘鸿生开除了，得罪了俞飞鹏。

机器运达的同时，厂房建设也近完工，从上海章华厂调来的管理人员和熟练工人也都到了重庆。中国毛纺厂遂于1943年7月，正式开机生产。

投产之初，中国毛纺厂固定资产计有：

（一）设备部分

1. 洗烘部分——洗房、烘房各1幢，抽水机1部；

2. 梳纺部分——钢丝梳毛机3套，走锭机4台（1960枚锭子）；

3. 精纺部分——钢丝梳毛机3套，圆针梳机2台，环锭机5台（200枚锭子）；

4. 织造部分——纺呢机120台；

5. 整染部分——织、染、烘、蒸、烫压机器全部；

6. 毛纺部分——毛纺细纱机3台，600枚锭子（由于战祸所阻，于1947年方运到厂），摇纺机7台；

7. 其他设备——锅炉2座，车库3台，刨、磨床各1台，钻床2台，马达55台。

（二）房产：大小共20所。

其中：货栈2所，洗、烘间各1所，梳洗间2所，整理工场、纺造、棉纺、修理间、办公室等各1所，男女工宿舍2所，厨房2所等。这些房屋全属穿洞木质结构，为避免日机轰炸造成毁灭性破坏，这些厂房大都分散建在高低不平的地上，价值较高的精纺细纱和前纺设备还建在洞内。合计有职员50余人，工友8人，技工62人，普工30余人。中国毛纺织厂有限公司实属官商合办，总资产400万元，每股100万。

中国毛纺厂投产后，在抗日战争，尤其是重庆处于大后方这个特定的历史环境下，加之工厂设备新、工艺成熟，产品品种多，从1942年到1945年抗战胜利，生产大幅度增长。每年平均增长12.95%，1945年产量达到333138米。其间，中国毛纺厂获得了很大发展，职工人数已达800余人。除了自身发展外，还联同官僚、买办、军阀、社会名流先后投资，创造了西北毛纺织厂以及电力、制帽等企业。

抗日战争胜利后，许多内迁厂纷纷迁回原址，重庆社会工商经济骤然间出现了脱节。市场混乱，物价下跌，尤其是毛纺业又受到美国战后剩余物资冲击，在美国的平厚呢、麦尔登的倾销压力下，中国毛纺厂业务萧条，存货山积。不仅生产周转资金无以为继，连工人工资也无法支付，只好折成呢料，以实物充发。在这种困境里，工厂为了发展，采取了断然的节流措施，撤销了驻康定、雅安办事处，将厂里原有职员141人紧编为92人，减开夜班，低价抛售存货。尽管采取了这些措施，1946年产量、销售量比1945年分别下降了22.79%和5.6%，积压产品28471米。由于生产萧条，资金困难，原拟扩大生产而购置的设备计划也告中止。

1946年8月，国民党政府调整外汇，抑制美国货的倾销，中国毛纺厂货价陡增，业务日见好转，至年底生产已趋平稳。在国民党掠夺下，特别是而后内战再起，1947年底，全国（解放区除外）物价飞速上涨，通货急剧膨胀，囤积投机之风盛行。在这种严酷的经济形势下，毛制品成了囤积的目标和市场投机的筹码，这倒拓宽了毛织品的销路。中国毛纺厂在这种投机反常的市场条件下，呈现了产、销两旺的势头，获得了较大利润。恰逢此时，原向国外定制的全套制毛条机器和600枚毛线机器也到厂，并于同年7月安装生产"文峰塔"牌、"牧羊"牌毛线，投放市场后，备受欢迎。1948年，通货膨胀进一步恶化，囤积投机愈演愈烈，这种反常的条件，造成了中国毛纺厂的业务"繁荣"，产量达到建厂以来的最高水平。

1949年3月以后，畸形发展的毛纺业发生了急剧变化。国民党发动的内战已遭到彻底失败，为挽救军事上的败局，国民党加紧了对老百姓民脂民膏的搜刮，金圆券、银圆券严重贬值，社会经济极度混乱，市场一度出现的虚假购买力渐趋消失；市民购买力越来越弱，靠囤积投机发横财的投机商、投机大户纷纷逃跑，加之战事频仍，交通阻塞，原材料采购、产品销售均无法正常进行。到了1949年9月底，工厂减工减产，解雇工人350多人，产量仅为过去的65%。中国毛纺厂又陷入了山重水复的困境。

1949年新中国成立时，中国毛纺厂资产情况是：

固定资产原值318.66万元，拥有毛纺锭6520枚，毛纺机96台，职工人数1503人。工业总产值635.52万元，盈利2000元，拥有黄金1047.025两，美钞33.88万元，港币10万元，银圆60万元。新中国成立前夕，由杨森批准，市银行据此劫走黄金586.699两，市府也乘机提取部分黄金、银圆和美钞，中毛厂实有黄金458.3两和少量港币、银圆。

三、反压迫、争生存——中国毛纺厂工人罢工斗争

在1945—1946年两年间，中国毛纺厂发生了两次工人罢工斗争，在重庆产生较大影响。

1945年4、5月间，抗日战争接近胜利。国民党当局加紧筹划抢夺胜利果实，准备发动反共反人民的内战。官僚资本控制下的中国毛纺厂紧跟国民党的战略布置，一方面在工厂加强国民党特务统治，正式在工厂成立国民党区党部，纵容青红帮在工厂设堂招收徒弟，发展封建把头势力；另一方面以支援抗战为名，任意延长工人劳动时间，增大劳动强度，加紧赶织向国民党军政部捐献的大量军呢、军毯。在工厂公布实施90条规章制度。在国民党特务、封建把头、工厂所定规章之重重压迫下，工人根本无自由可言。工厂可任意开除工人，青红帮可以在"堂口"里任意处罚门徒，国民党特务更是有恃无恐，任意非为。工人早上6点钟进厂，晚上6点钟出厂，六进六出，有时晚上6点半到9点还要无偿加班。每班都有监工跟班监视工人。稍不如意，对工人非打即骂；女工出厂也要搜身，男女工之间不准往来，更不准结婚生小孩。工人的工资少得可怜。学徒工只管三顿饭，有五角钱零用。三个月后，除三餐饭外，可领取一升半米；三年后，可领取三升米。三餐饭是早晨稀饭、二个馍；中、晚餐是干饭、三个菜。厂方为了分化工人，在工人中制造分裂，在工厂里，上海籍工人工资要比川籍工人高好几倍，工人十分气愤，不断地向资本家提出增加工资和改善伙食的要求，并酝酿着进行争得自身合法权益的更大斗争。1945年5月31日，夜班工人罗光清因机器发生故障而停机，车间领工向厂方报告罗怠工，将罗开除，引起工人义愤。于是，1945年6月1日清晨，中国毛纺厂历史上的首次工人罢工爆发了。

罗光清是刚成立的工会中的川籍工人代表，在工人向厂方争取增加工资

改善伙食时，他都站在前列。他被厂方无故开除，激起工人反对。当时的地下党员朱人秀同志冒着危险，避开特务监视，到八路军办事处向许涤新、蔡北华汇报了情祝，许、蔡代表上级党组织对工人罢工作了三点指示：（1）把罢工情况写成新闻，刊登于《新华日报》，扩大影响；（2）利用罢工有利时机，提出工人劳动福利的要求；（3）对干预罢工的特工人员，鼓励工人予以打击。朱人秀同志根据许、蔡指示，为《新华日报》写了新闻稿，代表工人，草拟了三条要求：（1）要求罗光清回厂；（2）增加薪金，每年发平布两次；（3）厂方不得无故开除工人，以后开除工人，要事先通知工会。6月2日，全厂工人从海棠溪过江到市政府社会局、市工会请愿。6月3日，刘鸿生到厂与工会及职工代表谈判，答应了工会要求，收回开除罗光清的决定，罢工期间工资照发。第一次罢工胜利结束。

抗日战争期间，官僚资本代理人和资本家借抗日救国之名，强迫工人加班加点劳动，榨取更多的剩余价值。为了欺骗工人，他们曾许诺抗日战争胜利后，将发"抗日战争胜利奖金"。然而，抗日战争胜利了，工人不但没有得到什么奖金，反而被资本家加紧了勒索。特别是刘鸿生，抗战胜利后到上海当接收大员去了，代理总经理徐谟君增加特务活动经费，允许青红帮在厂里设堂口招收门徒，压迫、统治工人。

1946年2月初，正值旧历年关。这是抗日战争胜利后的第一个新年，有些工厂为工人发了红包，以示庆祝。中国毛纺厂工人提出了同样要求，要资本家兑现抗战胜利前的诺言，厂方却以厂长不在，把这个要求拖延了下来。直到正月初五，胜利奖金一事还没有丝毫信息。于是在梳精纺、织造两个厂带动下，全厂怠工两小时。面对工人的要求，厂方又拖又骗。过了十多天，资方毫无诚意，激怒了工人，罢工开始了。

罢工后，工人派出刘模原等为代表与资方谈判。开始，还局限于"胜利奖金"问题，争论焦点也只是数额多少。由于资方毫无诚意，工人在斗争中也逐渐成熟，罢工要求也从发放"胜利奖金"一条增加到四条。据中国毛纺厂档案记载，四个条件是：（1）要求发全年所得利润60%的红利；（2）增加工资30%；（3）月工工人也要补发年终双薪；（4）春节四天休假，工资照发。并于2月21日，全厂大罢工。

资方为了平息罢工，用尽了各种手段，既利用黄色工会从内部破坏罢工，又利用军、警、宪、特和反动会道门来镇压工人。3月2日，驻土桥地区的国民党军队驻进了工厂，对工厂实行戒严，工人只准进厂，不准出厂。国民党巴县县长李泽民到厂演说，威胁引诱工人复工。3月5日，在引诱不成的情况下，资方利用军、警、打手创造了震惊全国的"三五"惨案。3月5日清晨，驻巴县国民党第14军第245团一个连的兵力，厂内青帮头子穆道美和流氓头子焦建和、解焕章等人从小龙坎、沙坪坝招来的数十名职业打手以及厂里警卫队武装警察，包围了工厂，用机枪封锁了各条道路。请来的打手，在手端刺刀的警察、军人支持下手持铜棒，强迫工人到球场开会。上午8时，士兵、打手冲进男、女工宿舍、饭堂，逢人便打，见人就抓，在遭到工人顽强反抗后，敌人更加凶狠，并开枪打伤周生玉、袁有兰、李成安、樊光睦等人。闻讯赶来支持的兄弟厂工人，被国民党军队阻在厂外。工人利用砖头、瓦块、开水，与反动军、警、打手展开了长时间生死搏斗，终因力量悬殊，被国民党军、警、打手强制赶进工厂，反锁于内，强迫复工。当场逮捕了18名罢工工人，后又按照黑名单，抓走了20多名工人，关进巴县警察局和国民党重庆卫戍司令部。罢工镇压下去了，但工人斗争仍未停止。

"三五"惨案发生后，中国共产党给了中国毛纺厂工人极大的关怀和支持，中共南方局钱瑛同志召见了中毛厂干部胡惠芬同志，具体了解了厂里罢工情况。《新华日报》冲破重重阻碍，派出记者到厂采访，从3月7日到3月12日，连续发表了《厂方强制工人复工，中国毛纺厂发生惨剧》《中国毛纺厂军警密布，厂方继续迫害工人》《毛纺厂迫害工人竟无人管，百余工人纷纷离厂》等报道，无情地揭露了国民党反动派的暴行，有力地支持了工人斗争。其他如《商务日报》《生活知识》也作了报道，对工人的斗争给予同情和支持。《晋察冀日报》发表了《边区总工会给重庆中国毛纺厂工友们的慰问信》，并捐资75万元（法币）给受伤者、被捕者及其家属，以示支援，并通电抗议特务的法西斯暴行。

在工人坚持斗争以及社会舆论的强大压力下，反动当局在同年4月5日先后释放了被捕工人。厂方在工人持续斗争三个月之久的情况下，只好同意发放奖金2000万元，春节休假四日工资照发，增加30%工资。工人提出的复工条件基本上得到了满足。罢工胜利结束。

11月29日重庆解放后，中国人民解放军向制造厂派苟松亭为军代表，没收的官僚资本归全民所有。1952年，又将616制呢厂与中国毛纺厂合并，改名为"公私合营中国毛纺织厂"。重庆市工业局局长马力兼任董事长，合股董事有刘鸿生、刘念智、康心如。合股还推中国实业银行王文炳任监察。1956年完成对私改造、合股被买赎，并按年息5%发放股息。中毛厂成为全民所有制企业。

经过半个多世纪的发展变化，中国毛纺厂更名为重庆毛纺织染厂。现有职工3600多人，精纺纱锭10296枚，粗纺纱锭240枚，绒线锭3800多枚，年产6万套服装生产线一条。40多年来，累计为国家创造利税3.75亿元，其中利润1.33亿元。80年代初，又先后同巴县、南岸区南坪乡联合组建重庆毛条厂、重庆第二毛纺厂、重庆毛毯厂，为发展重庆毛纺工业做出了贡献，成为西南地区最大的毛纺工业，也是国家大型企业之一。

（原载《九龙坡区文史资料》第5辑）

光华厂内迁

李少甫[*]

约在1937年11月中旬，杭州盛传日军已近城郊（杭州市于12月24日沦陷），一时秩序大乱，职工疏散，光华厂整个停顿。后来工厂决定内迁，当时就近可去处有三地，即：大中华火柴公司桐庐营业所、富阳中部协隆盒片厂及岳驻赵选青等所办之兴华盒片厂。当时由光华厂迁出的机料总数约2000吨，内机器约占全厂一半，火柴约9万余篓（厂存总数约12万篓），火柴原料约六七成。其中部分火柴迁桐庐，少数机器迁富阳，其余均迁至诸暨岳驻及其附近各村。后来又将部分原料接济九江裕生厂，使其维持生产。光华厂疏散时尚留职员三人驻岳驻办公，嗣因杭厂复工，只我一人在岳驻留守。

约1938年11月，上海大中华火柴公司派赵汝俊君通知我，以内迁之机料在当地设厂制造。当即以赵选青家之老祠堂为基础，另外再租一些地搭些房子，作为厂屋，设立了岳驻临时工场。岳驻工场职工约200人，都是当地人，其中有一部分即是原光华厂的职工，我担任了工场主任。岳驻工场约于1939年5月间开工。

岳驻临时工场开工后，最高日产量约150篓。但生产不能正常进行，时开时停。开工不久，曾因商标问题而停工一次。当时浙江省规模较大的火柴厂有五家，即宁波正大、温州光明、绍兴便民、丽水燧昌和杭州光华厂，其中杭州光华厂规模最大，同业间一向竞争颇烈。杭州光华厂部分机料内迁后，尚留沦陷区之部分机料于1938年9月2日复工生产，而内迁至岳驻设立临时工场生产之火柴仍采用原光华厂之商标。于是，宁波正大厂等就向国民党浙江省政府提出，岳驻工场产品敌伪难分，不能销售。后经我们向浙江省政府说明情由，在原商标上加盖岳驻工场标记后始行发售。同时，岳驻离前线临浦只有30里，日军时出骚扰，曾经两次窜犯岳驻，工场遭到损失。

在岳驻工场开工以后，国民党浙江省政府为了加强搜刮、增加地方财政收入，实行地区性的火柴专卖，厂商不得自行销售。办法是按成本加15%的利润。譬如火柴每箱成本11元，加利1元多，而实际当时市价可卖18元。国民党政府掠取数额之巨，可以想见。而且当时法币贬值，虽然说照成本加利，表面上似乎有钱可赚，实际上卖出后补不进，经营资金越来越少。再加上原材料获得非常困难，因此工场只能限制生产，以维持为主。

（原载上海人民出版社《刘鸿生企业史料》，有删节）

保全章华资产

张子威[*]

　　刘鸿生借助抵制外货运动的影响，利用国民政府的实业政策，积极进行企业自身的生产变革，使章华毛绒纺织公司不仅成功地规避了1929年的经济大萧条，穿过了抗战硝烟，更是一路坚挺到新中国成立。

　　1931年11月至1932年10月间，章华毛绒纺织公司因连年经营发生困难，一年之内，四易经理。起初，经理李耘荪无法扭转困难局面就离开了。接着，担任经理的是英商天祥洋行买办陈松源。刘鸿生原想利用他垫款来渡过难关，但陈松源也无法使章华好转，所以不到半年又走了。陈走后，由襄理王建训兼代，仍一筹莫展。随后，由华润泉介绍其外甥程年彭和侄儿华尔康来章华，程年彭任经理，华尔康任发行所业务课主任。

　　程年彭是中华银行练习生出身，也是该行郭经理的女婿。中华银行的规模虽不怎么大，但还比较殷实。程年彭来章华前担任国产搪瓷联营所所长。

　　＊　张子威：原章华毛绒纺织公司总务科科长。

刘鸿生当时请程年彭来章华担任经理的目的，主要想请他解决章华的资金困难问题。为了使程年彭等在章华安心搞好经营管理，刘鸿生就把自己持有的章华股票80万元的四分之一，交由华润泉分赠给程年彭和华尔康，程年彭得12万元，华尔康得8万元。

程年彭进章华后，首先解决资金困难问题。他所往来的行庄主要的当然是中华银行。此外，他对加强企业的管理方面也采取了若干措施，如建立一套成本会计制度，以成本会计来监督生产；又如聘请一些留学生、大学生担任工程师或技术员，招考一些较有文化的人担任工场管理员等。

大约从1933年开始，章华为了扭转困难局面、适应市场需要，决定变更生产方针，将纺、织两部明确划分，并注意生产细呢。陆续生产的细呢种类有："九一八"薄哔叽、中厚哔叽、直贡呢、马裤呢、华达呢、西装呢等，销路都很好。1935年，细呢生产的总数达二十二三万码，而粗呢（制服呢、军衣呢）生产仅十万码左右。也就从1933年开始，章华便一再增添机器设备，同时更延长工人的工作时间。1933年，首先在驼绒车间开夜工。约在1935年间，将工人每天每班工作时间增加了两小时，原为每班10小时，这时改为"六进六出"即12小时。至1936年间，则又从部分开双班增为全部开双班。工作时间延长，表面上工人收入也有增加，实际是厂方占了便宜。

1937年8月13日抗日战争全面爆发，章华浦东厂即告停工。随后章华公司就把浦东厂的大部分机器、原料等搬至浦西租界。在上海未沦陷前，章华公司已设法搬运好几次。在上海陷敌后，日军不准搬运。章华公司就设法找到了一个与日军有往来的瑞士人惠特勒，由他从日军那里弄来了搬运许可证，从浦东厂装了五六船机器至浦西租界来。当时公司付给惠特勒的运费是每船法币5000元，至于惠特勒向日军行贿多少，则不得而知。

章华公司从浦东厂搬运出来的机器，主要有：1200个精纺锭、60台织机、几套整染设备以及大部分毛料和半成品。这些机器，一部分留作浦西租界设立分厂之用，一部分后来运到重庆去投资中国毛纺织厂。

章华毛绒纺织公司与德商禅臣洋行一向是有交易往来的。章华经常向禅臣订购机器、原料，开出期票给禅臣。虽然期票到期，章华是如数付清现款的，可是交易一再发生，总会有一些章华开出的期票留在禅臣那里，这是商业上常见的现象。在抗日战争开始后，章华就与禅臣商议，想利用纳粹德国与日本军阀政府的轴心国关系来保全自己的企业，办法就是利用它们平时的商业往来关系，假作章华已无法清偿积欠禅臣的账款，愿以厂房、机器等转让予禅臣保管，并因此订立了一个假的转让合同。我记得当时章华为了制造转让合同订立的根据，临时向禅臣洋行开出的期票就有整整的一本支票簿，并且把转让合同拍了照片。

除了表面上的转让合同外，章华与禅臣又订立了一个内部协议。协议内言明，转让合同取消时禅臣要将章华给它的期票交还。禅臣之所以肯帮助章华，主要是为了业务上的关系。禅臣帮了章华忙，希望章华以后在业务上可以多与它来往。

刘鸿生离沪后，恐日本侵略军将其股份视为敌产，故借出让股份的办法更换户名，以资保全。受让人陈宝琪等人系刘鸿生所属企业的职员或亲戚，仅是借名顶替，并非真正受让。至抗日战争胜利后，这些股份又转回给刘鸿生持有[1]。

抗战期间，章华厂生产虽然减少，营业却很好。由于当时通货膨胀，投机囤积之风正盛，呢绒也成了投机囤积的对象。产品出厂，你抢我夺，而厂方却不大肯出售。这一时期章华资本家尽量设法多买原料、多欠款子，以便多制成品，获取暴利。当时章华除向往来比较密切的中华银行经常借款外，还向中国企业银行、中国银行及伪中央储备银行等处借款。同时，章华资本

193

---

① 经查章华档案，1945年10月1日，陈宝琪等四人又将上列股票转还给刘鸿生持有。

家还打破过去所制订的一套成本会计制度，使用两本账。每次生产后把产量抽去一部分转到另设的、由华尔康操纵的鸿康呢绒号去，使章华厂产品的成本提高，账面盈余减少。这样做，不仅使章华的税赋减少，而且使章华的一部分财产转移到鸿康去。当时刘鸿生不在上海，程年彭、华尔康把章华的产品转到鸿康去，便于他们经营投机、获取暴利，也就是把章华的一部分利益转归华尔康等所有了。

抗日战争初期，章华毛绒纺织公司为了使浦东厂资产免被日本侵略者侵夺，曾利用商业往来关系，请德商禅臣洋行帮忙。1944年德国法西斯政府快垮台时，禅臣洋行把资金逃避到瑞士等中立国去，章华也给了它一些便利。公司经理程年彭曾以章华的名义向禅臣洋行借115万瑞士法郎。当时，寅丰毛纺厂王云程与程年彭谈起买纱锭事，程年彭就拿这笔款项作为定金，向瑞士立德尔厂订购3万纱锭，章华与寅丰各半。

抗战胜利，浦东厂发还复业后，接着就租用周家桥申新纱厂厂房，装机开工，成立启新纱厂。1946年10月，章华毛绒纺织公司与寅丰毛纺厂签订合办启新纱厂合约，启新纱厂即于是年年底正式开工。1947—1948年，由于通货急剧膨胀、市场投机风行，棉纱成为一种重要的囤积投机对象，上海一般棉纺厂的产销都有增长。启新纱厂虽属新办，在当时情况下，也乘有利时机赚了些钱。1949年初，由于国民党政府失败已成定局，投机大户纷纷外逃，市场呆滞，启新纱厂的产销转趋下降。至3、4月间，王云程从厂中拆下5000余纱锭运往香港，程年彭不久也外逃。启新纱厂由于设备被拆毁，经营又无人负责，业务受到严重影响，只能断断续续地开工，一直维持到解放。

1946年下半年至1947年春季，我国市场上有大量外国呢绒特别是美国呢绒进口倾销，我国毛纺织工业遭受重大打击，章华毛绒纺织公司的产销也受到严重的影响。这种情况一直持续到1947年夏季才有所改变。1947年4月以后，由于毛纺织工业同业公会等一再呼吁反对呢绒进口，社会舆论又加以支持，国民党政府在各方面的压力下，不得不提高进口税率，限制外国呢绒进口。同时，外国呢绒特别是美国呢绒经过将近一年的倾销，也已把战时剩余下来的货物在中国等市场上销售得差不多了。由于以上两方面的原因，我国进口呢绒的数量从1947年4月以后有所减少。

1947年4月以后，由于外国呢绒进口减少，上海市场上各呢绒商店和百货公司所出售的外国呢绒就较为显著地减少了，而出售国产呢绒的数量却渐渐有所增多。同时，由于进口货税率提高，外国呢绒在市场上对国产呢绒在售价方面的优势也逐渐消失。国产呢绒在质量上本来不比外国呢绒特别是美国呢绒差多少，价钱趋向便宜，大多数消费者就舍弃外国呢绒而转买国产呢绒了。这一变化，对上海毛纺织工业产生了颇为显著的影响，不少毛纺织工厂的产销都因而有所回升。章华毛绒纺织公司的情况也表现得颇为显著。它从1947年6月份起，把每日开工时间从原来的10小时增为10小时半；全厂1750枚粗纺锭以往只开1/2—3/4，至此基本上开足了；过去因美货麦尔登呢大量进口倾销而被迫停产的粗呢，从这时起也逐步恢复生产。1947年下半年的产销量不仅超过1946年同期，而且基本上是月月上升的。以产量而论，1947年6月份较之1946年9月份（美国呢绒进口倾销最烈的月份）增加了近一倍，12月份又在6月份的基础上上升了将近一半。这证明其产销已在回升。

章华毛绒纺织公司从1946年起，就向国民党政府行政院善后救济总署申请购买"救济"羊毛，以增加原料供应。这年4月和9月，前后两次申购40万磅，实购18万余磅。1947年购进数量进一步增多。这年1、2月间，先后两次计共申购32万磅，实购30万磅。章华毛绒纺织公司在购买这些"救济"羊毛时，出价既低廉，而且又是定期付款，在通货膨胀的情况下，确实得了很大好处。它之所以能购到为数如此之多而价格又如此便宜的"救济"羊毛，同刘鸿生担任国民党政府行政院善后救济总署执行长兼上海分署署长都有直接或间接的关系。

1948年至1949年上半年，外国呢绒进口的数量进一步减少，国产呢绒的销售市场又扩大了一些。同时，由于通货膨胀愈演愈烈，到处重物轻币，呢绒也成了保值的手段和市场交易的筹码，不少投机商人把它当作囤积居奇的对象。这些因素使得呢绒市况日盛。章华毛绒纺织公司在这一年多时间内，由于产品去路进一步扩大，同时又有大批在1947年购进的"救济"羊毛作为原料，而新添置的机器设备又相继投入生产，其产销便在1947年的基础上进一步上升。1948年的产量较1946年增加了一倍多，1949年的销量较之1948年又有增长。

（原载上海人民出版社《刘鸿生企业史料》，有删节）

乞国民政府相助

1940年5月中国火柴原料公司筹备处呈国民党政府财政部税务署文

顾抗战以还，我国火柴工业以一部分舶来原料，供给困难，时濒危境，以致大多工厂作辍无常。火柴售价，日趋离涨。若不亟为之图，则一旦原料中断，整个火柴工业势必立告破产。火柴同业憬自身之危机，复受政府之敦促，爰于去年9月间，由川黔火柴工商业联合会，协同大中华火柴公司筹设火柴原料厂，制造胶、磷、氯酸钾等火柴原料。初拟以资本国币30万元，为小规模之试办。旋以此项原料之制造，为火柴同业所引领切望者，享在必行，不容犹豫；而欲制造原料，足以供应同业需要，又非资本30万元所能蕆事。……复由参加发起之火柴同业议决改为资本100万元，先收半数，计50万元。凡此经过，曾由川黔火柴工商业联合会先后陈报财政部暨经济部，并请拨借资本或给予补助。

当奉经济部：正字第三五六七九号批内开："呈悉。所陈设厂自制火柴原料，请予借垫资本，按各厂售货摊收股款归还各节，核尚可行。……关于所需资本一节，已令饬工矿调整处洽借，并仰知照，此批"等因，及财政部渝税五字第四四五二号批开："呈件均悉。……至所请给予补助一节，如因股款不敷，自可由部酌量加入官股，以期增厚实力，扩充生产。……"等因各在案。……又本公司资本自国币30万元增至100万元，此在发起组织本公司之火柴同业，就其财力上言，似已尽其最大努力。而近数月来，物价高涨无已，建厂所需材料以受外汇影响，其上升之程度更属惊人。本公司一月间之预算，已不复适用。依照最近估计，如须实施原定计划，非300万元不济。

……若即此半途而废，则本公司发起人过去为自身挣扎图存之一切努力，尽属徒然；而火柴工业以原料之无以为继，终至整个崩溃，其严重后果将影响及于国计民生者，谅非浅鲜。兹本公司之股东即火柴同业务厂，雅不欲以一篑之亏，遽弃九仞之功，颇思再接再厉，以底有成。徒以本身财力有限，未克按物价上涨，即为比例增资，仅能等其所产火柴出售时，于货款内再为陆续凑缴，直至原定股额100万元以外，再收足国币200万元为止。第此项筹借之款，收集需时，而本公司实施建厂，立须进行，势非现款不办。为特具文呈请钧署准予核拨国币200万元，作为政府扶助民营事业之提倡股本。此项提倡股本，拟请政府随时出让，由火柴同业收购。其收购办法，系由川黔火柴工商业联合会根据该会本年5月16日之决议，备文呈请钧署，于署令到达所属机关之日起，责令川黔两省火柴同业及其他自愿参加之火柴同业工厂，在其所产火柴出厂时，先向政府指定银行缴纳火柴原料厂借款偿还准备金，每箱国币100元，直至政府提倡股本国币200万元全部收回为止。

（原载上海人民出版社《刘鸿生企业史料》，有删节）

日机肆虐，中国毛纺织公司损失惨重

1942年6月19日中国毛纺织公司呈国民党政府经济部文

查本公司于（民国）29年（1940年）1月开始筹备，至（民国）31年4月底为止，因海防、仰光、腊戌等处先后被敌方占领，以致损失机件车辆甚多。渝市本公司办事处职员宿舍、巴县李家沱制造厂之财产均遭轰炸，昆明炸伤押运机件技工。综计前后直接间接损失有六次之多，除机器部分之运费及保险费尚未计入外，为数已有国币273.29096万元。……而所有关于机器之运输保险等费，损失超出机器原价值数倍之巨。因账单未齐，暂未计入。兹分别呈报如下：

（一）海防被敌方封锁损失机器8箱。本公司向外商订购毛纺织机器向由香港运至海防进口，经滇越路运昆明转渝。（民国）29年7月敌方封锁海防，本公司存有比国毛纺织机件8箱，毛重5.01吨，被封锁在内，迄未能运出，照价值损失计国币9.60654万元，所有运输保险等费尚未计入。……

（二）重庆市中正路（今新华路）本公司总办事处职员宿舍被敌机炸毁。……两共损失计国币1.071466万。……

（三）巴县李家沱本公司制造厂被敌机炸坏损失。（民国）30年8月12日敌机向李家沱公共事业区各工厂滥炸，本公司制造厂各部分亦被炸坏，损失计国币5.8975万元。……

（四）昆明被敌机炸伤押运机器技工二人。本公司自备车在腊戌抢运机械，派技工刘丰卿、徐小君随车押运。于（民国）30年12月18日至昆明突被敌机炸射，二人身受重伤，当送昆明惠滇医院疗治渐痊，所有医药费损失计国币1.12916万元。……

（五）仰光损失自备道奇新车31辆。……本年国际风云紧急，本公司在香港购进道奇新车数批中之最后一批计32辆，每辆价值国币5.8万元，运仰光进口后正在抢运机件，突于（民国）31年2月19日敌军逼近仰光，各机关奉令撤退，此批新车32辆只抢出1辆，其余31辆因缺乏汽油无法抢运，悉遭损失。照价计值国币179.8万元。……

（六）腊戌被敌方占领，本公司由仰光进口之英国机器，冒险抢运至腊戌，全部损失。本公司前在英国信贷下订购毛纺织机器由英运至仰光进口，两批计重185.5吨。因仰光情势危急，冒险设法已悉数抢运至腊戌，雇车运昆转渝。不料腊戌于（民国）31年4月28日突被敌军占领，致全部机器痛遭损失，照价计合国币27.595294万元。此项英币折合国币元数系按照当时官价外汇每两先令一便士半折合国币一元计算。至所有关于运输及保险等费因账单未齐，尚未计入。……

（七）又由香港运仰光进口后抢运腊戌之比、德、印度纺机器材28.84吨，亦于（民国）31年4月28日在腊戌同遭损失，计国币48.1910万元。所有运输保险等费因账单未齐，尚未计入。……以上本公司因迭遭敌方在各地封锁、炸毁、逼近占领所受七次损失情形，据实呈报……仰祈钧部鉴核俯赐汇转，并乞批示为荷。

（原载上海人民出版社《刘鸿生企业史料》，有删节）

第六章

落幕：遭遇旧时民族工业的黄昏

劫后庆新生

刘念智

刘鸿生对老二说："我已经是六十出头的老人了！我的事业都在国内，不想留在海外做'白华'。现在你们都盼望我回去，我一个人流落在海外，有什么意思呢？我决定回去。"

一、歧途彷徨

八年抗战，我父亲受尽官僚资本的压榨，成为四大家族的小伙计。回想过去，不免寒心。但是他和四大家族又有千丝万缕的联系，幻想依靠四大家族发展民族工业。他把自己的命运和四大家族拴在一起，打算于必要时把全家撤退到台湾。他说："我们必须留一条后路。"这条后路就是台湾。为此，我曾飞到台湾作未雨绸缪之计。我在台北购置了大批房地产，筹办了一家糖果厂，在高雄筹建了一家化工厂。我还把刘家各房兄弟姊妹所有的金银财宝集中起来，分装若干箱，托中兴轮船公司运往台湾，交由五弟念孝、七弟念忠保管。背离祖国，自以为得计。

然而事实证明，四大家族也是翻脸不认人的。国民党政府从刘氏企业劫走大量黄金、美钞的经过，使我父亲受到了现实的教育。他开始意识到，台湾也不是好地方。那么留下来不走，好不好呢？他也觉得不妥当。何去何从，他在歧途上彷徨。

老实说，作为一个资本家，他是反对共产主义的。早在1944年我在中国火柴原料厂担任协理的时候，有一天，有一位在重庆香烟火柴专卖局里工作的职员约我个别谈话。他告诉我，解放区急需火柴原料，想办一个制造黄磷的厂，要我派个技术人员去帮忙办起来。我想了想，以厂里工作紧张、昆明磷厂还缺人手，实在派不出人作为理由，拒绝了这位职员的要求。事后我告诉了父亲。他听后完全支持我的意见说："重庆到处抓人，枪毙人，这事我们可做不得！"

抗日战争时，我父亲在重庆曾经两次见到周恩来同志，印象很深。他说周恩来先生非常谦虚，平易近人，没有一点架子，完全不像国民党的大官。他说："在蒋介石政府里面，找不到像周恩来那样的伟大人物，可惜他是一个共产党人。"1945年9月，毛主席到了重庆，他也两次见到了毛主席。第一次是在庆祝双十协定的大会上。他回来告诉我："我真想不到共产党的领袖是一个文质彬彬的人物，态度大方自然，谈笑风生。我真钦佩他的胆量，竟敢单枪匹马来重庆谈判。我也真替他担心，是不是能够安全飞回延安。"第二次是毛主席邀请少数工商界人士座谈，他回来对我说："毛泽东讲话很有自信，看来共产党是真心诚意要和平的。他要求所有支持正义、热爱中国的人都团结起来，为中国的和平、独立、繁荣而奋斗。他的话有很大的吸引力。"然而，尽管他崇敬毛主席和周恩来同志，但是他对中国共产党存有戒心。他说："共产党决不会和我们真正交朋友。"

既然共产党不是朋友，台湾也不是安乐窝，父亲就选择了香港这条路。

从1949年开始，他每天早晨要听取各企业负责人的汇报，汇报的内容是所谓应付紧急局势的准备工作，说明白些，就是关于逃避外汇的措施。当时据章华毛纺织厂总经理程年彭和襄理华尔康报告，他们已卷走外汇和运出原材料、成品等约值500万美元。他们的"成绩"受到了父亲的赞许。我报告了中华码头公司、华东煤矿公司和上海水泥厂的情况，我说："三个厂共计已卷出了约200万美元的资金。"他叫我继续干下去。

1949年3月，我因病住进中山医院。当时平津已经解放，上海风声鹤唳，谣言纷起。我父亲每天来医院和我商量各种重要问题。他告诉我，蒋介石已下令要死守上海，上海市政府已奉命组织"保卫上海委员会"，派他担任保卫委员，每天讨论保卫措施。因为他没有去台湾，已受到上海市社会局局长陈保泰的监视。

战局越来越紧，监视也越来越严，我父亲的心境也越来越黯淡。我出院后，父亲几度召开家庭会议，讨论应付紧急情况的办法。大家说来说去，免不了是"脚踏两只船""不要把所有的鸡蛋放在一个篮子里"的想法。当时六弟公诚参加了家庭会议，他反对这种想法和做法。照他的意见，中国共产党的政策是保护民族工商业的。他一再劝说父亲坚定信心，不要采取怀疑顾虑的态度。

就我们家庭的成员来说，公诚毕竟还是小兄弟。他虽然去过延安，但当时并没有公开党员的身份。人微言轻，他的主张自然得不到大家的重视。

公诚有一位姓王的朋友，当时住在我们家里。据公诚介绍，这人是1938年在延安时的同班同学。有一次，在家庭会议上争论得急了，公诚就拉着这位王先生对大家说："我的话，你们不相信。王先生是共产党员，让他和你们谈谈。"听说王先生是党员，我父亲起身就进里屋去了。新中国成立以后，我们才知道，王先生的真实姓名叫"戴德"。

当时王先生向我们详细解释了中国共产党对民族工商业的政策，叫我们安心经营，不要听信国民党的宣传和谣言。

后来，这位王先生三次于深夜到华山路枕流公寓的我家里来看我。第一次，他对我说："你是你父亲最信得过的儿子，你现在负责刘家几个企业，关系重大。将来解放以后，这些企业仍然需要你继续负责，你决不可离开上海。"第二次来看我的目的，是要我说服父亲不要离开上海，解放军保证我父亲和刘氏企业财产的安全。第三次，他来通知我，说据密报，汤恩伯要炸毁上海所有的工厂企业，要我和工人好好合作，把刘氏企业保护好。他还叫我收听解放区的电台广播。

王先生和六弟公诚的劝说，对我们起了安定的作用。4月下旬的一个夜里，我从共产党的广播中听到了百万雄师过大江和胜利攻占南京的惊人消息。我还收听到了一则广播，大意是：请刘鸿生先生留在上海，不要走。解放军保证按照"发展生产，繁荣经济，公私兼顾，劳资两利"的政策，保护刘氏所有工矿企业。我把这些消息转告了父亲，他点点头。

为了保卫刘氏企业，我们征得父亲的同意，发动职工组织起保卫工厂安全和保卫码头安全委员会。可是，在我们组织保卫工作的时候，国民党却处心积虑地要在上海实施所谓"焦土"政策。在百万雄师过大江以后，上海市社会局就要我父亲下令，把上海水泥厂、章华毛纺织厂和中华码头公司的三个仓库立即破坏，破坏得越彻底越好。我劝父亲不要上当，尽可能敷衍搪塞过去。后来，社会局实在逼得紧了，我们就把工人已经组织了护厂队的情况据实告诉了这个局长，并表示我们已经无能为力了。

战事距离上海越来越近，离开上海的人也越来越多。这中间有一些善良的人，是为了逃避反动派的疯狂屠杀而离开的，但有更多的人是由于听了国民党的恶意宣传，害怕共产党和反对共产党而离开的。章华毛纺织厂总经理程年彭和襄理华尔康就是后一种人。

在1949年5月初的一天，程年彭和华尔康带着大批外汇和家属驱车到了龙华机场，准备搭机逃往香港。厂里职工早已侦察到他们的行踪，集合了200多人把他们两个包围上了。程年彭偷偷地向我父亲通电话告急。父亲来不及和我商量，就驱车到机场和程年彭密商去了。密商以后，他替程年彭解围，对职工代表说："程总经理和华襄理是暂时去香港避难的，等上海情况恢复正常后，他们保证把国外财产全部调回上海。他们走后，我家老二念义将担任章华公司总经理职务，我也继续担任董事长，我们一定和你们患难与共，负责维持所有职工的生活。"他的话刚完，上海警备司令部的警车四五辆已经带着尖叫的声音开到机场，从车上走下大批军警，一起把职工包围起来，同时急急忙忙地把程年彭等护送上飞机逃走了。事后才知道，这大批军警是程年彭向一位朋友告急后调来的。程年彭、华尔康到了香港后，没再回上海。1951年，我父亲曾派专人去香港争取他们，没有把他们争取回来。他们吞没了章华工人用血汗挣来的价值500万美元的全部外逃资金，既欺骗了工人，也欺骗了我父亲。在刘氏企业中，他们是最不诚实的。对我父亲来说，这是一个沉痛的教训。

二、虎口余生

在踌躇彷徨了一个时期以后，我父亲最后决定，既不去台湾，也不去香港了。可是国民党却不肯放过他。在上海临解放前一个星期，他受到国民党特务的严密监视，失去了行动自由。上海市社会局局长每隔一小时就要和他通一次电话，表面上是为了互通消息，加强联系，实际上是为了监视行动，加强控制。当时我父亲情绪十分紧张，问我们："怎么好啊？"我建议马上把父亲送进中山医院，只说是心脏病复发，病情危急，拒绝见客。这一建议，大家同意了。

没有料到，社会局竟比我们先走一着。一天深夜，社会局局长陈保泰带着三个武装人员，突然找上门来。他带着一副狡猾的面孔，用粗暴的口吻对我父亲说："广州要开紧急会议，蒋委员长派专机来接你，时间紧迫，汤（汤恩伯）司令叫你立刻就走。"不容分说，特务推着父亲出门，也不让家里人送，就驱车走了。

事出意外，特务形同绑票，我们一家人都为父亲的安全担忧。几天以后，忽然接到他从广州发来的信，说是已经平安到达。广州已处于极端混乱状态。蒋政府已控制不了事态的急剧发展。为了避免特务再绑票，他准备找机会离开广州去香港。不几天，他果然找到一个机会，避过了特务的监视，逃出虎口，到了香港。

这时，正是上海解放的前夕。扬言要死守上海的国民党军队溃不成军，狼奔豕突地退出了上海。1949年5月25日清晨，我病在床上，听到街上一片欢呼声："上海解放了！""毛主席万岁！""中国共产党万岁！"

上海解放，秩序井然，工矿企业照常开工。人民政府立即执行了"公私兼顾，劳资两利"政策，使生产得到了恢复。我把刘氏企业的恢复情况不断写信告诉在香港的父亲。虎口余生，重萌生机，他坐不住了，想要回来。他来信征求我们的意见。我们得到上海市委的支持，由老二念义去香港接他，这是1949年10月间的事。老二到港后，向他做了动员说服工作。当时香港是各方势力激烈斗争的地方，那里有各派政治人物，有冒险家和投机家，还有大批国民党特务和反共分子，到处进行反动宣传。有一个朋友对他说，共产党什么都有办法，只是经济没办法。他认为这话颇有道理。面对这种宣传，我父亲不免受到了影响。最大的影响还是来自刘氏企业的负责人如刘吉生、程年彭等，他们拉了父亲的后腿，主张等一等、看一看，再做决定。为山九仞，功亏一篑，老二虽然对父亲做了许多工作，但没有能完成任务。

后来周总理派了专人到香港，对居留在香港的上海工商界人士做了细致的宣传教育工作，既激发了他们的爱国热忱，又消除了他们的一些不必要顾虑。我父亲回国之心越来越坚定，越来越迫切。一个月后，老二第二次去香港接他。他对老二说："我已经是六十出头的老人了！我的事业都在国内，不想留在海外做'白华'。现在你们都盼望我回去，我一个人流落在海外，有什么意思呢？我决定回去。"归计既定，老二就陪同父亲避开特务监视，于深夜登上了太古轮船，离开香港向天津进发。

三、终于走上了社会主义道路

到了天津，就收到周总理的电报，邀他们马上进京。他感到很激动，立即和老二进京会见总理。总理和他们亲切握手，表示欢迎并留他们吃午饭。总理详细地询问了在香港的工商界人士的思想情况，并问有什么顾虑，是否了解大陆解放后的真相，等等。在听到我父亲的回答后，总理笑着说，共产党要遵照毛主席的指示办事，保护民族工商业者的私人财产，包括工商企业和一切生活资料。工商业者可以保留过去的生活，不要有什么顾虑。他说，政府还面临着许多困难：西南、西北的一些地区和西藏、台湾，都等着解放；国民党的残余部队和各地土匪还待肃清；许多工矿、企业、码头仓库、铁道交通受到了严重破坏，需要修复。他希望我父亲在上海工商界中起模范带头作用，和政府密切合作，共同渡过难关。

我父亲听总理说到"民族工商业者"时，心里有点触动，没有马上做出回答，总理好像已经看透了他心里的疑虑，又对他说，党是了解他的，把他和官僚买办资产阶级是区别对待的。官僚买办资产阶级勾结帝国主义，丧权辱国，甘心与人民为敌，政府将没收他们的全部财产，并剥夺他们一切公民权利。至于刘氏的企业，将会得到政府的保护。总理叫我父亲放心。听到这番话，我父亲松了一口气，他问总理："我办的华东煤矿是否可以发还给我？"总理想了想，回答说，矿藏、铁路和一切公用事业是国家的经济命脉，同国计民生有着密切关系。华东煤矿将由国家接管，至于私人股份，将在适当时期公平合理地进行估价，全部发还。这次会见足足谈了两个半小时。

父亲一回到上海，就将会见总理的情况全部告诉了我们。他说："周总理是一个非凡的人才，他身负国家重任，日理万机，但对我们刘氏企业的情况了如指掌，真使我佩服万分！"他觉得总理与他的谈话诚恳坦率，不轻易许下诺言，这一点给他以深刻的印象。他说："我还不能完全理解总理的意图，但是他的坦率态度，使我开始消除对共产党的疑虑。"

回到上海后的第二天，父亲就收到陈毅市长的邀请，参加了便宴。陈毅市长对他断然和国民党政府决裂、回国参加经济建设，表示热烈欢迎。他希望我父亲在上海工商界中起带头示范作用，与人民政府紧密合作，有什么困难，可以坦率地提出来。父亲曾多次受到陈毅市长的亲切接见和谆谆教导，他经常用四句话、16个字来描绘陈毅市长的形象，他说："陈毅市长粗中有细、细中有粗，能文能武，博学多才。"这个评语得到了很多人的同意。他对陈毅市长确实佩服得五体投地。

上海解放，举国同庆。但由于美帝在解放后的封锁和蒋帮在退出前的破坏，部分工厂不能立即复工，部分工人不能立即就业，救济失业就成为当时的一个急迫工作。我父亲回到上海后，就担任了中国人民救济总会上海市分会副会长和上海市失业工人救济委员会经济审核委员会主任委员职务，在陈毅市长的领导下，参加了失业工人救济工作。

我父亲对共产党有一个认识过程，即从疑、惧、信、服，到真诚拥护，这是一个多次反复的过程。

上海是一个工业基地，又是一个投机市场。"二白一黑"（米面、纱布、煤炭）一向是不法商人投机倒把的筹码，是长久以来无法解决的问题。共产党能办好经济吗？在我父亲看来，这是一个问号。可是他回到上海一看，这个无法解决的问题竟由共产党解决了。事出意外，他不能不感到惊奇。

随着事情的发展，更使他惊奇的在后面。就在上海遭到"二六"大轰炸一个月以后，中央人民政府在全国范围内开始了统一国家财政经济的重大措施。令出法行，转眼之间，全国物价开始稳定下来。在国家遭受了八年抗战和四年解放战争以后，在国民经济遭到了严重破坏之后，共产党一纸命令，就扭转了长时期通货膨胀、物价混乱的严重局面，这不仅要有切实可行的经济措施，也要有扭转乾坤的政治力量。当时我父亲连续几天在电话里、在广播中听到纱布价格不断下跌、黄金美钞黑市连续暴落的消息以后，不禁连声赞叹："这是奇迹！这是世界经济史上的奇迹！共产党不仅能在战场上取胜，而且能打漂亮的经济仗，我真正佩服了！"

在财经统一、物价稳定以后，习惯于囤积居奇的上海工商界，却碰到了经营上的困难。刘氏企业也发生了产品滞销、周转不灵的情况。就在这个困难关头，政府积极推行了调整经济、畅通物资交流和贷款救挤等措施；中财委还向章华毛纺织厂订购了一批制服，帮助我们渡过了困难期。我父亲当时怀着感激的心情对我们说："即使在最困难的时候，人民政府也不曾亏待我们啊！"

但是，尽管佩服、感激共产党，我父亲当时同工商界大多数人士一样，对私营工商业的利用、限制、改造政策，对工商业者的团结、批评、教育政策，以及对于劳动创造世界的真理等，还是很不理解。他说："我始终搞不懂，为什么共产党硬要我们承认是工人养活我们、不是我们养活工人呢？没有我们的许多工矿企业，工人哪里会有饭吃呢？"

在1950年的"二六"轰炸中，刘氏企业的上海水泥厂、章华毛纺织厂和中华码头公司都受到了损失，这使他对党的防空力量感到担忧。特别是1950年10月25日开始的抗美援朝战争，更使他忧心忡忡。他说："共产党太自不量力了！大陆解放才不过一年，就向老虎头上拍苍蝇，一定会惹出祸来。逼得美国没有办法的时候，它就要扔原子弹了。"对于党的镇压反革命运动，他也有反感。他说："共产党杀人太多，使人提心吊胆。"如此等等，不一而足。

更使他受到震动的，是1952年的"五反"运动。当时他在家里养病，没有参加运动。李维汉部长和孙起孟同志还到家里看望他。但因为刘氏企业全部受到了检查，他心里很不痛快。同时听到"五反"运动声势浩大，他认为党的政策变了，像他这样的资本家迟早要被清算的。他把我们弟兄一起召集到病榻前，心情沉重地对我们说："如今国家有了前途，共产党在经济上也很有一套办法，可以不要资产阶级这个朋友了。你们各走各的路，各想各的办法去吧！"这一席话明白地暴露了他当时的内心想法。然而"五反"运动结束时，政府宣布，刘氏企业都是守法户。党的实事求是的作风，使他从内心里感到服帖。

"三反""五反"是一个伟大的移风易俗运动，它涤荡了旧时代遗留下来的污泥浊水，转变了社会风气。在新中国成立前，我父亲总是由六名保镖护卫着进出家门，还常感到不安全。而今他可以自由自在地活动，不必再提心吊胆地过生活了。事实证明，"五反"运动，不仅没有清算他，而且不久以后，他被选为全国人大的代表。实际的教育，使他从内心里受到感动。

伟大的抗美援朝战争，对于我父亲来说，也是一次极其深刻的爱国主义和国际主义教育。我父亲是由帝国主义培养出来的，他有极其严重的崇美、恐美思想。在抗美援朝的最初日子里，他每天提心吊胆，唯恐美帝国主义的一颗原子弹会把上海的繁华世界立刻化为灰烬。等到志愿军跨过鸭绿江，把美军赶回"三八"线以后，他才松了一口气。志愿军在前线的胜利，激发了他的爱国热忱。他在工商界中带头捐献飞机大炮，并号召刘氏企业要竭尽所能，在捐献中做出最大的努力。

1951年春，我的二哥念义参加了第一次中国人民赴朝慰问团，到朝鲜前线进行了慰问活动。人民志愿军的英雄业绩，使他感受极其深刻。1952年，他又参加了第二次赴朝慰问团，到达了上甘岭前沿阵地。他访问了前线的战斗英雄，从他们身上接受了教育。他和美国俘虏做了长时间的谈话，向他们灌输了反帝、反侵略的思想。两次慰问回来以后，他都向工商界做了传达，也向我父亲和家人们谈了他的亲身感受。前线的胜利，使我们感到鼓舞；英雄的战绩，使我们感到骄傲；而一些可歌可泣的事迹，又使我们感到振奋。我父亲说："我生平第一次真正感到，作为一个中国人是值得骄傲的。"

1953年7月27日，抗美援朝战争宣告胜利结束的时候，他感动得泪如雨下。他对我们说："共产党终于使我们中国人抬起头来了！我一生受尽了帝国主义的欺侮，现在可以出气了。毛主席说得对，帝国主义和一切反动派都是纸老虎！你们要相信，共产党是说得到、做得到的。"从那时开始，他才认真学习毛主席的著作和报刊文章。他叫我们读斯诺的《西行漫记》。他说："从《西行漫记》里，可以学到许多革命道理。"

"五反"运动和抗美援朝战争，都是严峻的考验和极其深刻的教育运动，使我父亲提高了思想认识。除此以外，他还经历了一系列的实际教育。

在抗战时期，我父亲在西南、西北创办了好几个厂子，有火柴、毛纺织、化工原料和洗毛工业等，大部分都有官僚资本。抗战胜利了，厂也停工了，一停就是四五年。鞭长莫及，我父亲只好任其自生自灭。新中国成立以后，这些厂很快公私合营了，很快开工了，而且增加了生产设备。我父亲知道后，从心里感到高兴，他第一次看到了公私合营的优越性。

从1950年起，我们国家进入了国民经济恢复时期，上海各行各业从停顿中开始苏醒过来。1953年，国家实施第一个五年计划以后，上海各行各业出现了"满堂红"。工商界兴高采烈，我父亲也不例外。特别使他高兴的有这样三件事：

第一件是华东煤矿经过公私合营，在生产设备和管理制度上得到了改善和改革。在刘氏企业里，华东煤矿是生产条件和工人生活最差的一个企业。1951年，煤矿公私合营以后，经过民主改革，改善了管理制度，加强了安全措施，改变了矿工的苦难生活，大大提高了煤炭生产，支援了国家的经济建设。矿场的新生和矿工生活的改善，使我父亲又一次看到了社会主义的优越性。

第二件是上海水泥厂职工积极性的提高和生产的增长。1953年，国家大规模经济建设开始后，对水泥的需求空前增加。我们的水泥厂还是30年前的陈旧设备。照我父亲的设想，当时水泥的产量不可能突破月产1万吨的厂史纪录。出乎他的意料，在职工的热情支持下，月产量竟达到1.8万吨左右。此外，厂里大窑的使用率，过去只能维持180天左右，过期就要大检修20天。现在经过工人设法维护，竟能继续使用到300多天，大检修只要一星期。他开始认识到，生产的增长不能离开职工群众的智慧和积极性。究竟是谁养活谁的问题，他开始有了一些新的认识。

第三件是章华呢绒竟然在国际市场上争得了应有的地位。我父亲一生在毛纺织工业上做过很大的努力。他曾经下苦功研究过毛纺织工业各个生产环节的关键性问题，得到了"毛纺迷"的称号。他总盼望章华呢绒在国际市场上能够崭露头角。可是在半殖民地的旧中国，他奋斗了26年之久，最终无法实现他的理想。岁月蹉跎，夙愿难偿，对他来说，真是一件憾事。可是"山重水复疑无路，柳暗花明又一村"，在上海工商界"难忘的1953年"里，章华毛纺织厂得到了政府贸易部门的扶助，我父亲盼望呢绒出口的夙愿实现了。就在这一年12月，在12万米高级呢绒，标着"中华人民共和国制造"的金字商标进入国际市场，受到国外顾客欢迎的日子里，我父亲笑逐颜开地对我们说："作为中国的实业家，我真正感到骄傲。党和政府替我实现了几十年没有实现的心愿，我真正受到鼓舞！"

1953年10月，他参加了中华全国工商业联合会第一届会员代表大会，当选为执行委员会的常务委员。他在大会中听到了李维汉部长关于党在过渡时期总路线的报告，受到了很大的启发和教育。他回到上海后，立即召开了家庭会议。他毫不含糊地说出了他的心里话。他说："我们一定要更紧密地靠拢中国共产党，更坚定地走社会主义的道路。我已下定决心，要我们所有企业争取第一批申请公私合营。我要以实际行动拥护中国共产党。"他说："我完全相信，走国家资本主义的道路，可以使企业发展得更快更好。你们都要好好学习，好好工作，在企业中发挥更好的作用。"

1954年9月，我父亲参加了第一届全国人民代表大会第一次会议。他在会上听到了毛泽东主席的开幕词，听到了刘少奇副主席关于中国第一个宪法草案的报告和周恩来总理的政府工作报告，思想认识上得到了很大的提高。但因为心脏病突然发作，没有开完会就提前回上海，进医院治疗。就在这时，国务院发布了《公私合营工业企业暂行条例》，这就更坚定了我父亲走国家资本主义道路的信心。1956年初，价值2000多万元的刘氏企业全部实现了公私合营，实现了我父亲的心愿，作为一个实业家，从煤炭大王、火柴托拉斯，到自觉自愿地走上社会主义的道路，这是党的和平改造政策取得光辉胜利的见证。

在全行业公私合营以后，有朋友问我父亲："你舍得舍不得？"我父亲笑着说："讲老实话，作为一个资本家，我有点舍不得。但是，话说回来，作为一个民族资本家，我又舍得。"这话怎讲呢？他讲出了一番大道理。

他说："资本家有两个舍不得，一个是权、一个是利。

"先说权。权就是掌握企业的经营大权。权是资本家的命根子。有了这个权，资本家就可以指挥一切，命令一切。我的一生，就是掌握企业大权的一生，决定刘氏企业命运的一生。我是习惯于发号施令、独断专行的。掌握大权成为我的癖好。可是，现在我已年近古稀，身体多病，精神不济，脑子也不灵了。我早考虑过，我不应该继续掌权。继续掌权的话，在这个变动剧烈的时代里，我肯定会摔跤。因此，我已经把管理刘氏企业的大权交给我的几个儿子去掌握，让他们有个锻炼的机会。这样做，于企业有好处，于孩子们有好处，于我自己也有好处。知足不辱，知止不殆。在'权'字上，我不存在'舍不得'的问题了。老实说，知子莫若父。我的几个孩子，才能都有限。能不能管好刘氏企业本来是很成问题的。现在公私合营了，可以由国家派出有真才实学的人来掌握大权，不是更好吗？

"再说利。权和利，本是一个问题的两个方面。所谓利，就资本家来说，就是赚钞票，发大财。但只是发大财，还不是资本家的最终目的，资本家的最终目的，是要把这个财据为己有，传之子孙。可是谁见过有几代相传、始终不败的家族呢？拿我的岳父家来说，他是比我还早的火柴大王。可是这个家业传到他儿子手里，就败得精光。中国有句古话：'子孙贤，毋须多财；子孙不贤，多财反为害。'在这个问题上，我是看得很透的，我决不想给子孙留后患。现在我的两个儿子和一个媳妇都是上海市人民代表。我的子女都有工作，过着安定的生活。企业合营以后，国家给了五厘定息。老实说，这笔定息的数目已经大大地超过了我们一家人生活的需要。国家的赎买政策，已经是太宽大了，我还有什么舍不得呢？去年11月，我在北京参加了全国工商联第一届执行委员会，听到了毛主席关于工商业者要认识社会发展规律、掌握自己命运的教导。你想想，我能违反社会发展规律，叫子孙再走资本主义的回头路吗？

"至于作为一个民族资本家，我还有更深刻的体会。我是从帝国主义、官僚资本主义统治双重压迫下挣扎过来的人。我的创业史，是一部经过迂回曲折、尝遍辛酸苦辣的历史。我的全部理想，只是为了发展民族工业。我总希望把我的企业从一个变成两个、三个，越多越好。可是，在旧社会，我经常碰得头破血流，经常有关门停业的危险。现在共产党来了，把帝国主义、封建主义、官僚资本主义的反动统治一扫而光，一个独立的、自由的、工业化的、富强的国家就要在我们的面前出现，这正是爱国的民族资本家所向往的道路。中国工业化了，我感到的只有骄傲和幸福，还有什么舍不得呢？"

1956年，是我国资本主义工商业实现全行业公私合营的一年。我父亲虽在病中，仍然关心社会主义改造的情况，可是他的病情越来越重。同年9月30日晚上，他知道将离开我们了。他叫阿姨在深夜里到平江路278弄13号我的家里，找我去谈话。我见到他的神色不好，就在他的身边坐下来。他问我："四儿，你看，我的病会好转吗？"我含泪回答说："爸爸，你在事业上奋斗了一生，克服了好多艰难困苦，取得了成功。现在只要你继续和病魔斗争下去，你的病情肯定会好转的。"他摇摇头，微笑着，用极低沉的声音对我讲了这么几句话："四儿，你从国外回来后，一直跟在我的身边，你应该最了解我。我生平最担心的有两件事：一件是怕企业倒闭，另一件是怕子女堕落，在我死后抢家当。现在这两件事都由共产党给我解决了，企业不会倒闭了，子女不会堕落了。我可以安心地离开你们了！我死后，你要告诉你的兄弟妹子，包括异母弟弟，就说是我说的，定息可以分取，但不要多取，每人至多拿几万元，拿多了对你们没有好处。其余的全部捐献给国家，这是我对中国共产党一点微小的表示，也是我最后的嘱咐。"讲完这些，他就昏迷过去了。

第二天——10月1日的早晨8点，我参加了上海市工商联游行大队。正在执行大队长任务时，突然听到广播里在喊："刘念智，鸿老刚刚去世，你赶快回去吧！"

啊！父亲最终还是离开我们了！

父亲生在帝国主义侵略中国的危急时刻，他抱着"实业救国"的志愿，向往资本主义的发展，几起几落。艰苦倍尝，终于在暮年时接受了党的教育，服膺于社会主义。伟大的中国共产党，伟大的毛泽东思想，无比优越的社会主义制度，以及和平改造资本主义工商业的正确政策，挽救了我的父亲，也挽救了我们一家。

亲爱的爸爸，您安息吧！我们将永远牢牢记住您老人家的话，一辈子跟着中国共产党走，走社会主义的道路，走到底！

（原载中国文史出版社《回忆我的父亲刘鸿生》）

217

胜利喜悦的幻灭

刘念智

> 刘鸿生心情沉重地回到企业大楼，对大家说："今天蒋太子满脸杀气，向工商界著名人物大发雷霆。他是什么都干得出来的，不敷衍不行啊！要防他下毒手！"

一、亦官亦商，左右逢源

胜利喜讯，从天而降。1945年"八一五"之夜，整个山城沸腾了！我们万万没有想到，抗战胜利来得如此之快。事前毫无准备，临时措手不及。在爆竹声里，我反而有点茫然了。

刘氏是一个复杂的大家庭，这里面的成员有各种政治倾向，是当时中国政治舞台的一个缩影。

我的六弟公诚是秘密的中共党员（"四人帮"被打倒以后，才公开身份），当时他以中国火柴原料厂贵州分厂厂长名义作为掩护，进行地下工作，引起了国民党特务的怀疑。戴笠几次派人向我父亲提出警告，叫刘公诚不要再和新华日报社往来，否则就要对他不客气了。这是一种情况。

另外，我的二哥念义和三哥念礼为看管刘氏企业，在上海沦陷期间留下未走，同敌伪难免有些牵连。这又是一种情况。

更重要的是，胜利以后，在国共两党的政治斗争中，我们应该采取什么态度？站在哪一方面？

所有这一切，我既感到惶惑，又有点忧虑。可是经验丰富的父亲，对于这些问题的处理已有成竹在胸。

根据当时的中美协定，资源委员会将选拔300多名专家、实习生和大学毕业生到美国去留学。父亲早知道这个消息，他和经济部翁文灏部长一联系，翁部长同意让他保送两个名额。正是"踏破铁鞋无觅处，得来全不费功夫"，六弟公诚和八弟念信，就用公款送到美国留学去了。六弟原是日本留学生，八弟原是美国留学生，都是第二次出国了。

大约是1945年9月中旬，国民党政府的一批官吏即将去上海履新，其中有上海市政府特派员周象贤和上海警备司令兼警察局局长宣铁吾。我父亲早有准备，郑重设宴为他们饯行。酒至半酣，我父亲就开口说："我有两个孩子留在上海，老二叫念义，老三叫念礼，都是英国剑桥大学的毕业生。老二学的是经济，老三学的是法律，他们有一定的国际知识，可以帮助两位和盟军搞好关系，希望两位大力栽培，给他们做一个专员就可以了。"父亲话音刚落，这两位新官异口同声地说："承你推荐两位少君为祖国大业效劳，我们极为钦佩！委任状一定很快送来。"果然不到三天，就送来两份委任状，二哥是浙江省特派员办公处专员，三哥是上海市警察局对外行政处专员。既是专员，当然不会再有什么问题。真是得心应手，左右逢源，在谈笑之间，就轻易地摆脱了困境。

最后，关于政治态度问题，父亲的立场是鲜明的。尽管他受够了官僚资本的欺压，发出了"我已把他们看透了"的怨言，但是一心向往资本主义的大企业家，只能把宝押在四大家族这一边，而且把注意力集中在所谓盟军——美军身上。他要我尽量参加盟军的一切社会活动，利用一切机会和美国战略情报局的人员交朋友。

经过中央信托局局长凌宪扬和中国火柴原料厂总经理林天骥的介绍，我参加了重庆石匠协会（MA Sonic Lodge）。这是美国已有几百年历史的组织。据说美国有好多位总统如罗斯福、杜鲁门、艾森豪威尔、威尔逊等，都是这个协会的会员。重庆石匠协会有200多名会员，70%是美国高级军官和英、美、法驻华大使馆官员。每星期借用重庆求精中学礼堂举行一次丰盛的聚餐会，主人是拉贝尔牧师（Father Rapal）。除用英语演说外，还放映英、美战时影片和新闻片。因为中国工商界参加这个会的人很少，而且我的父亲是中国著名的大资本家，我很快就成为被注意的目标，成为美国军方物色的对象。

第一个来争取我的是美孚石油公司总公司经理汉森（Hanson），他在一次晚宴上直截了当地提出，要我当西南区美孚石油公司的总代表，月薪1500美元，外加经销石油每桶佣金美金五角，此外还可以在重庆南岸黄桷桠供给我一座花园洋房。我听了受宠若惊，急忙问他："我们是初交，为什么你这样信任我？"他笑着回答道："不瞒你说，关于你们刘家的家史和你的学历、经历，我从美国大使馆那里早已了解得很清楚了。我知道，你是一个精明强干的人，也是一个和我们有共同语言的人。我们愿意和你合作，请你于两个星期内给我一个满意的答复。"

机会来得这么突然，我真有点彷徨了。抗战八年，饱尝艰辛，数经危难，几丧性命。现在胜利来临，苦尽甘来，有谁不想过一番舒适的生活呢？机不可失，时不再来。我抱着喜悦的心情，当夜把汉森的邀请告诉了父亲。

出乎我的意料，父亲板起面孔，一本正经地对我说："老四，目前正是我们重整旗鼓、积极发展的大好时刻。我有远大的目标和打算，要你负担的工作很多。你去向汉森先生表示抱歉，说我不同意。"他说出了他的雄心壮志，我只好抱着歉意谢绝了汉森先生的邀请。

三个星期以后，在石匠协会的一次晚会上，有一位年轻的美国军官把眼光紧盯着我。宴会结束后，他走过来和我握手。他自我介绍，名叫门罗中校（Lieutenent—Colonel Munroe），是美国战略情报局重庆办事处的负责人。他邀请我于三天后在重庆西南大厦吃午餐，说要和我交朋友。我问："你了解我的情况吗？"他笑着对我说："中美合作，重建中国，就要靠我们这些人嘛！"当晚我把这消息报告父亲。他马上站起来和我握手，笑容满面地对我说："这下子你的路子走对了。要抓住这个机会和门罗中校交上朋友，他是美国实力派人物。"当时和美国实力派交朋友，不仅有政治意义，也有经济意义，我不能不佩服我父亲的远见。

我和门罗交上朋友以后，每星期至少要去美国陆军总部和他会晤一次，有时谈话长达两小时。他要我提供刘氏企业在沦陷区的情况、企业负责人姓名，以及上海著名工商界人士的名单。这位中校对我又拉又捧，用动听的言辞来拉拢我。我父亲也经常给我出点子，教我如何更好地取得门罗中校的信任。这样一推一拉，我和门罗越走越近。有一次吃午餐时，门罗对我说："如果你真心爱你的国家的话，就应该全心全意地同我们合作。这对你们刘氏企业和中、美两国都有利。老实说，我们对蒋先生部下的许多官员不大相信，他们都是谋私利的人，贪污成风，而且也缺乏组织才能。我们需要的是出身于大资本家家庭、受过多年的西方教育、了解西方国家情况、像你这样的人。你有几个有利条件使我们看中你：（1）你本身是一个豪富家庭的成员，不需要用贪污方法发财致富；（2）你年富力强，精明强干；（3）你留学英国，精通英语，社会交际广阔。你是一个不可多得的人才，我们需要你，你也需要我们，彼此都有需要，让我们长期合作下去吧！"究竟怎么合作？很快就见分晓。

1945年9月初的一个晚上，宋子文的私人顾问、中央信托局局长兼四联总处秘书长刘攻芸突然来到中国火柴原料厂总管理处登门拜访。他兴冲冲地走进我的办公室，开门见山地对我说："奉宋院长之命，我来送给你两份委任书：（1）委任你为中央信托局顾问；（2）委任你为行政院善后救济总署（联总）储运厅顾问。我还带来你的飞机票，请你于9月28日飞上海，向上海中央信托局和善后救济总署分别报到。你的任务是接管上海所有的码头、仓库，组织力量接收从冲绳岛和塞班岛运来的大批救济物资。"说到这里，他停了停，接着又说："老兄是美方推荐给宋院长的，我想你一定乐于接受这个紧急而光荣的任务吧？"

当我把这个消息向我父亲报告时，他笑着说："果真不出我的意料，宋院长也已委任我为善后救济总署的执行长兼上海分署署长了。"看来，父亲的任命也是美方推荐的结果。接着父亲又说："你需要先飞上海，会同你的兄弟们和各企业的负责人一起商量，决定如何从敌人的手里接管我们各个企业的办法。同时，你需要动员中华码头公司的老同事，把上海所有码头、仓库的情况收集起来，向中央信托局和善后救济总署提出书面报告。"

1945年9月28日，我从重庆搭机回到离别了六年的上海。上海风光如旧，但我的心情大不相同。六年前，在日军魔掌下，我作为一个逃逃客悄悄地溜出了上海；现在呢，我作为一个"接收大员"胜利地回来了。我带点骄傲的心情，驱车到了刘氏企业大楼。叔父刘吉生是中国企业银行的总经理，看到我大吃一惊，一把拉住我，忙问："你可是从重庆飞来的吗？你父亲好吗？他几时回来？"我偷偷地把父亲的打算简单地告诉了他，他马上派车把我送到念义家里。我和念义作了长谈，并把周象贤发的委任状交给他，要他保管好。不料他听后哈哈大笑说："你们来迟一步了，我这里已经有大力者替我保护了！"接着他把两星期前戴笠到了上海，由吉生叔介绍到他家里住下，以及戴笠要他安排几次大型舞会慰劳盟军的情况讲了一遍。接着他说："有了戴笠将军做保镖，我还怕什么呢？"我听了后，向他表示钦佩。

第二天，我就向中央信托局和善后救济总署负责人报到。善后总署的负责人是联合国救济总署署长兼执行长奥尔姆斯坦上校（Col. Olmstead），也是美国战略情报局的负责人。他马上交代任务，要我在10天内向他提供上海港的全部情况，包括仓库储运量、万吨轮靠码头的船位数字、上海港各码头的吃水深度以及各码头仓库的设备和劳动力，等等。由于经营过码头仓库业务，熟悉中外码头各同行，我很快就掌握了各种基本数字，如期给他打了报告，他表示非常满意。他当即派两名美国退伍军人西多（Sedore）和斯巴克（Spark）当我的助手。从此，我和他们两人搭着美军吉普车视察各个码头仓库，命令各个码头仓库负责人限期出清日军留下来的各种物资。同时，我代表中央信托局接管了虬江码头和其他敌产码头，掌握了上海全部码头仓库的使用权。不久，大批满载救济物资的货轮从国外驶进上海港，我利用在联总的职权，给中华码头公司的三个码头仓库以优先利用的机会，为中华码头公司争到了大批业务，赚了大批的钱。亦官亦商，工作非常顺手。

二、事与愿违，前途黯淡

我的二哥和戴笠搞得很莫逆。1945年10月下旬，戴笠押送一批汉奸去重庆，邀他同去作短期游览，同时把父亲接回。10天后，父亲和二哥一同飞回上海。父亲看到我的第一句话是："老四，你二哥比你更有苗头！"

父亲回到上海后，把全部精力放在善后救济工作上。他对美国的救济抱着不切实际的想法：第一，他认为，抗战八年，民生凋敝，善后救济工作极为重要。国民党官员贪污无能，既然美国人相信他，他应该把工作做好。第二，经过八年的战争破坏，国内工矿企业损失严重，应该利用美国剩余物资，迅速恢复生产。第三，对于刘氏企业的恢复，他也有一番雄心壮志。他想把上海水泥厂和章华毛纺织厂在战时损失了的机器设备很快恢复，替华东煤矿添装发电设备和电力采煤机，为中华码头公司修复码头仓库并添置最新设备。但他自己没有这个力量了。他把希望寄托于美帝国主义，企图用美军的剩余物资来装备刘氏的企业。他要我花部分精力处理联总工作，再花部分精力来恢复刘氏企业生产。他对我说："有我和你在联总和分署工作，我们可以优先得到战后剩余物资的供应。近水楼台先得月嘛！"可是这种想法很快就成为泡影。

我父亲在联总的工作对手，就是奥尔姆斯坦上校。这位上校的唯一任务，就是对我父亲的一举一动进行监督。他对我父亲介绍进去的每一个高级职员的政治历史和政治倾向，都要详细审查，生怕有共产党混进来。特别是在分配救济物资的问题上，他和他的助手几次同我父亲发生争论。他强烈反对把救济物资特别是医疗器材和药品公平地分配给八路军和解放区。在一次会议上，他公开指责我父亲是在"支援敌人进行叛乱"。我父亲也寸步不让，反问他："《联合国宪章》里有哪一条不准把救济物资分配给解放区老百姓的规定？"会议搞得不欢而散。

一星期后，我父亲接到宋子文在一份报告上的亲笔英文批示，大意是：你（指我父亲）严重失职。你不听美国盟友的忠告，做出极为愚蠢荒谬的决定。希望你赶快纠正错误，好好和盟友紧密合作，否则一切严重后果由你自己负责。看到这样的批件，我和父亲都感到十分气愤。我说："这件事让我来处理。"我马上回到企业大楼，召集刘氏兄弟开会，研究对策。当时由于联总工作紧张，我父亲的高血压症和冠心病正在逐步恶化。我们决定由我起草一封措辞坚决的英文信，请求宋院长照顾我父亲健康恶化的情况，准他辞去所兼各职，回家休养。信由我弟兄七个人具名。信送出后五天，宋子文派了一位秘书送来亲笔复信，大意是：国家正处于危急的时刻，你们应先公后私，以国家命运为重，大力支持你们父亲继续为祖国的统一和神圣的反共事业效劳到底。他将下令给联总蒋廷黻署长关心你们父亲的健康等语。

辞职虽然没有达到目的，可是给了宋子文一点警告；同时，我父亲也改变策略，对奥尔姆斯坦上校采取敷衍态度。每周周末，不是邀请他们一家到我家参加晚宴或舞会，就是要儿女们陪同他们去苏州、杭州、无锡等地游览。不久，奥尔姆斯坦调离联总，由战略情报局的埃尼斯上校（Col. Ennis）接替。这位新上任的上校表面温和，但诡计多端，跟我父亲面和心不和，在救济物资的分配上，双方始终存在着分歧。

从1946年起，我父亲的冠心病日趋严重。到1948年初，联总的美国医学顾问发出警告，认为病人的心肌梗塞症随时可能发作，有死亡的危险。从那时起，我父亲就长期在家休养。埃尼斯和他的助手们每星期几次来家探望父亲，研究解决重大问题。毫无疑问，由于我父亲的办事经验和业务知识的丰富，以及个人操守的端正，在美国高级官员中还是具有一定的威信。他们唯一不满的是他过分听信"左翼分子"的话，公平地分配物资给解放区。说老实话，那时我父亲根本分不清谁是"左翼"，谁是"右翼"。他几次表示，联总和上海分署派别很多，经常争吵不休，他很难处理，只能凭自己的良心办事，做到不偏不倚。新中国成立以后，他才恍然大悟，在这两个机构中，都有地下党员和美蒋特务在进行针锋相对的斗争呢。

由于联总内部意见分歧，办事棘手，心境不愉快，我父亲的健康情况继续恶化。宋子文虽然不准他辞职，但从1948年起，他已很少到联总和上海分署办公了。

更使他失望的是，所谓"战后剩余物资"，全是些残缺不全的陈旧器材，无法装备近代工业。我和父亲身处"近水楼台"，但得到的只是"镜花水月"，可望而不可即。

与此同时，各种美国商品借救济物资的名义，大量涌进中国市场，廉价倾销，把国货市场打个稀巴烂。拿我们厂的水泥来说，一包50公斤水泥的生

225

产成本至少需要三元，而进口美货只售一元八角，比我们的生产成本还便宜40%。价格悬殊，无从竞争。我们只好望"洋"（洋货）兴叹，关门大吉。说来伤心，我们的水泥厂厂房只好用来作为堆存洋灰、洋粉、洋货毛织品等美国"救济物资"的仓库。

抗战胜利，我父亲本有重整旗鼓的雄心壮志。在出任善后救济总署执行长的时候，也有一番为国为民的理想。不料政府三年"善后"，工厂大量关门，工人大量失业。与此同时，蒋介石挑起内战，烽火遍野，民不聊生，通货贬值，物价狂涨，造成工商业空前的困难。我父亲重振家业的宏伟计划，到此尽付东流，胜利初期的喜悦心情，而今全部幻灭。回忆刘氏企业的鼎盛时期，他不免唏嘘。

三、金圆券之灾

1948年6月，解放战争逼近徐州，我们的华东煤矿正在战区。消息传来，国民党第三战区司令长官顾祝同已进驻徐州，前线作战司令冯治安已进驻矿区。当地形势紧张，煤矿生产已难维持。为了保证煤矿的安全生产，华东煤矿公司董事长严惠宇、总经理陆子冬和我父亲商量，决定派我去徐州，向当地驻军致送"保护费"。当时因矿区存煤运不出来，公司银根很紧。经多方商托，才向交通银行借到法币250亿元（约折合人民币30万元），由我带着支票专程去徐州"送礼"。

当时徐州已处于紧急战备状态，我见到顾祝同，代我父亲向前线将士致慰劳之意，对保护煤矿的工作表示感谢。接着，就把支票送给他。我说："这是我父亲叫我带来的一点礼物，请长官收下。"他点点头，叫我把支票送交城防司令张克侠将军。顾祝同随即对我说："前线士气很好。蒋纬国司令和他的装甲部队已开到徐州，我们对战事是有信心的。照目前形势估计，共匪将于三个月内全军覆没，你们的煤矿可以完整地保存下来，回去告诉你父亲，放心好啦！"我道了谢，就去见张克侠司令，把支票送给他。他对我微笑着说："时局这样紧张，你胆敢亲自来送礼上门，我真佩服你！"新中国成立后，我才知道，这个张司令早已与地下党有联系。可是顾祝同当时还在梦里呢。

我回到上海，把顾祝同的话向严惠宇、陆子冬和我父亲作了传达，他们好像吃了定心丸，以为煤矿可以保证没事了。不料礼物送去不到五个月，淮海战役全面展开。1948年11月中，华东煤矿矿长、总工程师、课长等都带着家眷从徐州逃到上海。王庆令总工程师告诉我说："共军势不可当，国军士气低落，已经全面崩溃，恐怕长江以南也难保住呢。"我把这消息告诉了父亲，父亲愁眉不展。

俗语说，"福无双至，祸不单行"，意外祸事正在袭来。

国民党政府由于军事失利，金融混乱，法币贬值，几同废纸，于是异想天开，发行金本位货币，强迫工商界交出金银、美钞、外汇，向银行兑换金圆券。

1948年秋，蒋经国以特派员身份到达上海，即邀我父亲到南京路汇中饭店谈话。他假惺惺地叫了声"老伯"，说什么"老伯是上海工商界领袖。请老伯带个头，交出全部黄金、美钞、外汇，向中央银行兑换金圆券。现在国府正处在危急时刻，急需大量外汇抵抗共匪发动的叛乱。只要老伯带个头，上海工商界就会跟着照做。重托！重托"！我父亲受了"重托"回来，正像哑巴吃黄连——有苦说不出，他立即召集各企业的负责人来商量，可是大家面面相觑，不发一言，无结果而散。

不到一星期，蒋经国再次召我父亲去参加什么"紧急会议"，我父亲抱着战战兢兢的心情去了。秘书把他领进小会客室，只听得大厅里蒋经国正在大声嚷嚷："你们不要敬酒不吃吃罚酒！谁手里有多少黄金、美钞，我们都清楚。谁不交，就按军法办理。今天这个会就此结束。你们回去想想，限三天答复！"只听到一片杂乱声，大厅里这些人还没走完，蒋经国带着一脸怒容跨进小会客室，对我父亲说："刘先生，我刚才讲的，你都听到没有？要同你讲的，也就是这些，请你也好好考虑！"话音刚落，他已转身走了。

我父亲心情沉重地回到企业大楼，也立即召开"紧急会议"，通知各企业负责人商谈。他对大家说："今天蒋太子满脸杀气，向工商界著名人物大发雷霆。他是什么都干得出来的，不敷衍不行啊！要防他下毒手！"

不到几天，报上登出惊人消息，说是华侨王春哲违反法令，私套外汇，被判处死刑，报上还刊出执行死刑时的大幅照片。再过几天，又听到一惊人消息：申新纺织公司大老板荣鸿元、中国水泥公司常务董事胡国梁、美丰证券公司总经理韦伯祥均因私套外汇，私藏黄金、美钞，被捕入狱。经托人协商，分别以100万、30万和35万美元获释。消息传开，全市震动，也震动了我们刘氏集团。为了保命，刘氏各企业只好忍痛割爱：上海水泥公司、中华码头公司、章华毛纺织厂和华东煤矿共交出黄金800条、美钞230万元，此外，还被搜刮去银圆数千元，一概换成金圆券。这金圆券和法币一个样，天天贬值，到头来变成废纸，这真是一场浩劫，给刘氏企业以沉重的打击，也给上海工商界以同样沉重的打击。

（原载中国文史出版社《回忆我的父亲刘鸿生》）

为留沪诸子安排出路

刘鸿生

最后胜利，世界欢腾……。沪埠家中近情，时殷焦念。……来渝七载，创办各厂，苦志经营，业务幸称发达，深苦供不应求。现中纺（重庆中国毛纺织厂）正事扩充增产，兰州毛纺织厂亦将开工。通筹应付，煞费心神。……（民国）31年（1942年），政府举办全国专卖，以全国火柴专卖公司总经理一职属之于兄。筹备成立两年，又奉政府命改为全国专卖总局（包括烟类、火柴），与各司、署、局同隶财部办公，并奉命兄为总局局长。固辞不获，负责益重。管辖全国各区局、分局，道远阻梗，战事时起，办理考核，益形困难。且官厅性质，素非所习，屡次力辞。旋奉政府命改变政策，停办专卖，现正赶办结束中。……兹以战事结束，兄将奉政府命来沪。行期未定，抵沪后藉可将个人各事与吾弟洽筹妥善之策。……前杭州市长周象贤君亦奉命赴浙。渠此次拟选用一班青年明干之才，分任各事。兄拟令念义、念礼前往工作，借增经验，已与象贤兄商妥矣。弟谅以为然。

顷悉宣铁吾兄奉命任沪市警察局长，需用英文人才。兄已当面保荐念礼充任。又周象贤兄奉派往杭州，兄已当面保荐念义随往。望转告二儿遵办，勿拘名义，勿计薪酬，至嘱至嘱。

（1945年8月15日刘鸿生自重庆致弟刘吉生函，
原载上海人民出版社《刘鸿生企业史料》，有删节）

欲接敌产

刘鸿生

1945年10月6日刘鸿生呈国民党政府经济部文

具呈人前在上海创办章华毛绒纺织公司，任董事长兼总经理之职，惨淡经营，历有年所。当（民国）26年8月抗战军兴以后，章华工厂被敌方占领，具呈人即以章华原有及订购之大宗机器，设法运至重庆，纠集资本，创办中国毛纺织厂。在抗战期内努力生产，供给后方必要之需。兹者最后胜利业已实现，所有收复区内敌方之毛纺织厂，拟请钧部于接收之后，除军政部制呢厂指定需要接办之一部分外，概由本厂承购或承租。附具办法如次：

1. 敌方毛纺织厂，准由本厂承购或承租。

2. 如后方其他毛纺厂亦欲承购或承租者，即按原来生产数量比例分配。

3. 如官方认为其中有须官商合办者，当遵奉钧部核示办理。

（原载上海人民出版社《刘鸿生企业史料》）

探索服装生产新方向

刘鸿生

1948年7月12日刘鸿生自美国致程年彭函

昨日中午搭车到达洛杉矶,由江易生总领事介绍参观Cohan Goldwater成衣公司,其要点如次:

1. 美国及世界各地无分男女,均喜选购现成衣服,仅少数富人委交裁缝订做,目前世界潮流如此,我国恐亦不能例外。

2. 制造成衣秘诀已成过去,胜家公司允免费代客设计,已无秘密可言。唯创办初期,须用熟手主持。

3. 征求该厂经理愿否来华担任裁剪工作,据答:如到中国,另须雇用在美中国女工四人帮同裁剪及训练其他工人,具体条件,尚未谈妥。

请于收到本函后,即行赐复,俾定行止。若无意进行,万勿勉强;如决定进行,弟当请胜家公司设计,并代定机器,代雇技术人员。否则,弟即终止进行,径赴欧洲接洽人造丝机器事宜,并赴德代华贸(公司)接洽委办各事。

(原载上海人民出版社《刘鸿生企业史料》)

反击外国呢绒倾销

张子威[*]

抗战胜利，浦东厂发还复业后，接着就租用周家桥申新纱厂厂房，装机开工，成立启新纱厂。1946年10月，章华毛绒纺织公司与寅丰毛纺厂签订合办启新纱厂合约，启新纱厂即于是年年底正式开工。1947—1948年，由于通货急剧膨胀、市场投机风行，棉纱成为一种重要的囤积投机对象，上海一般棉纺厂的产销都有增长。启新纱厂虽属新办，在当时情况下，也乘有利时机赚了些钱。1949年初，由于国民党政府失败已成定局，投机大户纷纷外逃，市场呆滞，启新纱厂的产销转趋下降。至3、4月间，王云程从厂中拆下5000余纱锭运往香港，程年彭不久也外逃。启新纱厂由于设备被拆毁，经营又无人负责，业务受到严重影响，只能断断续续地开工，一直维持到新中国成立。

1946年下半年至1947年春季，我国市场上有大量外国呢绒特别是美国呢绒进口倾销，我国毛纺织工业遭受重大打击，章华毛绒纺织公司的产销也受到严重的影响。这种情况一直持续到1947年夏季才有所改变。1947年4月以后，由于毛纺织工业同业公会等一再呼吁，反对呢绒进口，社会舆论又加以

---

* 张子威：原章华毛绒纺织公司总务科科长。

支持，国民党政府在各方面的压力下，不得不提高进口税率，限制外国呢绒进口。同时，外国呢绒特别是美国呢绒，经过将近一年的倾销，也已把战时剩余下来的货物在中国等市场上销售得差不多了。由于以上两方面的原因，我国进口呢绒的数量从1947年4月以后有所减少。

1947年4月以后，由于外国呢绒进口减少，上海市场上各呢绒商店和百货公司所出售的外国呢绒就较为显著地减少了，而出售国产呢绒的数量却渐渐有所增多。同时，由于进口货税率提高，外国呢绒在市场上对国产呢绒在售价方面的优势也逐渐消失。国产呢绒在质量上本来不比外国呢绒特别是美国呢绒差多少，价钱趋向便宜，大多数消费者就舍弃外国呢绒而转买国产呢绒了。这一变化，对上海毛纺织工业产生了颇为显著的影响，不少毛纺织工厂的产销都因而有所回升。章华毛绒纺织公司的情况表现得颇为显著。它从1947年6月份起，把每日开工时间从原来的10小时增为10小时半；全厂1750枚粗纺锭以往只开1/2至3/4，至此基本上开足了；过去因美货麦尔登呢大量进口倾销而被迫停产的粗呢，从这时起也逐步恢复生产。1947年下半年的产销量不仅超过1946年同期，而且基本上是月月上升的。以产量而论，1947年6月份较之1946年9月份（美国呢绒进口倾销最烈的月份）增加了近一倍，12月份又在6月份的基础上上升了将近一半。这证明其产销已在回升。

章华毛绒纺织公司从1946年起，就向国民党政府行政院善后救济总署申请购买"救济"羊毛，以增加原料供应。这年4月和9月，前后两次申购40万磅，实购18万余磅。1947年购进数量进一步增多。这年1、2月间，先后两次计共申购32万磅，实购30万磅。章华毛绒纺织公司在购买这些"救济"羊毛时，出价既低廉，而且又是定期付款，在通货膨胀的情况下，确实得到了很大的好处。它之所以能购到为数如此之多而价格又如此便宜的"救济"羊毛，同刘鸿生担任国民党政府行政院善后救济总署执行长兼上海分署署长都有直接或间接的关系。

1948年至1949年上半年，外国呢绒进口的数量进一步减少，国产呢绒的销售市场又扩大了一些。同时，由于通货膨胀愈演愈烈，到处重物轻币，呢绒也成了保值的手段和市场交易的筹码，不少投机商人把它当作囤积居奇的对象。这些因素使得呢绒市况日盛。章华毛绒纺织公司在这一年多时间内，由于产品去路进一步扩大，同时又有大批在1947年购进的"救济"羊毛作为原料，而新添置的机器设备又相继投入生产，其产销便在1947年的基础上进一步上升。1948年的产量较1946年增加了一倍多，1949年的销量较之1948年又有增长。

（原载上海人民出版社《刘鸿生企业史料》，有删节）

收回华东煤矿

陆子冬[*]

我在抗日战争以前就担任了华东煤矿公司董事长的职务。当抗战快要胜利的时候，刘鸿生为利用我和二陈的关系，以便在抗战胜利以后，可以顺利地接收和恢复华东煤矿，在重庆召开华东煤矿公司董事会，推选我兼任总经理，并规划复员事宜。及至抗战胜利后，由于我和陈立夫的人事关系，迳与国民党政府经济部接洽，指派我所介绍的徐季良为接收专员，由徐伴同工程师等由重庆抵徐州，办理接收事宜。

华东煤矿接收以后，首先遭到最大的困难便是经济问题，只有经济问题解决以后，才能谈到恢复生产。复员之初，资源委员会曾经答应过拨款1亿元作为复员经费，后来几经交涉，分文无着。同时，主要股东刘鸿生和严惠宇又都无力拿出钱来，因此复员初期，经济异常困难，日常开支，仅靠出售存煤维持。后来，公司采取与徐州铁路局接洽预付煤款以及向银行借款等办法，才得逐步恢复生产。

据我记忆所及，在1946年上半年，矿场经过初步整理，日产量达300

---

* 陆子冬：原华东煤矿公司总经理。

吨，约及抗战前日产量的1/2（战前日产约为700—800吨）。到1946年下半年，日产量增至约1000吨，超过了战前水平。以后续有增加，至1948年上半年，日产量超过了2000吨。同时，在这个期间，除了恢复夏桥一对矿井（包括通风井和出煤井）以外，另增开韩桥一对煤井。总之，华东煤矿自收回以后产量逐年有增加。

（原载上海人民出版社《刘鸿生企业史料》，有删节）

大中华进退两难

刘念义

1948年8月国民党政府改发金圆券以后，直到1949年5月上海解放前夕，大中华火柴公司的境况是很困难的。当时，通货恶性膨胀，火柴卖给经销商一般要打10天到20天的期票，等到付现款时，得到的钱已远落在成本之下。货留着不卖又不行，因为货不出厂销售，就要失去市场。所以，当时是做也难，不做也难。为了维持公司的业务，不得已还是在明知亏本的情况下，生产一些火柴，但是尽可能把生产缩小，使少受损失。公司为了少亏本，在销货方面也极力控制，不让多销，因此经常发生资金周转不过来的困难。在这种情况下，我们还是不肯多销，在没有钱发工资和维持业务时，就把从卖房子得来的美金去换成金圆券来应急。总之，当时的情况确实是很困难的，要不是上海不久就解放，再拖上几个月，大中华说不定要被拖垮。

（原载上海人民出版社《刘鸿生企业史料》，有删节）

延安炽昌遭劫

刘念义

上海解放前几天，大中华火柴公司投资经营的延安炽昌新牛皮胶厂（在沪西延安西路）遭到国民党军队的一场浩劫。有一天，该厂隔壁的夜总会里开到了一批国民党败兵。他们盘踞在那里，还设了指挥所。有个军官跑来对该厂厂长说："你们的厂房妨碍我们阵地的视线，马上要把厂房拆掉。"厂长不同意，向他求情，他不答应；工人向他说理，他也蛮横拒绝。过后，我们看出，这不是什么视线问题，而是要借口敲诈勒索。

不久，果然有一批军人前来谈条件，说给400块银圆就可以不拆。我们考虑再三，觉得如果给了这400块银圆，今天张三来要，明天李四又会来要，他们的欲壑难填，我们花钱没底，也不能解决问题。因此，我们拖到最后还是没有答应他们。这样一来，他们就拆房子，把工房统统拉倒，厂里的生财器具有些被抢掉，有些被偷掉，几乎弄个精光，我们损失惨重。

（原载上海人民出版社《刘鸿生企业史料》）

峰回路转气象新

刘念智

当刘鸿生听到上甘岭战役的壮烈事迹时，被中华儿女的英勇顽强感动得流泪，立即嘱咐所有刘氏企业都要捐献飞机大炮。

漫漫长夜，命运难掌

我已年逾古稀，38年在旧社会。在新社会的时间虽然较短，却有幸接受脱胎换骨的改造。共产党的教育和关怀，令我毕生难忘。

我自16岁留学英国，毕业于剑桥大学，23岁归国，在父亲身边，担任他的英文秘书。我父刘鸿生，早年曾在上海圣约翰大学读书，以后辗转当上了英商开滦矿务总局买办。第一次世界大战时期，他每年收入达100万元之巨，由于不愿久仰外人鼻息，乃自办企业。先后创办章华毛纺织厂、上海水泥厂、华丰搪瓷厂、中华码头公司、大中华火柴公司、华东煤矿公司等厂矿，经营范围很广。他还开办一家中国企业银行，当时不少人到银行借钱，冒着风险做生意，有的人经营不幸失败，到春节无力还款，跳入黄浦江自杀。全上海这样死去的人不知有多少！孤儿寡母到处流浪的又不知有多少！我家所住花园，占地30多亩，建筑四层楼房（现为上海市政府招待所），雇用六个保镖。别看千万富翁之家表面上如此豪华，实际上我们的股票全抵押在各家银行里，每天为筹措开支，煞费苦心。

1935年，上海发生金融风潮，银根奇紧，我家企业周转不灵，父亲想起曾和宋子文、宋子良在大学同学，去向宋子文借钱。宋问有何抵押品。我父答，拟以股票作抵。宋子文竟轻蔑地说，股票还不及手纸有用，拒绝贷款。当时经济情况非常紧张，不仅我家如此，即以全国闻名的荣家企业来说，也是有苦难言。记得1937年日军侵入上海前，荣宗敬老先生来和我父商量，诉说他家在上海陕西北路的大宅由于付不出水电费，将被断电绝水。我父对他说："咱两家目前处境是半斤八两，不相上下。"这时我看到二老相对流泪，不胜唏嘘。

蒋王朝崩溃前夕，蒋经国到上海，借口整顿货币，大肆绑架勒索。荣鸿元被绑架，交出美金100万元，才放回家；我的同学胡国梁被敲去30万美金，方被释出，当时人身毫无保障。四大家族每乘民族工业的艰难时刻，强行加入股本，企图吃掉我们的企业。抗战胜利时，我家在大后方的企业的4/5股份，已变成官僚资本，而我家只余1/5了。

柳暗花明，喜获新生

新中国成立后，首先最使我对共产党信服的就是稳定物价，消灭通货的恶性膨胀。解放前，物价一日数变，货币不断贬值，多少中外专家对于通货膨胀束手无策。解放后，在共产党的正确领导下，大力整顿，不到六个月就初见成效，一年内几乎完全解决，真令我这个剑桥大学的"经济学家"非常钦佩。我寄信给在港的父亲，介绍国内情况，建议他及早回国。我父由我二哥刘念义冒着生命危险陪同，乘英商太古洋行轮船抵津转京。周总理邀他和我二哥念义到家吃饭。总理说："鸿老来，我们很高兴。你的全部历史和企业情况，我全清楚，请你放心。你属于民族资产阶级，是共产党的朋友，希望你带头办好企业。你的财产，在将来适当时期都会统一发还给你。"总理看到了我们心理，把我们急于要了解的事一语道破，拨开云雾，使我们顿见光明，感到无限温暖。

真正解决我父思想问题的关键是抗美援朝。解放前，我父认识不清，以为我国贫弱，不能摆脱帝国主义的控制，常错误地对儿女们谈到，中国永远不会独立，总要有外国人来管。他把我们弟兄姊妹11人分别送到英、美、日三国留学，准备将来无论哪一国来管中国，我家都有留学生出面周旋，以维护刘家企业。我有9个兄弟3个姊妹，4人留英，4人留美，3人留学日本。抗美授朝引起我父的极大忧虑，他很担心地对我说："这是在老虎头上拍苍蝇，自找麻烦，这样一来，朝鲜和中国都要倒霉。"但后来事实教育了我们，靠着毛主席和共产党的英明领导，终于赢得了胜利，把美帝气焰打下去，也震动了全世界。美军总司令克拉克在回忆录上承认，在美国历史上，他是第一个倒霉的总司令，被迫签订了一个被打败的停战协定。

当我父听二哥讲述上甘岭战役的壮烈事迹时，他被中华儿女们的英勇坚强感动得流泪，立即嘱咐所有刘氏企业都要捐献飞机大炮。他深为中国人吐气扬眉，感到欣慰。他亲眼看见，前人不能办到的事共产党办到了，从而对党佩服得五体投地。他在旧社会追随蒋家王朝22年，忠心耿耿，到头来才识破四大家族损公肥私、置国家民族利益于不顾的真面目，终于弃暗投明。新中国成立后，他曾担任全国人大代表、全国政协委员、上海市政府委员以及中国民主建国会、全国工商联的常务委员。他每以中国人民站起来了而自豪，以民族工商业得到保护而自慰，以民族资产阶级受到关怀而自喜，甘愿以其年迈之身，为祖国的建设和富强贡献余力。

我国在国际上的地位不断提高，令人鼓舞。回忆1931年日军侵占东北时，我正就读于剑桥大学一年级，一位英国同学问我：你们这样大的国家为何却被小小的日本占领，这是怎么搞的？我面红耳赤，几难作答。我国公使在国联慷慨陈词，痛斥侵略者，而日人却诡称为了保护侨民利益，甚至污蔑中国无能，不会开发东北，胡说他们是来协助我国建设东北的。我当时听到这种情形，深感痛恨。我毕业后归国途经瑞士，原拟就宿于某家饭店内，店主起初把我当作日人，极表欢迎，当他见我在旅客簿上写出中国国籍时，立即改变态度，拒绝留宿。又一次，路经罗马，意大利宪兵最初向我敬礼，后来看清楚是中国籍时，竟将我的护照掷于地上，我愤怒抢回，他们又抢过去，还用脚踩。那时候我们被看作是世界上最低级的公民，到处被人轻视。我永远不能忘记这种耻辱，时常告人，并以奋发图强相共勉。1958年，我参加中国青年代表团出国，任生活总干事。飞机在罗马机场加油，需停留二小时，我随团长下机，看到在机场维持秩序的宪兵是意大利人，不禁勾起往事的回忆。但此次他们却毕恭毕敬，很有礼貌。现在我国人民到处受到尊重，充分体现出由于党和毛主席的英明领导，中国人民翻了身。

（原载中国文史出版社《走在社会主义大道上——

原私营工商业者社会主义改造纪实》，有删节）

归来观感

刘鸿生

国内自解放后，一切已转入正轨，昔日之贪污腐败情形一扫而空，尤以军队纪律之佳，为民国以来所仅见。暂时生活虽稍困苦，但各界上下正埋头苦干，克服困难，照一般观察，将来必大有希望，余亦有此同感。家中均安好。今岁汝三十初度，汝母甚盼汝能返家度此诞辰。至今后之工商业趋势，着重于自力更生，外货除生产必需之器材外，消费性之货物绝对不准入口，羊毛亦在禁止输入之列，故余现正会同沪上毛纺业人士向西北各地采购原料，以供各厂应用。汝学有专长，返沪后决不致无事可做，甚盼早日北来为余臂助，并希转告汝五、七两兄，同作归计，乐叙天伦。

（1949年12月17日刘鸿生致留美八子刘念信函，

原载上海人民出版社《刘鸿生企业史料》）

为什么我拥护共产党?

——刘鸿生先生在逝世半个月前对新闻记者的谈话

在过去几十年中,从杨树浦到南码头,沿着黄浦江一带是各国的码头,一长串的外国兵舰插着各式各样的国旗。如今呢,这一带地方每个码头上都是五星红旗迎风飘扬。你想想看,一个看过上海五十年变迁的中国人,他心中会不高兴吗?

过了今年,我就70岁了。俗语说,"人生七十古来稀",特别是对患有严重心脏病的我,这句话就更有意义。在过去半个动荡不安的世纪中,我曾被人称为中国的"煤炭大王""火柴大王""企业大王"……今年年初,我两千多万元资本的全部企业都公私合营了。这是我以实际的行动拥护共产党。

为什么我拥护共产党呢?

从买办到"大王"

　　我们这一辈的人大概都会有同感，人生的经历是复杂曲折的。我并不是生在一个资本家的家庭中，记得19岁我读完圣约翰大学一年级时，我多年守寡的老母几乎把家当变卖光了。为了担负起家用，我踏上了社会，吃上了所谓的"洋饭"。不久，我做了开滦煤矿的买办。开滦煤矿当时在英国人的手中，销路不好。我曾绞尽脑汁使开滦的煤在长江流域上打开出路。在第一次世界大战中，由于国外工业被战争破坏，各国工业都受了战事影响，国内工业包括外商工业有了突然发展，煤的需要量大大增加，因此，开滦的煤大量倾销。按照合同，由于煤的销售量增加，我的收入突然大增。同时，战事期间，轮船缺少，我租了轮船运煤，获利很大。短短几年的推销煤炭工作，使我突然从一个贫寒的大学生成了百万富翁。究竟有多少钱落入外国人的腰包呢？老实说，我当时并没有想到这点。四十年后的今天，回想起才觉得这是最使我痛心的事。

　　第一次世界大战后，国内出现了轰轰烈烈的爱国运动。那时候我还很年轻，虽然口袋中的钞票很多，但我毕竟是一个中国人，特别是在短短的买办生涯中，我感到外国人瞧不起中国人。我觉得中国之所以受气，是因为没有工业、没有科学，因此就想利用口袋中的现钞做点事。同时，推销煤炭的工作，使我接触到了生活的另一面。我押着煤船逆江而上，在沿长江的小镇上推销煤和收账的日子中，有一次几乎被成千的以打柴为生的山民包围起来打死。因为廉价的煤夺去了他们的生计。这件事多少使我感到"一人享福、万人受苦"的日子是过不太平的。

　　我的第一个企业是鸿生火柴厂。鸿生火柴厂的火柴出来后，推销工作立刻受到阻碍。因为市面上充销着凤凰牌的瑞典火柴和猴牌的日本火柴。为了和外国火柴竞争市场，我用高价请了化学工程师来改进技术，提高质量，压低价格，同时和火柴同业组成了全国火柴联合会来共同抵制外货。经过了一年多的斗争，国货火柴在市面上取得了优势。但是真正使我第一个企业成功的主要原因，是那时的爱国运动推动了这个企业的发展，因为当时每个人都愿意买国货。

当中国火柴在市场上打垮了猴牌并使凤凰牌火柴的销售量受到限制以后，火柴企业在国内就大有起色，国内的火柴企业就彼此竞争市场。我感到这样下去，新厂不断出现，那么鸿生火柴厂也要受到威胁，因此就想法子迫使几个较大规模的工厂和鸿生厂合并，成立大中华火柴公司，在全国各地设立事务所，掌握了广阔的市场。当地的许多小厂吃不住这样的竞争，有的被挤垮了，有的被我们收买了进来。不到几年，我就被称为全国的"火柴大王"。

我相信所有的资本家都有这样一个癖好，那就是总希望一个企业变成两个，两个变三个……

我办企业获得成绩后，信心鼓舞着我又去投资了水泥业、毛纺织业、搪瓷业等。在我40岁时，已经是拥有不少企业的全国知名实业家了。

两次交锋不利

大约27年前，我结识了一位年轻的地质学家丁文江。他告诉我，在徐州附近的贾汪煤矿煤量很大，煤质量也很好。他对我说，这片煤矿将采可以抵得上开滦的煤矿。说实话，我在开滦工作了20多年，总盼望自己能拥有一片煤矿和开滦抗争。因此，我用200万投资到贾汪煤矿去。然而由于当时的路局掌握在军阀手中，治安、运输、开采都有很大的困难。煤矿一直没有很大的发展，这位地质学家的预言在他生前并没有实现。直到二十几年后的今天，煤矿公私合营之后，在苏联专家的帮助下，在贾汪煤矿真正发现了新的矿苗，现在正很快地发展业务。

在1926年左右，中国市场上充满了外国毛纺品，我因为一个偶然的机会收买了一家旧的毛纺厂。当时我想，高级呢绒在国内无人竞争，就可以取得厚利。但是这家毛纺厂成立后却年年亏本。后来，在我一生中最有兴趣的企业是毛纺业。朋友们说我对毛纺业着了迷。原因是我当时一定要想尽各种办法使我的章华厂呢绒能找到市场。我亲自研究了毛条、纺纱、染整等各种技术，为的是使得呢绒在质量上抵得过外国货。但是在半封建半殖民地的上海，穿得起呢绒的人们，习惯性地只认识外国货。尽管章华的呢绒在质量上已能与外国货相比，却仍然找不到主顾。那时我把呢绒卖给在上海的呢绒商包括外商，他们采取冒牌的手段，把章华的商标剪掉，冒充外国货，这样一个措施使得上海各大商店中都采用了远比外国货价值低廉的冒牌外国货——章华厂的出品。

和宋子文打交道

接着我又投资创办了企业银行。朋友们称我为"点金石"。我自己也常常说："我的企业只有开的，没有关的。"的确，在旧社会中我算得上是一个精明强干的资本家。可是有钱的人不结交几个当时的大老板是站不住脚的。而我这块"点金石"对大老板们也还有些用处。早在30多年前，我和T.V.宋（即宋子文）交上了朋友。

1932年，世界经济危机的余波传到了中国，当时银根正紧，宋要我出来在上海维持场面，做招商局总办。他一口允诺我，在企业上的一切问题由他包下来。宋是中国真正数一数二的大老板。在这样的互惠条件下，我放下了自己的实业出去做了官。1935年，国内厂矿纷纷倒闭。刘氏企业的全部产业已都抵押在银行中。外面风传刘鸿生要倒，银行首先来要求回收债款。我不得不去找宋谈话，希望能将全部财产换抵押给中国银行。那真是我一生难忘的一个夜晚。宋忽然改变了面孔，问我："你用什么做抵押呢？"

"我全部企业的股票！"

宋嘲笑地说："O. S.（即刘鸿生的名字）的股票如今不如草纸了！"

我回到家中告诉孩子们。船沉之前，吃饱了米的老鼠总是先跑掉的，我只不过做了宋的伙计而已。

那一年，我们差不多天天过"年三十"，总有人来逼债，在我最困难的时候，我的亲人也对我失去了信心，连我的弟弟也要从我的账房中提取他11万的现金存款。我当时不得不送90多万的银行股票到他那儿去做抵押。在旧社会中，人为了钱可以变得冷酷无情的。

一年以后，市场从萧条转到好转，宋派人示意给我，要支持我组织企业大托拉斯，我不敢再冒险。

抗战前后

1937年，中日关系已经非常紧张。大敌当前，我不得不丢掉了赚钱的念头。抗日战争爆发后，我丢下了在上海的企业，逃往香港。蒋介石打电报要我去重庆，他开给我一张空头支票，答应偿还我企业上的一切损失，如果我到内地去办厂，当得到政府的大力支援。当时，我相信了他的话，就通知我在上海的企业用行贿的办法，把企业中的机器偷运出来。

我到了重庆之后，很快地就发现了一条规律，所谓大后方的企业，事实上是由官僚资本控制的。我在重庆办的中国毛纺织厂、火柴原料厂及在兰州办的西北毛纺织厂，都有官僚资本投资。我原来在上海是大老板，到了重庆却成了大老板的伙计。我并没有得到蒋政府的支援，倒为当时的大老板赚了一笔国难财。抗日战争胜利之后，美货大批运到西南、西北，那边的两个厂已经完全失去了市场。为了维持这个企业，我曾向四联总处贷款，回答是只能借工人解雇费用。

回到上海之后，我到善后救济总署（CNRRA）做署长。许多朋友都劝我不要去搞这个事情。然而，"不入虎穴，焉得虎子"。讲老实话，我当时觉得担任这项工作可以同宋子文等官僚交换条件，就此让自己庞大的企业借借光。我的企业当时都需要外汇，需要机器。因此我们又再度合作了。不久我发现，善后救济总署中的一些机器器材都是从菲律宾、南洋一带运来的所谓"战后剩余物资"，全是些残缺不全的机件。用这些机件是无法使工厂冒烟的。后来，虽然我的水泥厂装备好美国机器，仍然无法开工。即使短短的开工，也无法和市面上大量倾销的美国水泥竞争，美国水泥50公斤一包只售一元八角。我们自己的水泥成本都达三元。然而这时我们的码头生意却大发其财。栈房里堆满了美国水泥、毛纺、面粉等物资。最后，我们的水泥厂只好关了门，变成了一片仓库，专存美国的剩余物资！

如果从生意人的角度说，那几年我确实是赚了一笔钱。但是从一个搞实业的人来说，我的企业在那几年中几乎全部停顿了。因为当时只要生产，必定赔钱。只有一条路，那就是投机。由于币值不稳定，市场上的风暴很大，每天拿起电话来，可能赚进几十万，也可能赔成个穷光蛋。1948年国民党政府搞的金圆券政策，从我们的手中捞去了大量的美钞和黄金。当时我一个老朋友的儿子被关了进去，用几百根金条才赎了出来。

香港去来

　　1946年以后，国内的形势起了很大的变化，解放战争在全国各地展开。当时我感到非常矛盾。过去40年的经验使我深知，蒋介石是长不了的，跟着他跑只有死路一条。我也并不想流落国外做"白华"。然而，我那时不但不相信共产党，而且怕它。怕共产党来了要清算我。当时，上海民主人士曾示意要我留下，我也有意留下。但是，上海解放前三天的夜晚10点多钟，国民党京沪杭警备总司令汤恩伯派了军用车来押我，要我立刻离开上海。我连行李都来不及收拾，就被押上了军用飞机，到了广州。为了怕他们把我弄到台湾去，我从那儿溜到了香港。

　　上海解放后没有几天，我的二儿子刘念义到香港来接我，他对我说，回去绝无危险，并且一再描述上海解放后秩序良好、我们的企业正在恢复等。说实话，我当时是很想回国的。我已经说过我不想做"白华"。我的一爿企业又都在国内。我已经是六十出头的老人了，儿孙都盼望我回去，一个人流落在海外有什么出路？但是，当时在香港的一些资本家正在彼此观望，谁都不愿意先走一步。我记得当时有一个朋友说："共产党什么都有办法，只是经济问题没办法。"我也觉得他的话有些道理，因此又踌躇起来。念义在香港等了两个月，我一直没有答应他"走"或"不走"。直到念义决定单独回上海，临行那天，我才下定决心下一只船回大陆。

对共产党的第一个印象

我到达北京后，周恩来总理约我去谈话。这是我在新中国成立后第一次会见共产党的高级首长。周恩来总理诚恳、坦率的谈话，留给我很深刻的印象。他不但没有随便地许下诺言，并且坦率地提出自己的看法。老实说，我当时还不能完全理解他的意见。但是他的坦率已经使我开始消除对共产党的疑虑，反而增长了一点信心。因为我过去40年出入官府，从来没听过这么诚恳和坦率的言论。我觉得共产党是有些不同。

但是一回到上海之后，我就感到很失望。我满脑子想很快地将一个工厂变成两个，两个变三个……刚刚解放的上海的情况却并不那么理想。国民党走的时候把一些企业的设备拉走的拉走，破坏的破坏。由于敌人的封锁，原料无法进来。刚刚解放，有钱人跑了许多，广大人民的购买力也不高。这些都造成了发展企业的困难。不久，"二六"大轰炸，这时我感到共产党这么快拿下了大陆，是不是守得住呢？同时，那位在香港的朋友的话又响在我耳旁了。然而，有些事我却也不得不佩服共产党。上海的"二白一黑"（米、棉花、煤）是长久以来无法解决的问题，多年来市场都难以稳定价格。共产党虽然是空手打下了上海，却很快地解决了和上海人民生活关系最密切的问题。我的企业当时都在困难中，由人民银行贷款帮助稳定了企业。即使在最困难的时候，人民政府也不曾亏待我，只是当时我对大局的看法仍然是动摇的。

在两次风暴中

1950年下半年，全国展开了抗美援朝运动。在起初的那些日子里，我每日心事重重。我一生对帝国主义是又怕、又恨、又崇拜。我自己以为是既知道中国人，又懂得外国人。美国是全世界的大老板，碰碰别人可以，为什么要去碰这位大老板呢？我觉得这是一种冒险行为。傍晚时光，推开窗户看见灯光辉煌的上海，我总怕它很快就要变成一片废墟，过去50年的建设都会化成乌有。有一天，一位研究国际问题的朋友对我讲，毛主席说，"美帝是纸老虎"，劝我不必恐惧。我心里觉得有些道理，但还是将信将疑。志愿军过了鸭绿江以后，不久捷报传来。消息告诉我，这位大老板被朝中人民打败了。我开始感到无比的兴奋，因为外国人从来就看不起中国人，如今是中国人抬头的辰光了。接着我又有些怀疑，这些消息是不是真实的呢？我的儿子念义曾到朝鲜去看了实际情况，他回来谈的比报纸上的还要动人。这是我平生第一次感到做一个中国人是值得骄傲的。

那一年企业开始好转了，章华毛纺厂、水泥厂都有一些发展。国内的购买力已逐步提高，部分原料问题已可以在国内解决。西南的厂子由于大部分是官僚资本投资，很快就公私合营了。这些自从抗日战争胜利后就停工的工厂，不但开了工，而且不断地增加锭子。整个国家经济情况显然地有了起色。这时候，我就感到又可以扩大企业、自由经营了。

"五反"运动是激烈的阶级斗争，作为资产阶级的一个成员当然是很受震动的。我当时生病在家中，并没有参加斗争。反而李维汉部长、盛丕华副市长到家中来看我。然而我的全部企业都受了检查，这使我很不痛快。我告诉我的儿子们："如今国家有了前途，共产党在经济问题上也很有办法，不要我们资产阶级这个朋友了。你们各自想办法吧！"我心中觉得大概像我这样做过各种各样事情的人，早晚要被清算掉的。然而"五反"运动结束后，由于刘氏的企业在这几年中没有什么违法行为，全部都是守法户，都没有受到影响。这使我对共产党实事求是的态度很服帖。

回想起来，我是很感谢"五反"运动的。你知道，凡是过去生长在上海的人，都会感到上海大概是世界上最复杂最可怕的地方。我曾和朋友谈过："上海的风气很难改变，除非连根挖才行。"但谁能有这个力量？在过去一个相当长的时期中，我出入有六个保镖，但还是感到不安全。"五反"运动真的把一切腐朽思想的根子挖掉了。社会风气有了很大的改变，人们可以不必提心吊胆地生活了。此外，过去我感到逐渐壮大起来的国营企业对我的企业发展是莫大的威胁，思想上搞不通，觉得如此声势逼人，那还有什么搞头？在"五反"中的许多具体事例使我感到，私营企业如果不在国营企业的领导下发展，不逐渐纳入国家的计划轨道，依然会走到盲目竞争、互相倾轧的老路上去，那样私营企业仍然没有保障。"五反"运动并没有清算我，而且不久我还被选为全国人民代表大会代表。

"奇迹"的出现

1953年是上海市工商界，可能也是全国工商界常常谈起的"难忘1953年"，刘家的企业普遍有了好转。由于"五反"运动过后，国家掌握了大量的原料，可以及时供应给工厂，物价非常稳定，这对所有的企业家都是最大的保障。国家的大规模建设开始了，水泥业、煤矿业首先出现了前所未有的繁荣盛况。我水泥厂的机器都是30多年的老机器了，我想这个厂的产品已无法打破全盛时代的每月1万吨的指标。但是，在全厂职工支持国家建设的热情下，产量竟达到了1.8万吨左右。水泥厂中的主要设备大窑，一般只能维持180天到200天的寿命，就需要大大地翻修一次。过去，多半是不到180天就需要整修。这几年水泥厂的工人想出办法来自己修理大窑，而且能够维持连续使用300多天。这使我深有感触，过去我总以为工厂办得好坏，主要是靠资本家精明强干的经营和个别专家的技术。新的事物使我理解到，没有成百上千的工人的智慧，要使工厂增加生产是困难的。

这一年最使我兴奋的一件事是，章华毛纺厂的呢绒出口了。这是我一生的梦想，在章华不得不冒充外国货时，我就总盼望有一天章华的呢绒能到国际市场上去比一比。这一年的9月16日，政府贸易部门向章华订货出口呢绒12万米，在三个月内交货。这个订货使我又兴奋、又担心。因为章华的产量每月总在2万米到3万米之间。如今突然要增产1/3，按照我的看法，是很难完成这个任务的，但是章华厂的900多名职工却欣然地承应了这份光荣的任务。这年年底，12万米的高等呢绒打着"中华人民共和国制造"的金色大字商标送到了国际市场上，立刻受到了外国顾客的欢迎。如今章华厂每月的产量已达11万米以上。它很大一部分出品都是出口货。我是一个中国的企业家，你可以想象到我是多么的骄傲、快活和感激。有一天我的儿子从市场上回来，他笑着告诉我，在旧货摊上看到几段外国呢绒，事实上是章华的冒牌货。我告诉他："现在和过去是很不一样了。过去，外国人瞧不起中国人，有些中国人，自己也瞧不起中国人！从此以后，我们的子孙再也不会遭受那样的命运了。"

可以放心了

新中国成立以后，刘氏企业开始公私合营，到了1956年初全部公私合营。有的朋友说我心中实在是舍不得的。我告诉你实话：西南、西北几个企业由于有官僚资本投资，很早就公私合营了。那些企业发展的速度远远超过了我的想象。这几年来上海的企业也在很快地发展。我有过几十年办厂的经验，因此深知照目前的规模发展，即使我用在年轻力壮时的精力要想独自担当下来，也有困难。这几年我身体不好，企业中的事务都交给我几个儿子了。俗语说，"知子莫若父"，我为了保住企业，曾经亲自训练几个儿子管理企业。然而，"富贵出娇儿"，过去我的孩子都不肯勤勤恳恳地管理企业，如今在政府的领导和帮助下，他们原来做经理的仍然做经理，有职有权。而过去由我参加建立起来的一爿企业正在不断地增加冒烟的烟筒，为什么我不愿意？

我已经是快七十岁的人了，我有10个儿子、三个女儿。我过去总担着心事，怕这份家业要败在孩子手上。他们说不定会变成瘪三。我的岳父是老牌的火柴大王，他留给我郎舅至少有15万两白银。而我眼看着这位郎舅在短短十几年中就完全败光，最后在我家寄食。每次我看见他的时候总想，我的儿女中会不会也有这样的人呢？在旧社会中，我不知看了多少人家的盛衰。直到去年，毛泽东主席提出，资本家要掌握自己的命运。这句话使我心弦震动，在过去哪一个资本家能掌握自己的命运呢？即使他侥幸成功了，谁又知道他的子孙命运如何呢？我还没有在中国看见有过了三代仍然兴旺的资本家。尽管，我对孩子们的教育是十分严格的，但是我仍然担这份心事。

如今，我在国内的孩子们都各有岗位，他们在新社会中都逐渐地真正熟悉了专门业务。我的两个儿子、一个媳妇被选为上海市人民代表。我的孙子孙女早就戴上了红领巾，有四个是全国少年游泳选手。要是我和他们谈股票、利息等，他们准会大笑我。在他们的头脑中，想的都是一个光明伟大的社会主义社会。虽然我是一个老祖父了，可是我知道他们是对的。我看见下一代人的决心，知道那一天会很快地到来的。

一个中国人的骄傲

你问我为什么拥护共产党？我是一个企业家，我的企业，无论水泥、毛纺、码头、火柴、煤矿、银行业，目前都在发展着，规模较过去大得多，共产党能推动企业，能使中国变成工业化的国家，这是我过去50年的梦想，我为什么不拥护它？新中国成立以后，我个人和我家属生活仍然和过去一样。今年第一届全国人民代表大会第三次会议上陈云副总理的报告提出私营企业的定息制度——私营企业的资方有5%的定息。我的章华毛纺厂和水泥业、火柴业/码头及其他企业已先后拿到了定息。这笔定息的数字从我们的生活需要看来是相当大的。我告诉孩子们，我不是不愿意他们生活过得更舒适一些，但千万不要走回老路上去！我感到政府的照顾实在太多了。

我拥护共产党还有一个最主要的原因，我是一个中国人、中国资本家。现在我身体不好，不能陪你去黄浦滩头看看。在过去几十年中，从杨树浦到南码头，沿着黄浦江一带是各国的码头，一长串的外国兵舰插着各式各样的国旗。人们走过这里，会不知道这儿究竟是哪国的土地。我自己是搞码头企业的，往往站在码头上摇摇头。如今呢，这一带地方每个码头上都是五星红旗迎风飘扬，你想想看，一个看过上海50年变迁的中国人，他心中会不高兴吗？

（原载1956年10月4日《新闻日报》）

我所知道的刘鸿生先生

胡世奎

1956年8月间，我闻刘先生病剧，到他在湖南路的寓所看望他。这时，他已不能起床，谈吐间他对国家的经济建设充满了信心，认为共产党不但能打天下，而且也能治天下，这是他从前所无法料到的；从此国家前途光明，人民富足，也是可以等得到的。

爱国民族资本家刘鸿生先生，祖籍浙江省定海县（现舟山市），1888年生于上海。我是他的同乡后辈，少年时期在他捐资兴办的学校里读书，后又在他创办的企业做事，特别是在1942年至1946年的四年内，直接在他身边工作，特追记他的言行事迹，以志怀念。

1923年9月我七岁进入定海中学附属小学读书时，就听说这个学校是定海旅沪富商刘鸿生先生于1921年捐资创办的，并为家境清寒的学生设立了免缴学费的名额。我家经济困难，我就经人说项，作为免费生入学。当时定海县内公立学校只办到高小为限，所以定海中学堪称定海的最高学府。1929年9月，我进入定海中学初中一年级，教室在学校主楼思刘堂二楼，底层走廊的墙壁上镶嵌着一块铜牌，上面镌刻着建校捐款的103人名单及捐款金额，按金额多少依次排列。在总金额27.3万多元中，刘鸿生先生捐款23.25万元。由此可见，刘先生本来可以独资办学的，但是为了发扬公众办学的精神而采用募捐办法。1924年间，刘先生又捐款在定海城内办了一所私立定海女子中学，后来改为私立鸿贞女子中学，1934年与私立舟山中学合并，男女同学。

1932年1月28日，日军进攻上海，十九路军奋起抗战，上海有一部分靠近战线的学校停课。刘先生的七子念忠、八子念信、九子念廉、长女明珠和内侄陈昌吉、叶锦康等，由上海分别到定海中学、定海女子中学及其附小部求学。其中刘念忠和陈昌吉两人插入定海中学初中三年级下学期，和我同班。刘念忠英文水平较高，国文、数学等水平较低，有跟不上教学进程的可能，校长要我改为住读生，和念忠住在一起，以便利用课余时间对他辅导，食宿费由他负担。因此，在半年时间里，我与念忠兄弟们有较多的谈话机会。从他们的言行看来，刘鸿生先生对子女约束颇严，他们的生活节俭朴素，没有纨绔子弟习气。

1932年8月，我们这一班初中三年级学生共13人，都通过期终考试毕业，刘念忠和弟妹们回了上海。不久，我收到念忠来信说，如果本人自愿，他父亲打算把我们这一班毕业生都吸收到他的企业里做事。对于我，他父亲表示可以特别照顾，如果我想升学，可以报考上海的高级中学，录取后由他父亲支付我学杂膳食等费用，直到大学毕业后再进他的企业。对于这个好机遇，我权衡再三，终于因为想早日负担全家生活，便复信念忠，表示想早点就业。当年9月间，我们这一班的13位同学，除念忠去日本留学及另外三人考上外地高级中学外，其余九人包括我在内，都由校长方同源先生亲自领到上海面谒刘鸿生先生。刘先生请大中华火柴公司会计科主任林兆棠对我们进行了一次珠算测试。

不久，我和另一位同学进了大中华火柴公司，其余七人分别进了元泰煤号和开滦售品处，刘先生所投资的企业单位都集中在四川路（现四川中路）

33号一座由他投资新建的大楼（人称"企业大楼"）内办公。这座大楼共有八层，底层是中国企业银行，二楼是元泰煤号和开滦售品处储运部，三楼是开滦售品处，四楼是华商水泥公司（厂址在龙华）、中华码头公司（码头在浦东）、华东煤矿公司（矿区在徐州的贾汪），五楼是大中华火柴公司，六楼是章华毛纺织公司（厂址在浦东周家渡），七楼是刘鸿记账房和律师、会计师事务所等，八楼为刘先生家庭寓所，其中有一间餐厅。每天中午（星期日除外）刘先生邀集大楼内各企业主要负责人20人左右共进午餐，交流信息并商讨要事。

我们九个同学不论被派到哪个单位，开始工作时的生活待遇基本相同，月薪一律定为30元，年终双薪，平日免费供应午膳一餐，其余食宿自理。以后几年，凡有舟山中学初中毕业生进刘先生企业工作的，其生活待遇均按此办理。

我进大中华火柴公司后，在会计科当会计员。会计主任林兆棠是留美归来的成本会计专家，为大中华公司设计了一套先进的分步成本会计制度。总工程师林天骥是留美归国的化学博士，在他主持下，大中华火柴公司建立了一个化验室，聘请好几位大学化学系毕业生在此工作，对改进火柴质量做出不少贡献，使大中华火柴公司的产品如名烟牌（又名美丽牌）火柴在30年代崛起，与原来独占上海市场的美商美光火柴厂产品凤凰牌火柴并驾齐驱。

刘鸿生先生是大中华火柴公司总经理，又要统管他投资的所有企业，经常在三楼开滦售品处办公，而把大中华火柴公司的日常业务委托协理徐致一负责。徐致一、林天骥、林兆棠三人作为火柴公司的核心人员，每天中午都上八楼的刘公馆用餐，汇报工作。

大中华火柴公司是在1930年7月由原苏州鸿生火柴厂、上海与镇江两地的荧昌火柴厂、上海周浦镇中华火柴厂共三家公司四个厂合并成立的，资本总额为191万元。公司成立后，在上海东沟新建一家梗片厂，专产火柴梗枝和糊盒木片，以供应四家火柴厂的生产需要。另外还投资于炽昌新牛皮胶厂，产品优先供应大中华火柴公司各厂的需要。其余的火柴原料及制造梗片的木料等，均委托采办处负责人顾丽江统一采购，其中大部分是从国外输入的。

1931年大中华火柴公司又兼并了九江裕生火柴厂和汉口爨昌火柴厂。九江裕生厂并入后继续生产，汉口爨昌厂在并入前已因水淹停工，并入后即把厂房改作仓库，由九江裕生厂运火柴去武汉地区销售。1934年，杭州光华火柴厂亦并入大中华火柴公司，继续生产。至此，大中华火柴公司直属有六个火柴厂和一个梗片厂，资本总额增至365万元，年产火柴15万箱左右（每箱平均批发价为50元左右，加上转嫁的统税，每箱7.5元，合计为57.5元），年营业额约为860余万元，占华中地区火柴市场的一半以上。但资本周转率仅为一年2.36次，在轻工业中是比较低的，主要是由于生产技术水平较低，另外小厂林立，日本走私火柴频繁侵入，美商美光火柴厂拥有全联动机械生产线，因而竞争激烈。我进大中华火柴公司的1932年，公司盈利较多，股东和职员都能分到红利。以后几年，公司盈利连续下降，除发给股东股息外，再也不加发红利了。

自1933年至1935年的三年中，华中地区火柴厂产过于销，日本走私火柴愈演愈烈，各厂削价竞销，利润下降，有的已达亏本边缘。刘先生为挽救火柴业危机，由大中华火柴公司倡导，在华商同业中成立产销联办处，相约限制产量、稳定售价、统一销售，由于没有行政约束力，收效不大。后来设法走通国民政府实业部长吴鼎昌和财政部长孔祥熙的路子，使他们同意对火柴业用定量发放统税票证的办法来限制产量，有一定的效果。以后又与美商美光火柴公司、在华日资磷寸株式会社取得协议，呈报国民政府批准，于1936年3月在上海成立了中华全国火柴产销联营社上海分社，其业务范围为苏、浙、闽、皖、赣、豫、鄂、湘八省和上海特别市。这样，火柴的竞销危机暂告缓和，直到1937年上海抗战爆发。

我和在开滦售品处工作的同学乐时鸣、周中奎三人，在公司会计科股长李少甫的推动下，参加了1935年12月24日上午在南京路大陆商场（现南京东路新华书店）一带举行的抗日救亡示威游行，以后又出席了1936年2月9日的上海职业界救国会成立大会，并成为该会会员，参加了该会分队和中队的组织活动。1936年5月9日，我们三人和乐时鸣的姐弟、表兄共六人去参加职救会预定在派克路（今黄河路）新闸路口举行纪念"五九"的抗日示威游行，因租界巡捕房派了巡捕在现场戒备，我们集合未成，反被国民党警察局便衣特务盯上，六人全部被捕，被押到南市蓬莱路警察局关押。乐时鸣的大哥乐建通过他的房东叶晋荣（开滦售品处营业主任），将我们被捕之事告知了开滦售品处总工程师金芝轩，金再向刘鸿生先生报告，并请求把我们保释出来。刘先生同意了，并在金先生写的保释证明信上签了名，交叶晋荣办理保释手续。于是，我们六人在被捕后的第三天下午得以获释。

当时我们不清楚工作单位会对我们作出怎样处理，心里忐忑不安。但不多几天，刘先生召我们三人谈话，说："你们青年人有爱国心，要抗日，这是好的，我赞成。如果战争打起来，要我毁家纾难，也在所不惜，我也会叫我的儿子上前线。但是决定打仗的事体大，要由政府来做主张。你们应当服从政府，不要做得过分，使政府为难。你们更要当心，不要被人利用来反对政府。过去的事就算了，今后要安心工作，不要再发生越轨行为。"对于他的训诫，我们只是默然倾听，没有作声，心里是不以为然的。现在想来，他说的这番话正是代表了当时大多数民族资本家对于抗日救亡运动的态度，同情而有一定程度的观望。

1936年下半年，乐时鸣、周中奎和我三人都担任了职救会中队干部。根据李少甫的指示，有一天晚上，乐时鸣让职救会的理事在他的办公室开了一次全体会议，第二天，售品处的一个事务管理员把这情况越级向刘先生上告。刘先生只是通过金芝轩给乐时鸣一个口头警告：今后不许把开滦售品处的办公室擅自借给外人开会。对于已发生的事未做处理。可见，刘先生对救国运动是同情的。

1937年8月13日上海抗战爆发后，刘先生以中国红十字会会长的身份兼任上海市伤兵救护委员会会长，任命他的四子刘念智为该会英文秘书，协助颜福庆副会长兼秘书长工作。该会的任务是从战线上抢运伤兵到租界内的伤兵医院进行治疗。我和周中奎参加救护组工作，穿上童子军制服，两次出发到罗店前线，从伤兵急救站把伤兵抬上汽车，运到法租界的一个伤兵医院治疗。听说刘先生的五子念孝、七子念忠也参加了救护伤兵的工作，但与我不在同一个队里，所以没有见过面。

上海抗战一开始，中共地下党员叶进明在煤业同业公会中的开明人士潘以三、田莘芳、陈渭滨等协助下，组建了煤业救护队。作为上海煤业同业公会名誉会长的刘鸿生先生，对此表示支持。建队工作得到煤业同行的热烈响应，他们纷纷出车出人，短短几天，煤业救护队就拥有卡车50多辆、队员500多名，成了一支重要的救护伤兵的力量。刘鸿生先生还同意让煤业救护队挂上中国红十字会的旗号，以便于对各方面的联系。

1937年11月中旬，煤业救护队随国民党军队转移至皖南屯溪后，经济发生困难，该队队长田莘芳回沪求援。在潘以三、陈渭滨等人支持下，除了争取由煤业同业公会继续拨款外，并商得刘鸿生先生同意，做出了两项决定：（1）煤业救护队与中国红十字会总会直属的上海伤兵救护委员会交通股合并，由金芝轩、田莘芳分任正副股长，下设两个组，第一组管原属红十字会的车队，乐时鸣任组长，杨梦雁、孟燕堂任副组长；第二组管原来的煤救队，由忻元锡、叶进明任正副组长。（2）合并后的交通股主要任务是把留在孤岛上海的数千名康复或在医的伤兵运到宁波和温州两港口，再转运到前线或后方去。根据这两项决定，经第一、二组通力合作，完成了转运伤兵的任务。以后又以南昌为中心，完成了从南方八省边区运送原苏区游击队员到皖南岩寺集中组建新四军的任务。

新四军成立后，这两个组的运输力量基本上是为新四军服务的。金芝轩、田莘芳两人还以红十字会交通股正副股长的名义，于1938年5月由上海去新四军军部访问，受到军首长的亲切接待。金、田两人回沪后，向刘鸿生先生汇报去皖南的情况，刘听后笑着说："国共合作，才能真正打赢日本。"刘先生还对叶晋荣说："你弟弟（叶进明）进出上海时行动要注意，为了避免被日本暗探或汉奸发现，少同上层人物公开接头为妙。我对煤救队的工作是会全力支持的。"

1938年初，叶进明和周中奎由皖南来到上海，把刘先生的内侄陈昌吉也带到皖南参加救护队的工作。后来陈昌吉又两次到上海，以战地文化服务社特别联络员的名义，实际上是代表新四军来做上层人士的统战工作，其中也包括他的姑父刘鸿生先生。刘先生很客气地接待了陈昌吉，并细心听取了他关于新四军作战情况的介绍，不时点头表示赞许。1938年夏，刘先生的六子念悌（即刘公诚）从汉口去延安，进抗大学习，行前刘先生并不知道，事后也没叫他回来，而是托人带去钱，以资接济。

1938年12月，刘先生因不堪日本强迫同他"合作"，悄然乘英商太古轮船离沪去香港，到香港不久，写信给二子刘念义（时任大中华火柴公司代总经理），叫他派翁文漪工程师去港协助筹建大中国火柴厂，并汇去建厂资金。经过一年多时间的筹建，这家火柴厂就在香港平洲岛上开工生产了。

刘先生到香港后，除了筹建大中国火柴厂之外，又指示刚从九江搬火柴机器及原料到达重庆的原九江裕生火柴厂厂长周太初与重庆华业火柴厂洽谈合作扩产事宜。结果达成了协议，新成立的火柴厂就叫华业和记火柴公司，厂址仍在老厂原地，即重庆南岸弹子石。由于增加了资金和设备，改进了生产技术，改善了产品质量，产量也增加到一倍以上。1940年冬，重庆国民政府为了增加财政收入，筹划办理烟类、火柴和食糖三项消费品的专卖事宜。孔祥熙建议蒋介石，电邀刘鸿生先生去重庆筹办火柴专卖。刘先生应邀到达重庆，由蒋介石接见后即与孔祥熙联系筹办建立火柴专卖公司事宜，并于

1941年夏写信给在上海的二子刘念义，要他在大中华火柴公司物色能人到重庆去协助他筹办专卖事宜。刘念义选派了原任总务科副主任王雪年秘密去重庆。1941年底，火柴专卖公司正式成立，刘先生被任命为总经理，年龄不过32岁的王雪年被任命为主任秘书（是刘先生竭力推荐获准的）。

刘先生在重庆时，主要精力用于筹建毛纺织厂。他看到抗战后方的大西北地区盛产羊毛，但没有一家技术过硬的毛纺织厂能利用这项丰富的资源，坐视市场上毛织品价格奇贵，未免惋惜。他想到自己在上海所办的章华毛纺织厂已积累了多年的生产经营经验，也拥有一批可贵的技术和管理人才，让这个厂投资在重庆办一家毛纺织厂是具有条件的。他把这种想法商之于宋子良。宋又与孔祥熙商量后，决定由中国国货银行投资，与上海章华毛纺织公司合作筹建重庆中国毛纺织厂，厂址设在李家沱。刘先生为筹建这个毛纺织厂，派人到上海通知章华毛纺织厂经理程年彭派厂长徐谟君等人到重庆工作。同时，刘先生又要他的四子刘念智去重庆帮助工作。刘念智于1940年12月31日到达重庆。1941年8月，刘念智率领人员去仰光，以极大的毅力，冒了极大的风险，终于在1942年初，把滞留在那里的机器设备、材料等500多吨物资抢运到了重庆，使中国毛纺织厂开工生产。该厂于1944年下半年生产出第一批产品，在国民党后方畅销，获利甚丰。

1942年3月间，我由上海大中华火柴公司总经理刘念义调派到重庆火柴专卖公司工作。我是跟随由渝来沪治病的华业和记火柴厂厂长周太初去重庆的。同年5月我到达重庆，见过刘先生后，他派我到宜宾洪泰火柴厂当驻厂成本稽核员。刘先生视我为亲信，对我破格提拔，在生活上也优加照顾。不久，我先后被提拔为该公司财务处理财科科长、核价科科长。这个时期，我有较多的机会与刘先生直接见面，向他汇报工作。王雪年告诉我，刘先生对我的工作经验以及性情温和较好的涵养，有较好的评价。新中国成立后，周太初曾谈起，当时刘念义曾托他带信给鸿生先生，认为我的思想表现一贯"左"倾。我回顾在四川的一段经历，没有发现刘鸿生对我有所戒备的异常表现。

1943年初，我在重庆大什子的一家旧书店里翻阅旧书时，巧遇上海职业界救国会领导人杨修范同志，杨介绍许涤新同志来火柴专卖公司找我，向我调查了解刘先生资本的发展历史，他所投资的各个企业的资金额度、生产规模、盈亏情况，以及刘先生与宋子文、孔祥熙、宋子良等政治人物的关系和他本人的政治态度。我领会到许同志是代表中国共产党的领导部门来了解刘先生情况的，这正足以说明中共对刘先生政治、经济动态是颇为重视的。因此，我不能等闲视之，除了向许同志口头详细介绍外，事后还写了一份更为详尽的书面材料送交杨修范，请他转交许涤新同志。

1943年夏，我在重庆得了肺结核病，当时尚无特效药，被视为不治之症，自费治疗，也非菲薄的薪水所能负担得起的。正在我焦急之时，刘先生却主动把我找去，安慰我说："你不必着急，我介绍你到苏祖卿医生的私人诊所去治疗，医药费全部由我负责，你只要安心养病就是了。病愈后为我多做些事，就算是对我的报答了。"这一席话说得我从心底里感激他。

当即，我拿了他的介绍信去苏祖卿医师的门诊所求治。我每天注射一针由英国进口的奥斯特灵钙剂，这虽不是特效药，但由于每日三餐都吃美味可口的高级营养品，卧床休息时间又多，病情很快趋向好转。我进病院一月之后，刘先生的八子念信也来到这里疗养。他是在美国麻省理工学院机械系毕业回到上海后就和我一起来重庆的，这时他在中国毛纺织厂当工程师。我住院三个月后，病情基本稳定，苏医生征得刘先生同意，让我出院。出院后，刘先生叫我住到他的家里，一日三餐吃在华业火柴厂里，不付饭钱。

我在刘先生家里住了大约五个月时间。在此期间，我看刘先生带回来的一些火柴专卖公司的财务和核价报表以及其他文件，并签注一些意见，供刘先生批阅时参考。有时刘先生也向我提出一些问题，要我即席答复。在星期日白天和平日夜间，常来他家跟他谈天的是宋子良。他们从个人的生活玩乐，谈到重要物品的市价涨落，天南地北，无话不谈。有时我在场，他们也不回避我。当他们谈到国际商情、外汇行市及国内外经济信息时，常叫我把资料数据等记录下来，以备日后查考。我对宋子良的印象是：急功近利，缺乏政治远见；在个人关系上，和孔祥熙比较接近，而对他亲兄宋子文却有几分畏惧。

刘先生家里有不少介绍化学、机械等方面进展情况的最新英文版书籍，是友人从国外寄来供他参考的。他在空暇时，就阅读这些书籍，或者翻阅美联社、路透社、法新社等发的英文电信稿。他几乎不看文学和经济类书籍。他有时也和我谈起抗战胜利后，打算回沪，把他昔日所办企业根据新形势的要求，好好整顿一番，以求实现大展宏图的愿望。

1943年底，刘先生亲自到贵阳参加贵州省火柴核价会议，叫我跟他一起去。火柴专卖公司派了一辆黑色小轿车，由两位中年司机驾驶，一路大雪纷飞，盘山路上积雪成冰，滑溜难行，驾驶员小心翼翼地走了三天，才到达贵阳。刘先生命我立即到贵阳火柴厂调查该厂的实际成本，我在老同学丁苏民（时任贵州省火柴专卖分公司财务科长）的协助下日夜赶工，于两天一夜的时限内完成了这项任务。接着，在刘先生的主持下召开了核价会议。由于有具体的成本资料为依据，会议进展得很顺利，只开了半天会就把贵州省的火柴收购价格核定了。会后，贵州省各火柴厂负责人和当地官府都要宴请刘先生，刘先生推说重庆方面有要事待理，只同意他们公请了一次晚宴，第二天上午就带着我乘原车返渝。

回程中，刘先生感觉头痛，体温亦有所升高，一到重庆，就请著名的留德医师周林诊断，确诊为得了严重的肺炎症，实行严格的在家卧床治疗措施，由我接待来访客人。两个月后，刘先生病体初愈，为了解决火柴专卖陕豫分公司内部人事矛盾以及所管辖的火柴厂在核价、贷款等方面对该分公司经理的不满，刘先生派我去西安担任该分公司副经理职务，进行调解。我于1944年4月离开重庆赴西安就任。

1944年8月，烟草专卖局、食糖专卖局、火柴专卖公司三个专卖机构合并成立专卖事业管理局，统管三种物品的专卖事宜，直属于财政部管辖。刘先生被任命为该局局长。我被调回重庆，任该局业务处副处长兼专门委员。这时，刘先生一家已从华业厂搬到重庆市中心区居住，所以我们不常见面。

　　到了这年年底，发生了两件重大事件：一是日军由广西向贵州进攻，一度占领独山，贵阳岌岌可危，重庆震动，人心惶惶；二是行政院院长易人，由宋子文取代了孔祥熙。宋子文主张在财政经济、外贸方面采取自由开放政策，一上台就明令停办三种物品的专卖，撤销专卖事业管理局。于是，我们这班筹建专卖局的人就一改任务为"办理结束事宜"，从1945年初开始到6月底，基本办完了结束工作。这时，刘先生正以中国毛纺织厂为基础，再行转投资筹建拟设在兰州的西北毛纺织厂，内定叫我去当该厂营业科主任。为了熟悉业务，刘先生叫我向中国毛纺织厂营业科主任杨文耀学习。

　　1945年8月，正当我在学习时，忽然传来了美国向日本广岛投下第一颗原子弹的惊人消息，不久，日本天皇宣布无条件投降，抗战胜利。山城爆竹声震耳欲聋，全市欢腾。接着又传来毛主席到重庆和蒋介石谈判的喜讯。大家议论纷纷，认为和平统一有望，建国前途乐观。刘先生则认为现在中共已有众多军队，占据了这么多地方，这次谈判怕不一定能够顺利成功。

　　有一天，刘先生应邀参加中共代表团举行的座谈会后回来，兴奋地对我们说："毛泽东、周恩来两位先生邀请我们工商界人士十多人去谈了一次话，吴蕴初先生、卢作孚先生等也在座。毛、周两位接待我们很客气，说话都很谦虚，一再表示愿意与国民党长期合作、共同建国，条件是要国民党放弃一党专政、军事独裁的错误政策。共产党的主张是要建立联合政府，实行全国的民主统一，建设一个繁荣富强的新中国。看来他们的态度是诚恳的。他们还要我们提意见，我只说一句：对于他们的主张，我赞成，但是将来建国应以蒋委员长为领导。看来这次国共谈判是能够成功的，和平建国是有希望的。"

过了几天，刘先生找了十多个人去谈话，我也是在被召之列。他说，行政院已任命他担任善后救济总署上海分署署长，要我们作为先遣人员乘美军飞机到上海筹建分署。于是我们这批人就于1945年9月中旬分乘美军军用飞机由重庆到南京，再转乘火车到上海，开始筹建工作。

大约在1945年10月间，刘先生也由重庆来到上海。这时行政院又任命他兼任善后救济总署执行长，这是一个掌握救济物资（主要是第二次世界大战中美军的剩余物资，有各种生活资料和生产资料）分配大权的要职，据说是由宋子文征得美国人同意后才任命的。从这时起，我就很少有机会和刘先生见面，但我在上海分署内听说，在救济物资的分配方案上，刘先生与总署署长蒋廷黻和联合国善后救济总署派驻中国总署执行长办公室的联络员、美军上校奥尔姆斯经常发生争执。刘先生主张，救济物资特别是医疗器材、药品、面粉、纱布、毛线等生活资料，应按公平合理的原则分配给曾被日军占领过的地方和城市，包括已由八路军、新四军进驻的地区如邯郸、烟台、盐城等城市，而他们坚决反对这样做。有时候，刘先生不顾他们的反对，断然以执行长名义签发分配单，引起他们的不满，向宋子文告状，宋子文对刘先生提出了书面批评。于是，刘先生提出辞呈，虽然宋表面上还是挽留他，但从1948年开始他就不到总署办公。

我在善后救济总署上海分署工作到1946年6月就提出辞职，回到大中华火柴公司任查账员，由该公司总经理刘念义派往青岛标买敌产青岛磷寸株式会社，得标后就在该地筹建青岛火柴公司（实质上是大中华火柴公司的分厂），恢复生产，开展营业。1947年5月，忻元锡同志由苏中解放区来上海，建立秘密的物资采运站，以公开的吉泰商行（金振华任经理）为掩护，进行活动。我按忻的要求，陪他到北平、天津、青岛三市做调查，最后选定在青岛建立吉泰分行，由忻派朱沫、张剑民两同志主持工作。我为分行找到了办公地址，并在中国银行青岛分行开立账户，均由我以青岛火柴公司做担保，他们的业务主要是在青岛收购纱布、西药等物资，用帆船运往解放区，用款由上海汇去。我对他们的经常性帮助是，利用青岛火柴厂的仓库，免费为分行收发储存待运物资；在该分行急于抢购物资而资金不足时，无息暂借青岛火柴厂的存款使用。

1947年10月间，上海吉泰商行被国民党特务破坏，波及青岛分行，朱沫同志已先去上海，幸免被捕，张剑民同志则被捕，分行暂存在青岛火柴厂内的大量纱布均被青岛警察局抄去，火柴厂垫出的款项约5000元银圆无法收回，只得列为损失账。为此事，我被青岛警察局第二科传审，因事先托青岛火柴同业公会理事长李代芳作了疏通，才得以从轻发落，交保候传，免予扣押。此事，刘念义和他的父亲刘鸿生先生都是知道的，我回上海向他们汇报青岛火柴厂因涉及此事而受到损失时，他们都没有深究我的责任，只是说今后注意，不要再发生类似事情。

1949年8月，我应上海市人民政府财政局长顾准同志之邀去该局工作，向刘念义书面辞职。他复信挽留，经我再次去信恳辞后，他同刘先生商量后复信表示同意。我在青岛办完移交后，于12月到沪，向财政局报到。从此，我离开了刘氏企业，进入人民政权机关工作。

1956年8月间，我闻刘先生病剧，曾到他在湖南路的寓所看望过他。这时，他已不能起床，谈吐间他对国家的经济建设充满了信心，认为共产党不但能打天下，而且也能治天下，这是他从前所无法料到的；从此国家前途光明，人民富足，也是可以等得到的。但是，他能不能看到这样美好的一天，却是难说了！我安慰了他几句就告辞了，这是我最后一次看到刘鸿生先生。

（原载上海书店出版社《20世纪上海
文史资料文库3：工业交通》）

第 七 章

理念：以华制夷，创新为王

结欢实力派

刘念智

　　刘鸿生兴冲冲地对儿子说："杜先生请小辈吃饭是破天荒的事。四儿，你的工作做到家了！"

　　1929年，我去英国剑桥大学学习经济和工商管理，毕业后，经过两年实习，于1936年初回到上海。父亲把我安排在中华码头公司当一个普通会计员。他的意图是明确的，就是要我在码头上接班。

　　上海所有码头，都是黄金荣、张啸林、杜月笙、范回春的徒子徒孙控制着的。这些人都是码头上的包工头——大包头、二包头、三包头，每人手里都控制着几十、几百、几千的装卸工，分属于浦东、山东、苏北等不同帮口，分帮分户，进行剥削。这些包工头，是码头上的"地头蛇"，可不能得罪他们，如果得罪了，轻则受辱，重则送命。上海有句俗谚："好人不吃码头饭。要吃码头饭，就得拜个老头子。"不幸得很，我吃的正是码头饭。

　　有一天，父亲突然对我说，他同黄金荣、张啸林、杜月笙都是称兄道弟的好朋友。杜月笙在码头上的徒子徒孙最多。要是我愿意拜杜月笙做老头子的话，只要点上一对蜡烛，向他磕上三个头，以后逢年过节，到他家里问声好、送个礼，就可以了。拜上老头子以后，在码头上做事就会有照应了。说到这里，父亲停了一停，亲切地问："四儿，你愿意吗？"

我有点出乎意料，迟疑了一会儿才回答说："爸爸，您平时嘱咐我的一些话，我都愿意做，也能做到。只是拜老头子这件事，我不想做。背上了这个包袱，对我将来没有好处。"

听了我的回答，父亲不再勉强我，以后也不再提拜老头子的事了，只是一再嘱咐说："四儿，你在码头上千万不可得罪人，尤其是掌握实权的人。"

说来真巧，我们父子间谈话后不到三个月，杜月笙却有事求上门来了。有一天，父亲突然叫我到他的办公室去，说是有要事和我面谈。见面以后，父亲笑眯眯地对我说："你要走运了！杜先生有事要找你帮忙。"接着，他告诉我，杜月笙最宠爱的七姨太有两个儿子，一个17岁，一个18岁，她要把两个宝贝儿子送到英国去留学。杜先生刚来过电话，要我做他们的老师，每天花两个钟头的时间，在三个月内，教他们学会一些英国社交上的语言和礼节。父亲亲切地对我说："四儿，这是一次接近杜先生的好机会啊！你要把杜先生嘱托的事放在头等重要的地位来办，别的事都可以暂时放一放。"

我同意了。在1936年7月的一个上午，我穿着整齐，兴冲冲地坐车到华格臬路杜公馆。车到门口，我向警卫报了姓名，他们接连地向我鞠躬致礼，一面口里说："四少爷，请进！"一面向楼里传报。杜七太听到传报后，就赶忙下楼来迎接，她满面春风地叫我老师："老师请坐。请到侬这样的好老师，真是我孩子的好运气。以后务必请侬严格教导，一切遵照侬的吩咐做。要是他们不听话，请侬马上告诉我，我来管教。事情着实麻烦侬哩！过几天，杜先生一定要抽出时间来向侬面谢呢！"一连串话音刚完，她的两个宝贝儿子已经下楼来见面了。

只见身着纺绸长衫、头梳西式发型的两位公子哥儿来到我的身前，向我深深地一鞠躬，就站到杜七太身边，不停地摇着折扇，活像戏台上的一对"白相人"。我望着他们，心里立刻有些发凉。我想，要在短短的几个月内，把这一对小杜月笙改造成为英国绅士家庭的子女，这真是比登天还难啊！正在我感到失望的时候，只听得杜七太向两位公子喊道："快把扇子丢下！你们看，刘家四哥有像你们那样扇扇子吗？"好一位眼光尖锐的妇人，她早已猜透我的不快心情了！

谈了一会儿，我对杜七太说："今天初会，我请他们两位到外面吃顿西餐，顺便聊聊。"杜七太同意了，我就带着他们上西餐馆。坐定以后，我说："今天吃西餐，一切要照外国规矩办。"我向侍者要了西文菜单，让他们熟悉各种菜名。接着，我给他们讲解各种宴会上的礼节，安排席位的惯例，不同的酒类和不同的杯子，不同的羹匙、刀、叉和不同的用法，还有关于就餐时必须注意的各种礼貌。我特别提醒他们，嘴里喝汤、吃食都不可发出声音；咀嚼食物不可张开大嘴；要细嚼慢咽，不可狼吞虎咽。除了面包、饼干等小食物可以用手指取食外，其他食物都应该用叉或匙送进嘴里，切不可用刀尖挑起食物向嘴里送。他们不习惯使用刀叉，经常把鸡块挑出盘外，闹出笑话，我耐心地给他们表演切割手法。

随地吐痰，不讲卫生，成为两位少爷很难改变的恶习。我一再叮嘱，吐痰要吐在自己的手帕里。可是言者谆谆，听者藐藐，他们根本不当一回事，只听得啪嗒一声，一口浓痰就落在地上。同这样的纨绔子弟打交道，有时感到烦闷。但是我父亲却十分关心杜家公子的学习情况，几次嘱咐我，要我耐心教导，要做出最好的成绩，让杜先生和七太喜欢。事到如今，我只好耐着性子喝苦水了。

我继续和他们交"朋友"，每天陪他们吃一顿西餐，有时在杜公馆，有时在我家里，有时在餐馆。每次都重复讲解餐桌上的各种礼节，与其说是吃饭，不如说是上实验课。

每天我给他们教一小时英语，主要是教一些英国社交用语。我非常严格地要求他们练习正确的发音，并且要求在我们中间必须用英语谈话。

每星期六，我一定陪他们看一次外国影片，第二天还要求他们把电影的情节用英语讲给我听。领会不正确的，我给他们纠正。

在上海江湾跑马场里，有我父亲圈养着的几匹赛马，我就带他们上那里去学骑术。我教他们骑马的姿势和操纵的方法。他们初见这些高大的骏马，感到畏惧，躲在马后面，不敢靠前。我告诉他们说："马是不喜欢人去拍马屁的。你应该靠近它的前身，不要躲在后面。躲在后面，要防它起脚踢你。"我翻身上马，给他们表演了一番，他们当然赞不绝口。他们跟着我学了三个星期，也就学会骑马了。他们非常得意地回家告诉了他们的爸爸妈妈，受到了爸爸妈妈的称赞。

学会骑马以后，我教他们学游泳、打网球、玩桥牌。我告诉他们，这些玩意儿，不是一下子能学精的。但是必须懂得一点，才能和上等社会人士打交道。

辛勤的教导，完全改变了两位公子哥儿的性格，他们开始叫我"四哥"，我们真正交上朋友了。

自夏徂秋，三个月匆匆过去了，他们要准备行装了。杜七太把准备行装的事也委托给我。我给他们讲了服装方面的各种常识。时间越来越紧，在最后的十天里，我每天要花三个小时的时间，陪他们到最讲究的西装店AHANA去定制西装和大衣，陪他们到最上等的百货店惠罗公司选购衬衫、内衣、睡衫裤、皮鞋、袜子等。他们买东西特别挑剔，单单领带一项就挑选了半天。我父亲的殷殷嘱咐给了我最大的耐心，终于把行装准备完了。

1936年12月初，我和父亲分别接到了装潢特别讲究的请帖，杜月笙邀请我们到他公馆里参加晚宴。父亲兴冲冲地对我说："杜先生请小辈吃饭是破天荒的事。四儿，你的工作做到家了！"

傍晚，我们坐车子到了杜公馆，早由侍者向里面通报。杜月笙和七太带着两位公子快步出来迎接我们，引起了马路上过往人群的注目。杜月笙紧紧地握住我的手说："四兄，实在辛苦你了！这两个孩子在你的管教下，完全变了样了。多谢！多谢！"这一番谦逊的语言，引起了阶前两旁门徒们的注意，他们更加毕恭毕敬地向我鞠躬致礼。我父亲见此情景，自不免得意扬扬，会心微笑。

　　参加宴会的有五十来人，我当然被邀请坐在主人这一席上。酒过数巡，杜月笙起来敬酒了。他端起一杯酒，向四周的客人照了照面，然后面对着我说："四兄，今天盛会难逢。照我们的规矩，我的孩子应该点起一对红烛，跪下来向你恭恭敬敬地磕上三个响头，感谢你教导之恩。但我知道，你是新派人，不会接受。我现在代表我的一家，向你敬一杯酒，表示感谢！"话声刚落，满厅轰动，全体客人都起来端杯陪饮。

　　这样的一个场面，这样的一席话，实在使我受宠若惊。直到现在我还记忆犹新。说实在的，我父亲当时已经是十来个企业的老板，已经是千百万富翁的身家，已经是宁波同乡会的会长和公共租界工部局的华董，而且是国营轮船招商局的总经理。在上海资本家中，他已经是数一数二的闻人。然而在十里洋场中，还得让杜月笙称王称霸。父亲和他称兄道弟，曲意逢迎，在我看来，这是难以理解的。

　　在回家的车子里，父亲得意地对我说："今晚这个宴会，今晚这个场面，杜先生这番深情讲话，很快就会传遍全上海。杜先生叫你一声'四兄'，这不是随便出口的。今后你在码头上可以放胆做事了！"

　　父亲的判断很正确。过了两天，我上码头去了。只见码头上头戴歪帽子的一些暗探，都向我鞠躬行礼，口称"四先生"，不再叫我"四小开"了。所有码头上杜家的徒子徒孙们，都把我当成自己人，对我无话不谈了。从他们的嘴里，我听到了关于总经理谢培德的私事。

杜月笙请我们吃饭的消息传到谢培德的耳朵里，他装模作样地表示高兴，向我道贺。他同意了我父亲的提议，把我提升为总公司会计主任，月薪从80元提高到250元。但暗地里他怀着忌妒心情，对我有了"防一脚"的念头。我们两人之间，不是更接近了，而是更疏远了。

　　一切都按照我父亲的预见发展着，我在码头上的工作越来越顺手了。

　　　　　　　　　（原载中国文史出版社《回忆我的父亲刘鸿生》）

集众家之长

刘念智

刘鸿生的一贯主张是，"量才适用，人尽其才"。

关于用人，我父亲有一套用人的"哲学"。在资本主义社会里，他是得心应手，运用得比较成功的。作为家教，他经常向我们灌输这套"哲学"，它的主要内容是用人唯才。

"量才适用，人尽其才"，这是他的一贯主张。他说："要把适当的人，放在适当的位置上。"（Put the right man in the right place.）

他说："世界上有好人，有坏人；有聪明人，有蠢人；有文人，有武人。好人有好人的用处，坏人有坏人的用处；全才有全才的用处，偏才有偏才的用处。要善于用他们。"

他说："人各有所短，各有所长。要用其所长，避其所短。"

他说："要创大业、办大事，首先要学会用人。用人是一门学问，是书本里学不到的学问。"

他说："我还要办许多企业，成与败在于用人是否得当。……要创办一个企业，首先得物色好专门人才。没有人才，不可冒昧从事。"

他重视有真才实学的人，总是延聘第一流的技术专家。在他的企业里，所有经理、厂长、工程师、高级技术人员，有很多是在国外学有专长的留学生，或者是国内著名大学的优秀毕业生。

他信任专家，尊重专家，使专家有职有权。他善于用人，人亦乐为之用。

除使用本国人才外，他还聘用外国技术人才。有很多企业的工程技术人员是从国外聘请来的，其中多数是日本的，也有德国的。

我父亲重视知识，重视技术，不惜用高薪罗致专业人才。经理、厂长、工程师这一级的月薪，一般在300元以上，有高至千元以上的。这在当时同业中，是比较少见的。至于一般职工的工资待遇，也是比较高的。他用较高的工资待遇来吸引知识青年进厂做工，并来博取工人的卖力。他说："发财靠穷人。只要工人肯替你卖命，你的事业就一定成功。"因为工资待遇较高，刘氏企业里的工人就较少跳槽。

在"发财靠穷人"的思想指导下，他也主动办一些福利设施，争取工人的同情。比如，在战时后方，在宿舍内修建热水池，给工人烫棕棚和床架，消灭臭虫；改善厨房卫生条件，用纱窗和暗廊等设施，防止苍蝇飞进厨房，污染食物。

在给职工以较高工资待遇的同时，他主张严格的技术训练。在刘氏企业里，一般都有职工夜校、补习班、技术训练班、会计学习班等。必要时把职工送到国外去培训，或聘请外国专家来厂里传授技术。在火柴、水泥、搪瓷、毛纺织等厂里都聘请过外国技术专家；日本的毛纺织厂曾经替章华毛纺织厂培训过一批青年学生。他规定，中华码头公司的职员都要学习英语，能讲英语。这些都是例子。

在重视职工培训的同时，他还重视技术考核。提拔工人，必须经过技术考试。

刘氏企业都采用分红制度，把企业的盈亏与职工的利益结合在一起。在刘氏企业里，大都采用计件工资制和物质奖励办法。奖励有明的，也有暗的。

这些所谓用人之道，表面看来，好像是无可非议的，但实际情况并非如此。在刘氏各企业中，工资待遇相差悬殊，其中以煤矿工人和码头工人的待遇最差，剥削最重，谈不上有什么福利设施。在所谓量才适用的问题上，使用不当的情况也是屡见不鲜的。特别是"用人唯才"的提法，在我看来，这个所谓"才"是大有问题的。还是用谢培德的事例来说明我和父亲之间的分歧。

谢培德是上海水泥公司的营业部经理和中华码头公司的总经理。他手下有一批"包打听"，散布在各个社会下层。他和公共租界巡捕房和浦东警察局有密切的联系，在需要的时候，警察、巡捕可以随叫随到。照上海人的话来说，他是到处"兜得转"的大流氓。

作为码头公司的总经理，谢培德从不上码头。他怕码头工人包围打他。可是他有一套班底安插在码头上，消息十分灵通。码头上发生什么事，工人中有什么活动，他随时都能得到秘密的报告。

利用他的班底，他公开盗窃码头上和仓库里的物资。凡是仓库里的多余"包子"（米包、糖包等）和码头上的"地脚煤"，统统由他的心腹偷运出去，卖给杂粮行、糖行和煤炭店，每年不少于几千吨，价值至少有二三万元。谢一个人要拿走70%，其余分给他的心腹班底。监守自盗，情况十分严重。

然而谢培德在中华码头公司购进码头地产的过程中，的确是立过"功劳"的。这些地产多数是当地农家的产业。他利用他的"打手"，勾结当地恶势力，运用威胁利诱、巧取豪夺的手法，从农民手中强迫收买过来，还从中捞到了好处。

但是我父亲却把他当作"得力、可靠的帮手"，这是我难以理解的。有一天，我把这个问题提出来了。

"是的，四儿，"父亲回答我说，"谢培德是个坏家伙，这我明白。可是他有一套管理码头工人的本领，不是你、我所能做得到的。我们码头上少不了谢培德这个人！"

说得明白点，就是他有一套镇压工人的本领。码头上需要他，水泥厂里也需要他。

只要有"才"，能够帮他发财致富，其他都可以不闻不问。这就是我父亲的用人"哲学"。

（原载中国文史出版社《回忆我的父亲刘鸿生》）

经营创新是王道

刘念智

刘鸿生的诸多企业能扛过经济大萧条，走过抗战硝烟，除了他善于利用国民政府的实业政策、积极寻求高层交往外，更重要的原因在于企业自身的生产变革，充分彰显了他所具有的企业创新精神。

我父亲一生办过很多企业，有成功的，有失败的。他说："生财有道，必须在经营管理上下功夫。"他有一套经营管理经验，主要的是：

一、重视调查研究

我父亲说："你要管好一个企业，就得首先详细了解这个企业的全部生产过程。"他在创办鸿生火柴厂、华丰搪瓷厂和上海水泥厂以前，曾经几次去日本参观调查；以后又到德国水泥厂实习，了解生产过程；在创办章华毛纺织厂以前，曾到英国参观了解。

他注意了解国外先进设备、先进技术和先进产品的发展情况，除阅读各种情报资料外，每年要到国外参观，其中以到日本的次数为最多，有时在一年中去几次。

他注意了解市场的供求情况，听取顾客和同行的意见，比如在推销煤炭时，他曾跑遍长江三角洲一带的广大农村和京沪沿线的各个城镇，亲自调查了解。在推销章华呢绒时，他经常到上海棋盘街各呢绒铺了解呢绒的销路情况和对产品质量的要求，作为改进产品、提高质量的参考。

我父亲做调查研究工作，是不辞辛劳的。抗战时期，后方缺乏火柴原料。为了查找火柴原料的矿藏，他在四川、云南两省境内跑了好多地方，终于在云南找到了磷矿，在昆明海口办起了磷厂。为了创建码头，他跑遍了浦江两岸，亲自调查码头岸线的吃水深度，详细了解水陆交通情况后，再行选定码头地点。选择厂址的时候，也是这样。未经调查清楚以前，他决不盲目做出决定。

由于事前做了调查研究，做好各种准备工作，所以建厂时间都比较短，投产也比较快。

但是调查疏忽，研究不够，判断错误，或者情况发生变化，因而造成失误的事，是经常碰到的。比如，章华毛纺织厂和中华煤球厂在创办初期所受的损失，都是事前没有做好调查研究的结果。中国火柴业的发展，经过多次反复，几起几落，与华洋同业竞争消长的变化有密切的关系。情况是不断变化和发展的，稍一疏忽就会造成业务上的损失。刘氏企业并不例外。

二、重视成本核算，重视节约

他说："每一个企业，一定要有一套完整的成本会计制度。它可以告诉你哪一部门是厂里最薄弱的环节，需要想法子改进；哪一部门有浪费，需要想法子克服。成本会计是你的眼睛。"他不惜用高薪聘请第一流的会计专家给各企业设计会计制度。上海水泥公司的全部会计制度，就是由会计专家华润泉和林兆棠会同设计的，章华毛纺织厂的会计制度是由上海商学院教授安绍芸（新中国成立后曾任财政部司长）和林兆棠设计的。当时被称为中国最标准的成本会计制度。

他要求各个企业每年盘底两次，查明货物材料有无短少、损坏、霉烂或积压情况，及时找出处理措施。对于企业的开支，他要求精打细算，注意节约，防止浪费。他说："应花的钱，决不吝惜；不应花的钱，分文不花。"

他要求每一个企业负责人，必须重视成本核算，分析企业盈亏原因，千方百计降低成本。他说："只有降低成本，才能提高竞争能力，增加企业利润。"

但是"言之匪艰，行之唯艰"，事物的发展，往往不能尽如人意。在刘氏企业中，机构庞大、人事臃肿、铺张浪费的现象，并不是个别的。就拿大中华火柴公司来说，这个公司在企业大楼中占了一层楼的门面，办事员一百多人，其中高薪阶层约占十分之一。摊子大，排场阔，分支机构多，管理不周，浪费严重；同时生产落后，手工操作，产量不多，产值不大。以低水平的生产，负担高标准的开支，竭蹶情况，可以想见。到了新中国成立前夕，这个厂的经济情况在刘氏企业中是比较差的。从这个反面例子，也可以概见成本核算和防止浪费的重要性。

三、重视产品质量，注意引进先进技术

产品质量能否提高，在我父亲看来，这是决定企业成败的关键。因此，改进技术，提高质量，成为我父亲十分重视的问题。比如，章华毛纺织厂开办初期，因为机器和技术不先进，产品质量不好，销路不畅，我父亲就下决心花几十万元采购新设备，并聘请外国专家来传授技术，从而改进了产品质量，打开了销路。父亲说："自由竞争，优胜劣汰。"办企业，必须服从这个规律。

在工业先进国的强大压力下，我父亲办工业总是不惜重金，不断引进先进技术和先进设备，不断改进产品质量。他每年都要出国，不是日本，就是美洲、欧洲。据他自己说："我不是为游历，而是为了学习。"就是说，出国是为了学习新技术、新工艺，为了调查新产品。他说："在国际竞争非常激烈的时候，决不能关起门来办工业。"

说来遗憾，对于引进和采用先进技术、先进设备的问题，在我父亲生前，并没有完全做到。举例来说，对于采煤工业和码头搬运操作，当时世界先进各国已经采用了自动化设备。对于火柴工业，当时外资美光公司也已经采用了自动化工艺。不幸的是，华东煤矿、中华码头和大中华火柴公司的各个工厂，当时都还保留着手工操作的原始生产方式。艰苦的劳动条件，恶劣的工资待遇，高昂的生产成本，所有这些，都与当时的生产设备和生产工艺落后有密切关系。虽说造成这种情况的原因是多方面的，但与漠视工人生活疾苦的思想是分不开的。

四、与人便利，于己得利

"有饭大家吃"，这是我父亲在经营方面常说的一个原则。他说："你要发大财，一定要让你的同行、你的跑街和经销人发小财。有饭大家吃，不可一个人独吞。最愚蠢的人，就是想一个人发财，叫别人都倒霉。"在这个原则指导下，他首先考虑的是给跑街和经销商以优厚的利益，使他们乐意推销。对于同行，如火柴的同业联营、水泥的划区推销，是这一原则的体现。照他的说法，这叫作"与人便利，于己得利"。

五、要为顾客着想

他在经营方面的另一个原则是，一切要为用户和顾客着想。他说，首先要坚守信用，保证质量，不要让顾客吃亏上当。其次，要时时想到用户的利益，处处为用户谋便利，提高为用户服务的质量。他在水泥和煤炭方面的推销，在码头的经营中，都贯彻了这些原则。在呢绒的推销中，他采用了分期付款的办法，将呢料直接赊销给消费者，既满足了消费者的需要，又考虑到消费者的支付能力，从而达到了广开销路的目的。

上述这些，就资本主义企业来说，当然都是为了个人发财。

（原载中国文史出版社《回忆我的父亲刘鸿生》）

重金打造接班人

刘念智

　　刘鸿生说："我一生有两个最得意的投资，一个是工矿企业，另一个是子女教育。"

　　事情还得从我九岁时谈起。那是1920年的一个早晨，在我家门口的马路上，我被一个外国人的汽车撞倒，车轮从我身旁滚了过去。我家门警惊叫起来："啊哟，不好了，四少爷被汽车撞死了！"意外的车祸惊动了我父亲。他从卧室里奔出来，在阳台上望着下面喊道："快送伯特利！"伯特利是一间法国教会医院，女院长叫石美玉。经过检查，除皮肤稍有擦破外，别无损伤。我回到家里静养了一个星期，石院长每天来给我敷药。当时父亲对我母亲说："中国人有句老话，叫作'大难不死，必有后福'，四儿从汽车底下活着出来，真是九死一生，将来必有出息。这是菩萨保佑，我要捐点钱给医院，做点好事。"从此，他每年给伯特利捐1万块钱，还拿出20万办了上海时疫医院，此后每年捐12000元。他办慈善事业是从为儿子邀福开始的。

　　我有兄弟姊妹共12人，还有两个异母弟弟，我行四，父亲习惯唤我"四儿"。四儿是他特别宠爱的孩子。说来好笑，这是从"大难不死，必有后福"中得出来的结论。

虽说特别宠爱我，但孩子都要受教育，这是没有任何歧视的。在我的兄弟中，有四个人留美，四个人留英，两个人留日，我的三个妹妹分别留学美、英、日。话说回来，男女之间不是完全没有区别的，区别在于所学的专业有很大的不同。比如说，男孩子学的不外是经济、法律、银行、工程、会计、工商管理、机械制造这一类的专业；而女孩子学的，却是家政、营养学这一类专业。不消说，父亲的封建意识还是比较浓厚的。

父亲有一种奇怪的逻辑，说是"Don't leave all eggs in one basket"。这本来是英国人的一句谚语，意思是：不要把所有鸡蛋放在一个篮子里。他认为这句谚语很有道理，喜欢引用来作为处理事务的原则。比如说办企业，他喜欢各种企业都办点，不喜欢孤注一掷，把宝押在一个企业上。又比如子女教育问题，他喜欢把子女送到不同的国家，学习不同的专业。他认为旧中国军阀混战，一盘散沙，逃不脱世界列强的统治。将来统治中国的可能是英国或美国，也可能是日本。因此，他对我们说："我要你们兄弟姊妹分别到英、美、日各国留学。将来不管哪一国的势力来统治，我总有我的子女出来应付局面。我将不惜工本让你们学成世界上最有用的学问，回国以后，可以分别负责经营我的企业。唯一的要求是，你们任何人不得娶外国老婆，或嫁给外国人。"按照父亲的意愿，兄弟们回国以后，都安排在刘氏企业里工作。他梦想资本主义万世长存，把他创办的事业世世代代传下去。

由于望子成龙，父亲对儿子们要求很严。

我于1929年去英国留学，在英国学习和实习前后七年，于1936年回国。回国以后，他派我在中华码头公司当一名普通会计员。从那时起，他几乎每天要我到开滦公司售品处他的办公室里和他谈话一两个小时。爱子心切，训子至严。他的谈话，我至今记忆犹新。

他说："一切要从头做起，从一个普通职员做起。我不喜欢你们一上来就做经理、厂长，高高在上，像煞有介事。"

他说："你必须放下架子，放下小老板、留学生的架子，做个普普通通的职员，和码头上一切人交朋友。"他一再叮嘱："千万不可摆少爷架子。"

他说："你要从头学起，向码头上一切人学，学会各种各样的业务本领。""只有学会真本领，才能担当大事情。"

父亲要我拜谢培德为师，从他那里学会管理码头的一套本领。父亲说："谢培德有自己的班底，能够随时得到码头上的消息。只要你能够从码头上直接听到消息，你就成功了。"

他说："要学本领，就得不怕吃苦。吃得苦中苦，方为人上人。"

他说："你想管理好码头，就得熟悉码头上的一切业务，更重要的是要熟悉码头上的一切人。"

他说："要管好一个企业，就得先管好这个企业的一切人；要管好人，首先你要精通业务。不懂业务，不会有人买你的账。"

他要求我严格遵守纪律，每天早晨搭第一班小火轮去浦东码头上班，晚上搭末班小火轮回来。中午要在码头上和职工一起吃饭。

父亲一再嘱咐我，必须尊重谢培德的职权。码头上有什么事，一定要向谢报告，不准以小老板身份藐视总经理。抗战期间，我的八弟从美国回到重庆，派在毛纺织厂当技术员。有一次，他同徐谟君厂长发生了争执。父亲知道后，立即责备八弟说："你在厂里必须遵守厂里的制度，必须尊重厂长的意见。我不许可你在厂里摆小老板架子。"

事必躬亲，是父亲坚持的一条原则。他要我在洋轮靠拢码头后，必须陪同码头经理霍金斯到船上亲自查看货舱，要查明每舱装的是什么货，多少件，有无短缺或损坏。

他要我经常检查仓库，从堆装师傅那里学会如何合理堆装，如何增加仓库利用率等办法。他说："每一项工作，都是一门学问。你要接谢培德的班，就要懂得各种学问，学会真本领。"

1936年冬天，他调我到徐州华东煤矿工作，当时正值西安事变，战事有一触即发之势。父亲见我有点迟疑，就对我说："做大事，一定要敢于冒大险。何况战事是不会蔓延到徐州一带的。"

他要我亲自上矿场，去设计一套成本会计制度。他说："这是给你的一次考验。"他一再叮嘱我，到了矿场以后，必须下矿井实地考察。他说："你到矿场的第二天，就必须下井。以后每天坚持下井几小时，这一点必须做到。"

下井考察什么呢？他指示说："井下的巷道是如何开掘的？煤炭是如何开采的？蓬子（巷顶）是如何支撑的？窑木的合理间距应该是多少？井下水泵的功效怎样？煤车运输效力怎样？井下通风设备怎样？每个采煤工段需要多少工人？井下的包工制是怎样规定的？大包工、二包工、三包工各多少？把这一切查清楚以后，再仔细想一想，有什么地方应该改进。"

我父亲对子女的教育是重视的，对子女的要求也是严格的。他给每个子女以留学的机会，也要求每个子女成为有知识、有学问、有专长的人才。他给每个儿子以工作的机会，也要求每个儿子在工作中做出成绩，有所表现。继承父业，克绍箕裘，是他的主观愿望。在新中国成立以前，他总喜欢向朋友们吹嘘："我一生有两个最得意的投资，一个是工矿企业，另一个是子女教育。"谈话中间，有得意扬扬之色。说实在的，这两方面都没有什么值得夸耀的地方。他的中心思想只是望子成龙，为资本主义传宗接代而已。

（原载中国文史出版社《回忆我的父亲刘鸿生》）

实施集中管理

刘鸿生

　　经济社会之组织，其始由简单而趋于复杂者，其终必由复杂而更趋于简单，此自然之趋势，而各业大规模之联合及合并所由产生也。鄙人从事实业二十余年，或者椎轮大辂，已兴初基；或者筚路蓝缕，尚在开创；或者进行已在中途；或者发展尚留余地。千经万纬，诸待擘画。深以为欲收执简驭繁之效，宜有宅中图治之谋。经之营之，本非一手一足之烈；悠也久也，端赖群策群力之功。爰本此旨，敦嘱同人将鄙人有关系之各公司集中管理，草拟是项制度，编成具体方案如下：

　　集中管理，应适用公司组织，以法人资格行使管理全权。其名称及性质，拟定为中国企业经营股份有限公司。内部组织采董事制，常务董事下设总务、财务两处，技术、考工、采办、运输四科；并于常务董事室酌设秘书，以资分理。如有特种问题应行讨论，得临时组织委员会。至本公司与各公司之关系，除营业、制造两部未便集中组织，只集中管理权外，其余各部分之组织及管理权，统行集中于本公司，即由本公司充任各公司之总经理。其与本公司主干股东无关或股份较少之公司，如欲委托本公司者，亦可接受管理。唯本公司所需资本之多寡，应俟调查事实，再行确定。但依法至少须为投资于他公司取得被选董事资格总额之四倍焉。

以上方案系属组织大纲，虽各项细则尚待商定，而大体则已粗具。鄙人详加批阅，以为事属可行，综其优点约有数端。

一曰人才之集中：近世式之新企业，关于专门技术等项固须延聘专家，即其他有关管理之人员，亦必有相当之学识经验，方能胜任而愉快。各公司分别罗致，不唯适材难得，且财力亦有所不及。今如集中在同一公司之下，则无论新旧各项人才，均可使之荟萃一堂，以合法之组织，为实地之联络，指挥既易，收效自宏。此其优点一。

二曰财用之经济：经济之作用，以集合而消费省，以分化而耗费多。此原则如果不谬，则各公司之大宗采办、多量运输，以及各项消耗物品，均宜集中于同一公司之下，俾以较少劳费，获得较大效果。至若金融之周转、资本之运用，其贵乎调度适宜，呼应灵通者，尤不待言。即鸿生个人如欲为最利之投资，亦宜通盘筹划，酌剂盈虚，方免顾此失彼之弊。今有一总机关以为之统筹全局，妥为支配，则公私经济俱获莫大利益。此其优点二。

三曰办法之统一：鄙人前后所经营之公司，现已有十余处，虽性质不一，工厂出品亦各不同，然关于根本之管理方法，则无不宜适用科学的方法，以顺应世界之新潮流。如果集中在同一公司之下，则参差者可使之整齐、纷乱者可使之划一。不唯总务、财务两处集中一地，运用灵便，监督周密，可收指臂相连之效；即如技术、考工等事项，既设专科，责有攸属，亦可本平日之研究与经验，为最适当之处置。且每有良法美意，苟能适用于一处者，即无不可适用于全部。久之，办法自能统一。此其优点三。

四曰分工之精密：公司业务，贵合作又贵分工。以合作而力量厚，以分工而技业精。假使公司职员以一人而兼司数职，无论精力时间有所不及，即使竭蹶从事，而对于所司职务，决难进步。然欲各公司职员均分工至极密程度，则又断然为经济所不许。今如集中在同一公司之下，将各公司性质相同之事务，分别部居，各设专管人员，分工越精，效力越大。即分析至极小部分，苟以一人而主管十余公司之同类事务，人才决不至不经济，而事务亦以专精而愈娴熟，则可断言。此其优点四。

（原载上海人民出版社《刘鸿生企业史料》，有删节）

附

集中管理何以失败

陈宝琪

刘鸿生为集中管理所属企业，曾一度组织中国企业经营公司。在该公司筹组以前，先从原料集中采购着手，成立了顾丽江采办事务所，随后成立总管理处——中国企业经营公司。

中国企业经营公司在名义上是成立了，时间约在1932年。虽然没有注册，但在刘鸿生有关企业内部都了解这事情，并有一定的组织形式，计划等也相当全面。但是，结果并不是那么如意，未能达到原先目的。

中国企业经营公司成立后，表面上好像也有几个公司委聘它为总经理或董事等，但实际上各公司还是各干各的，并没有统一起来，谈不上集中管理。该公司只是名义上派些人到所经理的公司或工厂去，实际上大多仍以原来的公司经理作为企业经营公司委派的经理，流于官样文章。例如当时曾派谢培德到中华码头、顾丽江到华丰、王建训到章华、顾宗林到华东煤矿等，但他们原来就在各公司担任职务，并不能完全作为中国企业经营公司所委派之职员。因此，各公司仍然独立自主，实际上不受企业经营公司的管理。

刘鸿生想办中国企业经营公司的目的和计划，结果失败了。失败的主要原因是：各企业的经济情况好坏不一，经济情况好的企业怕受坏的企业牵扯，因而对待集中管理的态度，也就冷热各异。如当时能赚钱的企业只有华商上海水泥厂，华东煤矿、章华毛纺织厂要赔本，大中华火柴公司、中华码头公司等组织又不够健全，中国企业银行更怕加入后资金风险太大。各企业都为本身打算，所以就很难统一起来。此外，各企业系统都自有一套，各成势力，一旦实行集中管理，都怕权力落在别人手里，因此不愿接受中企公司为经理。如大中华火柴公司不肯委托中企公司为总经理，就是一个例子。当时在中企公司抓权的人，是以华润泉为首的华商上海水泥公司一派人物。一般都认为，华润泉对于组织中企公司有个人野心，企图通过集中管理办法，全面掌握刘氏企业，因此各有戒心。而刘鸿生也无法强迫所有企业委托中企公司代为经理。这也是中企公司没有成功的原因之一。其他如时局不稳，刘鸿生本人的经济状况不佳，开滦矿务局企图取消售品处合同等，与中企公司的失败均不无关系。

中国企业经营公司在名义上仅存在几年的时间，最终自消自灭。

（原载上海人民出版社《刘鸿生企业史料》，有删节）

企业银行：让肉烂在锅里

范季美[*]

刘鸿生创办企业银行时，是没什么本钱的。他以刘鸿记账房名义，用新建的企业大楼向上海银行押款100万元，作为银行资本。当时开办银行需要经过验资手续，没有资金保证是不能获准开业的。所以刘鸿生必须以房地产押借款项，作为开设银行的资本。

刘鸿生本来同浙江兴业银行关系较深，同上海银行没有多大联系。但他这次开设银行，系约请我们几个圣约翰大学同学来办，而我们当时都是在上海银行工作的，由于这种关系，所以才向上海银行押款。

开业以后，银行收进了存款，一部分小股的股金也收到了。刘鸿生为了减少对上海银行的利息支出，就由企业银行出面，向上海银行商洽，以共同承做四川路6号企业大楼押款的办法^①，办理转账手续，陆续由企业银行向上海银行还清押款。这样抵押关系就变了，由刘鸿记向上海银行的抵押关系，

---

* 范季美：原中国企业银行经理。

① 根据上海商业储蓄银行及刘鸿记账册和资料，自1932年4月至1933年7月，中国企业银行用与上海商业储蓄银行共同承做四川中路企业大楼押款的方式，把这项押款100万元，陆续转移作为企业银行的抵押放款。

变为刘鸿记向企业银行的抵押关系，而企业银行又可从中得到一部分利息；并且企业银行对刘鸿记的押款利率比上海银行要低，刘鸿记也可减轻些负担。其实，刘鸿记和企业银行的抵押关系，就是有利息往来也不要紧，因为在刘鸿生来讲，反正是肉烂在锅子里。

（原载上海人民出版社《刘鸿生企业史料》，有删节）

图书在版编目（CIP）数据

刘鸿生：逆势成王/刘未鸣，詹红旗主编. —北京：中国文史
出版社，2018.11

（百年中国记忆·实业巨子）

ISBN 978 - 7 - 5205 - 0886 - 5

Ⅰ. ①刘…　Ⅱ. ①刘…②詹…　Ⅲ. ①刘鸿生（1888—1956）—生平事迹
Ⅳ. ①K825.38

中国版本图书馆 CIP 数据核字（2018）第 270281 号

责任编辑：梁玉梅

出版发行：中国文史出版社

社　　址：北京市海淀区西八里庄 69 号院　　邮编：100142
电　　话：010 - 81136606　81136602　81136603（发行部）
传　　真：010 - 81136655
印　　装：北京新华印刷有限公司
经　　销：全国新华书店
开　　本：1/16　　插页：4 页
印　　张：19.25　　字数：265 千字
版　　次：2019 年 3 月北京第 1 版
印　　次：2019 年 3 月第 1 次印刷
定　　价：56.00 元